普通高等学校创新创业教育“十三五”规划教材

# 幸福创业

主　编　郑云花
副主编　江　莹　韩绍卿　郑仕强
参　编　王艳芳　王　巍　王　颖　李　雯

中国铁道出版社有限公司
CHINA RAILWAY PUBLISHING HOUSE CO., LTD.

## 内 容 简 介

本书根据教育部“创业基础”课程教学大纲和创业教育培养方案，引用“幸福创业”概念，以培养和提高大学生创新能力和创业能力为目的，吸收近年来国内外创业教育的发展成果和其他同类教材的先进经验编写而成。

全书共分7章，主要内容包括幸福创业与大学生成长发展、创新思维与企业家精神、创业者与创业团队、商业机会、商业策划书、“互联网＋”大学生创新创业、国外大学生创新创业实践教育分析。

本书适合作为普通高等院校创新创业课程的教材，也可作为各行各业从事创业和进行职业生涯规划的参考书。

**图书在版编目（CIP）数据**

幸福创业/郑云花主编.—北京：中国铁道出版社有限公司，2020.3（2025.1重印）
普通高等学校创新创业教育“十三五”规划教材
ISBN 978-7-113-26656-1

Ⅰ.①幸… Ⅱ.①郑… Ⅲ.①创业-高等学校-教材 Ⅳ.①F241.4

中国版本图书馆CIP数据核字(2020)第026661号

**书　　名**：**幸福创业**
**作　　者**：郑云花

**策　　划**：王文欢　　**编辑部电话**：（010）51873090
**责任编辑**：刘丽丽　包　宁
**封面设计**：刘　颖
**责任校对**：张玉华
**责任印制**：赵星辰

**出版发行**：中国铁道出版社有限公司（100054，北京市西城区右安门西街8号）
**网　　址**：https://www.tdpress.com/51eds/
**印　　刷**：中煤（北京）印务有限公司
**版　　次**：2020年3月第1版　2025年1月第6次印刷
**开　　本**：787 mm×1 092 mm 1/16　**印张**：13.5　**字数**：319千
**书　　号**：ISBN 978-7-113-26656-1
**定　　价**：49.00元

# 前 言

2014年9月，李克强总理首次提出“大众创业、万众创新”号召。如今，创新驱动战略上升为国家战略，“双创”成为社会公众干事创业的共识。以新技术、新产业、新业态、新模式为核心的新经济蓬勃发展，迅速改变着人们的生活，也引领着时代的颠覆性变革，群体、技术和生产要素等的跨界流动使“全民创业、跨界融合”成为大势所趋。习近平总书记强调，幸福都是奋斗出来的，奋斗本身就是一种幸福，新时代是奋斗者的时代，要切实把新发展理念落到实处，不断增强经济社会发展创新力，更好满足人民日益增长的美好生活需要，这些为人们干事创业和追寻幸福提供了根本遵循。同时对于高校就业创业服务，习近平总书记明确指出，要强化就业创业服务体系建设，支持帮助学生们迈好走向社会的第一步。

高校创业教育是大学生全面发展的教育，尤其关注人的自由、全面、和谐发展，目的在于帮助大学生构建合理人生目标、提高生活质量。只有引导大学生树立起科学、正确的幸福观念，国家和民族才有希望，民众才能更有获得感、幸福感和安全感。基于此，我们引用“幸福创业”概念，链接“幸福”和“创业”，引导大学生通过自身创业推动他人创业，从而实现社会创业、国家创业。我们以《国务院办公厅关于深化高等学校创新创业教育改革的实施意见》和《“创业基础”教学大纲（试行）》精神为指导，在总结前期教学实践的基础上，根据需要在本书每章正文前设置了本章导读、学习目标和导入案例栏目，正文后设置了小结、思考题。正文中穿插了延伸阅读和案例分析栏目。

本书以培养和提高大学生创新能力和创业能力为目的。全书共分7章，主要内容包括幸福创业与大学生成长发展、创新思维与企业家精神、创业者与创业团队、商业机会、商业策划书、“互联网＋”大学生创新创业、国外大学生创新创业实践教育分析。

本书由曾指导多项国家级大学生创新创业训练计划项目和各类教学研究项目，并获得省级高等教育教学成果一等奖的高级工程师、哈尔滨理工大学郑云花任主编，盐城工学院江莹、成都理工大学韩绍卿、四川城市职业学院郑仕强任副主编。参与编写的教师由哈尔滨理工大学、盐城工学院、成都理工大学、四川传媒学院、四川城市职业学院、四川华新现代职业学院等教师组成，四川城市职业学院学生李雯参与了部分资料查找和校对工作。具体编写分工如下：第1、2章由郑云花编写，第3章由江莹编写，第4章由韩绍卿编写，第5章由郑仕强、王艳芳编写，第6章由王巍、王颖编写，第7章由郑仕强编写。

在本书的编写过程中，我们吸收和借鉴了国内许多专家和学者的学术成果，在此一并表示衷心的感谢。

由于时间仓促，编者水平有限，书中疏漏与不足之处在所难免，敬请专家、学者批评指正。

编　者

2019年12月

# 目 录

# 第1章 幸福创业与大学生成长发展

## 本章导读

本章共分4节，分别为：创新创业的机遇与挑战、新时期新时代的创新创业教育、创业的本质与内涵、幸福文化与幸福创业。

本章首先阐述“中国制造”的优势、“中国创造”的必然和途径，然后提出如何面对“大众创业、万众创新”的机遇和挑战，阐述创业的本质与内涵，最后阐述了幸福和幸福创业与大学生成长发展。

## 学习目标

学习完本章后，应该达成以下目标：

- 了解“中国制造”与“中国创造”。
- 了解由“中国制造”到“中国创造”的必然性。
- 了解由“中国制造”到“中国创造”的实现途径。
- 了解我国创业教育的时代变迁。
- 了解“大众创业、万众创新”的机遇和挑战。
- 了解创业的本质与内涵。
- 了解幸福创业的含义与寓意。
- 理解幸福创业为大学生成长发展赋能。

## 导入案例

### 创意工作室半年赚11万元

一群才华横溢的“90后”大学生在青岛大学校内创办了一间“创意工作室”，试营业仅半年，就已经接单30余项，盈利11万余元。青岛人熟知的天幕城“活体雕塑”就来自他们的创意。

**1. 试水：创办首个校内“工作室”**

1990年5月出生的青岛大学美术学院的大二女生史晓宇是“青岛大学创意工作室”市场部经理，也是创建这个工作室的4名核心成员之一。她告诉我们，团队一共60人，都是来自美术学院懂创意、会设计的人才。大部分和自己一样是不折不扣的“90后”。这支年轻的团队以提供各类设计工作、商业绘画、墙体彩绘、摄影摄像后期、雕塑工程和街头艺术等商业项目的设计制作服务为运营模式。

史晓宇告诉我们，像他们这样的工作室在校内还属首家。

**2. 首单："活体雕塑"来自他们的创意**

还没毕业的大学生做设计创意，效果怎样?针对这一问题，该工作室的总经理大三学生方砂砂自豪地告诉我们，"我们实力不差的!""市北区天幕城内的活体雕塑的创意就来自我们"，方砂砂告诉我们，2009年年末天幕城新开了不少店，需要营造气氛，征集设计方案，最终他们的"活体雕塑"方案获得认可。两个月来，由他们工作室人员组成的活体雕塑在天幕城换着花样宣传，效果非常好。

"我们还把活体雕塑的创意推广到五四广场和海边，后来岛城成立了不少专业公司，专门运作活体雕塑的展示，不过这创意最早是我们实行的。"方砂砂说，天幕城"活体雕塑"是工作室试运行期间接到的第一单，2个月下来共获得报酬8万元左右。

**3. 卖"创意"半年赚了11万元**

和部分同行急功近利的心态不同，这些还在学校的90后大学生的很多创意都围绕着"环保"和"节能"展开："儿童节期间，为了送给孩子们一份不一样的玩偶，我们用废旧的枕头、被子、被罩以及小朋友们提供给我们的毛巾等物件做出了很多环保又可爱的玩具。"方砂砂告诉我们，这些玩具给了他们很多启发，想在以后的设计中将这种低碳环保的理念贯穿进去。

我们采访了解到，"青岛大学创意工作室"试运营半年来成功完成了天幕城活体雕塑、德国风情街现场写生、啤酒街和啤酒坊街头艺术展演、四维空间动漫场景设计、崂山驻军及青岛市社会福利院墙体彩绘等系列商业项目近三十项，不到半年财务处账上就赚了11万元。

"工作室是美术学院提供的，水电等各项杂费全免。前期投入仅1 000余元。"方砂砂告诉我们，仅2010年5月份，工作室就通过绘画作品销售及小区景观设计等几个项目的运作实现22 000余元营业收入，12月份营业额更是达到20万元。"我们的最终目标是发展成为青岛地区最具创新实力的创意设计公司"，采访最后，方砂砂说。

（资料来源：编者依据网络资料改写）

**案例启示：**

大学生创业，有机遇，有挑战，创业需要勇气，也需要创意。此案例就是典型的大学生创意的创业成功案例，有梦想就要去实现，有梦想就要付诸行动，才能实现幸福创业。

## 1.1 创新创业的机遇与挑战

在"大众创业、万众创新"的新时代召唤下，高校的创新创业教育打开新的篇章，本节从"中国制造"与"中国创造"的时代变迁出发，讲述了高校创业教育的变迁史，并结合实例阐述了新时代下创新创业教育的机遇与挑战。

### 1.1.1 由"中国制造"到"中国创造"

制造业就是将已有资源（包括天然资源及人工资源）通过相应制造过程，加工成为能满足人类生产生活需要的相关产品的行业。人类进入工业文明时代后，制造业在国民经济发展中的作用日益凸显，可谓是立国之本、兴国之器、强国之基。作为一个后发现代化国家，制造业在中国的国家发展规划当中具有战略性的意义。中国制造业在经历了近代以来的曲折历程，实现了从无到有、由少到多的发展，特别是改革开放之后，中国积极利用经济全球化的机遇，抓住全球产业结构调整的契机，发挥自身人力资源优势，打造出风靡全球的“中国制造”。

“中国制造”指在中国制造或者加工的工业产品，既包括重工业，也包括轻工业；既涵盖了传统行业，也涉及各类新兴产业；既有中国自主研发制造，亦有对外来部件的组装和加工。

通过国人的不懈努力，我国的工业制造、加工能力得到迅速提升。钢铁、有色金属、电力、煤炭、石油加工、化工、机械、建材、轻纺、食品、医药等工业部门逐步发展壮大，航空航天工业、汽车工业、电子工业等也从无到有，迅速发展起来。目前，我国已拥有41个工业大类。其中，工业产品产量居世界第一位的已有220余种，粗钢、煤、水泥产量已连续多年稳居世界第一。截至2016年，中国水泥产量24.03亿吨，占全球60%，2016年全球粗钢产量为16.30亿吨，其中中国产量为8.084亿吨，占全球产量的49.6%。

随着工业制造、加工能力的不断提升，“中国制造”的出口竞争力也得到相应增长。机电、高新技术产品在出口贸易中的主导地位日益明显。其中，家电、皮革、家具、自行车、五金制品、电池、羽绒等行业成长为具有一定国际竞争力的行业，这些产品已出口到 200 多个国家和地区，在世界贸易当中占有相当大的比重。2015年11月11日，阿里巴巴集团旗下的天猫“双11”购物节，其打造的“全球卖”以俄罗斯、西班牙、英国、法国、以色列等国家为主，包含“一带一路”沿线64个国家和地区，“全球卖”主打的折扣商品数量达到5 000万件，有近5 000家国内商家参与，目标瞄准的是海外消费者。Made in China随处可见，中国，已俨然成为“世界工厂”。

“中国制造”不仅为全球消费者提供了大量质优价廉的产品，还吸引了国内大量人口就业，带动了国内的经济发展。“中国制造”在国际社会已然成为一种符号，这个符号不仅代表了中国的工业生产能力，还包括了丰富的文化内涵。随着“中国制造”在全球的风行，中国文化也为越来越多的人所知晓。

中国之所以能迅速成长为一个名副其实的制造大国，除了自身生产制造能力的提升之外，还得益于“中国制造”之低廉的成本优势。低廉的成本主要源于以下几点：

第一，人力资源优势。中国人口基数大，具有丰富的人力资源，加之改革开放后，大量农村富余劳动力转移到城市，成为支撑中国制造业迅猛发展、走向世界的坚强动力。

第二，政策支持。制造业是国家发展的根基所在。中华人民共和国成立以来，制造业一直是我国经济发展战略布局当中的重点。与此同时，国家还制定相关政策鼓励“中国制造”“走出去”，为出口贸易提供关税补贴。

第三，原材料优势。曾经一度，为解决就业问题，带动国内经济发展，我国立足于廉价的土地、能源及原材料，从境外吸引了大批资金。

正是基于上述优势，我国成为许多国外公司产品加工生产地的不二选择，“中国制造”亦成为大量外国消费者青睐的高性价比产品。然而，随着我国人口结构的变迁，加之我国产业结构的调整和升级，“中国制造”的低成本优势正在逐渐丧失，“中国制造”面临困境。

## 延伸阅读 1-1　美国奥运制服“中国造”议员声称应烧掉

中新社华盛顿7月12日（记者吴庆才），美国奥运代表团充满经典美国风格的官方制服近日一亮相就广受好评，然而因其“中国制造”而意外引发了一场风波，一些美国国会议员12日也加入批评行列，美国参议院多数党领袖里德甚至扬言应全部将其焚烧。

7月10日亮相的美国奥运代表团官方制服，由美国著名服装品牌创始人拉尔夫·劳伦（Ralph Lauren）设计，其色调秉承一贯的“国旗范儿”，红白蓝相间的搭配清新亮丽，充满复古海军风格，无论从哪个方面看都充满十足“美国味”。

然而，有媒体发现这批制服的标签上均写着“中国制造”的字样，该报道立即引起美国国内一片哗然。福克斯新闻网的一篇报道称：“奥运会甚至还没有开始，中国就已经从美国手中夺得金牌——通过制造美国队将在开幕式期间穿的制服。”

12日，一些国会议员也对此加以批评，其中以参议院多数党领袖里德最为激烈。他在一场记者会上说：“我认为美国奥委会应该为他们自己感到羞愧！……我认为他们应该收回所有制服，将它们堆成一大堆并烧毁它们，然后从头再来。”

“我希望他们穿着只有手绘的‘美国’标签的制服，在美国我们也有渴望得到这些工作的在纺织工业工作的人。”里德说。

众议院民主党领袖南希·佩洛西也表示：“我们为我们的奥运健儿深感自豪……他们应该穿美国制造的制服。”

纽约州民主党议员吉利布兰德和众议员史蒂夫·以色列当日联名致信美国奥委会，要求今后所有的美国队奥运制服均应由美国工人生产，并称在美国制造奥运服装可为美国经济带来10亿美元的收入。

吉利布兰德说：“当美国最优秀的运动员代表我们的国家站在世界舞台上时……从头到脚，美国队必须是‘美国制造’。”

史蒂夫·以色列说：“我们美国的运动员在奥运期间穿着中国制造的制服将是可耻的，我们应该推动美国制造的产品并支持我们国内的厂商和劳动者。我敦促美国奥委会重启考虑其决定。”

美国奥委会发言人帕特里克·桑达斯基在一份声明中回应说：“不像世界其他奥运代表团，美国奥运代表团是私人赞助的，我们感谢支持我们的赞助商。我们也以与拉尔夫·劳伦的伙伴关系感到自豪，这是一家标志性的美国公司。”

桑达斯基在其个人推特上回应网友质问时称：“所有关于奥运制服在中国制造的讨论都毫无意义，拉尔夫·劳伦是一家支持美国运动员的美国公司。”他还反问说：“我只是好奇，你都穿着什么地方制造的衣服呢？”

在拉尔夫·劳伦的官方脸书上，许多网友留言表达不满，甚至有人扬言抵制该服装品牌。对于此次风波，该公司只是简单地回应称：这些制服体现了“美国人的运动和体育精神”。

在一片反对声中，也有人批评此举与“自由市场”以及体育无国界的精神背道而驰，将奥运服装“政治化”相当可笑。

《洛杉矶时报》社评家保罗·怀特菲尔德当天发表文章称，里德等人的言论不过是“装腔作势”，并暗示这与最近两党总统候选人有关“工作外包”的争论有关。怀特菲尔德最后写道：“无论他们穿什么衣服，我都将全力支持美国奥运代表队，我将通过我的‘中国制造’的电视观看他们的表现。”

（资料来源：编者依据网络资料改写）

### 1.1.2　遭遇困境：由“中国制造”到“中国创造”的必然

如上所述，“中国制造”尽管获得了较大发展，在国际市场上也占据了相当地位，但其发展也呈现出了大而不强、多而不精的尴尬局面，“中国制造”所依赖的优势，多数不具备可持续性，不利于其长效而健康地发展。

首先，中国逐渐步入老龄化社会，这将改变我国一直以来所拥有的劳动力资源优势。全国老龄办2014年发布的《中国人口老龄化发展趋势预测研究报告》指出，人口老龄化，将贯穿于21世纪中国发展的始终。该报告将21世纪中国人口老龄化分为快速老龄化、加速老龄化及重度老龄化三个阶段，到2051年，中国老年人口规模将达到峰值4.37亿，约为少儿人口数量的2倍。据报告预测，由于老龄人口比例不断增加，到2008年以后，劳动年龄人口的比例将开始下降，2020年为63.87%，2050年进一步下降到53.3%，21世纪后半叶保持在53%～54%。“十一五”期间，中国劳动年龄人口平均规模为8.18亿，2011 年达到峰值8.28亿。“未富先老”“未备先老”已成为中国经济发展不得不面临的一个现实，由此将会引发消费结构、产业结构、社会管理等一系列变革，中国制造业也会因为劳动力状况的变化而不得不做出相应的调整与升级。

其次，中国的社会发展将一定程度改变制造业长期使用廉价劳动力的局面。“中国制造”长期依赖的低成本劳动力优势，同时也是一直为人诟病的问题。有学者无不忧心地指出：“中国的发展沾了劳动力低成本的光，一个意想不到的低成本，导致中国今天在世界上具有这样大的国际竞争力，但中国的劳动力低成本今天面临着危机。”中国劳动力的低成本，不仅成就了中国制造业的成长与全球扩展，还使得中国工人成了欧美企业家眼中“最可爱的人”。然而，此种低成本劳动力支撑的制造业发展模式，不仅违背了社会公平，同时也不是能够保障中国经济社会发展的长久之计。党的十九大报告明确指出，我国经济已由高速增长阶段转向高质量发展阶段。这对中国经济的转型发展提供了理论支撑，对中国制造业提供了发展方向。

再次，政府对生态文明的逐步重视，会给中国制造业带来不小的压力。党的十九大报告明确指出，加快生态文明体制改革，建设美丽中国。我们要建设的现代化是人与自然和谐共生的现代化，既要创造更多物质财富和精神财富以满足人民日益增长的美好生活需要，也要提供更多优质生态产品以满足人民日益增长的优美生态环境需要。必须坚持节约优先、保护优先、自然恢复为主的方针，形成节约资源和保护环境的空间格局、产业结构、生产方式、生活方式，还自然以宁静、和谐、美丽。建设生态文明，是关系人民福祉、关乎民族未来的长远大计。面对资源约束趋紧、环境污染严重、生态系统退化的严峻形势，必须树立尊重自然、顺应自然、保护自然的生态文明理念，把生态文明建设放在突出地位，融入经济建设、政治建设、文化建设、社会建设各方面和全过程，努力建设美丽中国，实现中华民族永续发展。报告还明确提出“坚持节约资源和保护环境的基本国策”，提出“优化国土空间开发格局，全面促进资源节约，加大自然生态系统和环境保护力度，加强生态文明制度建设”四项要求，这对中国制造业来说，毫无疑问是一次巨大的挑战。

最后，“中国制造”短板日益凸显。改革开放以来，中国坚持“引进来”和“走出去”战略，无论是外贸出口能力，还是吸引外资能力，都得到了质的飞跃，创造了一个又一个令人惊叹的奇迹。但是，畅销海外的“中国制造”和深受外资青睐的本土加工企业，无疑大多数为劳动力密集型产业，中国企业事实上处于世界制造业的末端，长期从事低层次加工，是低附加值的“世界工厂”。例如，美国市场上销售的一种儿童玩具，商场的零售标价是100美元。“中国制造”的生产成本是12美元。中国生产企业的毛利润是每件3美元，中国外贸公司的毛利润是每件7美元，香港贸易公司的毛利是每件28美元，美国公司的毛利是每件32美元，商场的毛利是每件18美元。随着国际市场劳动力密集型企业间竞争的日益白热化，中国企业不得不一再压低原本就很低的利润空间，与此同时，中国企业还得应对来自欧盟、美国等国家和地区的“反倾销”阻击，“中国制造”处境困难。

总之，在中国经济发展所处内外环境发生深刻变革的时期，“中国制造”面临的形势异常严峻，“中国制造”亟须产业升级，由“中国制造”向“中国创造”转变，才能应对挑战，走出困境。

### 1.1.3 寻找出路：由“中国制造”到“中国创造”的实践

实现由“中国制造”到“中国创造”，并不是将二者进行切割，而是要实现二者的融合与升级，以制造为前提和基础，以创造为方向和目标，创造出中国特色的，具有国际影响力的“中国创造”。

#### 1. “中国制造”是基础

由“中国制造”到“中国创造”的转变，必须以传统制造业为基础。因此，传统制造业须快速做出升级调整，以发挥其基础性作用。

首先，立足全球经济格局，实现传统制造业转型升级，加强“中国制造”基础性地位。目前，国际经济增长乏力，许多国家开始进行战略性结构调整，将制造业作为新一轮产业结构调整的重点。近年来，美国一些公司认为“中国制造”成本优势将不复存在，大张旗鼓地宣传制造业“再回归”，而德国也提出了工业4.0战略，一些发展中国家也积极谋划，力争在新的全球制造业格局当中有一席之地。在面临国际社会制造业激烈竞争以及国内经济下行双重压力之下，必须放眼全球，调整产业结构，加快建设制造强国的步伐。

其次，利用传统制造业既有优势，加强“中国制造”基础性地位。中国制造业的迅猛发展，已经使中国具备了参与新一轮制造业激烈竞争的先天优势。一方面，中国劳动力的熟练程度和技术水平都在不断地提高。尽管中国制造业工人工资水平在逐渐提高，其成本优势将逐渐丧失，但其日益提升的劳动熟练程度和技术水平将成为其新的优势，这有助于缩短生产时间，节约能源资源。另一方面，中国日益完备的基础设施，亦成为其较之于其他发展中国家的明显优势。

中国的交通、电力、信息等基础设施逐渐完备，相关政策、法律法规等配套也相对完善，这为“中国制造”的转型升级奠定了良好的基础。

最后，提高资源配置效率，优化传统制造业生产环节，加强“中国制造”基础性地位。制造业的目的就是要不断探索用更低成本、更高质量、更便捷多样的形式去满足消费者日益增长的需求，这种消费者主导的模式，要求制造商们不仅要在宏观上立足全球，在微观上还要不断优化生产制造的各个环节，才能不断降低成本，提高质量，从而在竞争中立于不败之地。

**2. “中国创造”是目标**

要解决“中国制造”的困境，“中国创造”是突破口。中国制造业的升级和发展，及其基础性地位的巩固和加强，都需要创造性因素——科技的加入。“中国制造”要出品牌、出成果，仍需立足于创新和创造。

第一，“中国制造”转型升级，关键在于“中国创造”。无论是美国宣称的制造业“再回归”，还是德国工业4.0战略，归根结底还是依托技术，“根据德国联邦外贸与投资署的数据，德国在研发领域的投入始终保持领先，自 2009 年至今，德国在研发领域的投资保持了 48% 的增长。坚持不懈地进行研发投资成为德国制造业成功的秘诀”。因此，在国务院印发的《中国制造2025》的通知当中，“提高国家制造业创新能力”在“战略任务和重点”部分被列为首位。在生产制造的具体实践当中，加快科研成果转化，利用最新技术，优化生产中每一个具体环节，着力提升“中国制造”核心竞争力。例如，研究表明，仅25%的价值是靠原料成本的节省创造出来的，剩余75%的价值创造要依靠产品研发，由此可见，只有将技术有效融入产品的研发及生产环节，才能扭转依赖廉价原材料而获得有限价值空间的颓势。要实现中国制造业的升级，必须充分调动企业的积极性，通过政策鼓励企业参与创新，“在中国制造的基础上培育和发展中国创造，关键在于推动企业增加研发投入，建立和完善以企业为主体的技术创新体系。……着力构建以企业为主体、市场为导向、产学研相结合的技术创新体系，鼓励企业不断加大研发投入……”全球制造业的先锋德国，对于企业自主进行的研发项目，会有选择地进行不同程度的支持，德国联邦外贸与投资署亨勒称：“在一个研发项目中，来自国家层面的资助占到研发支出的50%左右。如果是一些中小企业的话，这个比例可能还要更高。”

第二，打造“中国制造”品牌，关键在于“中国创造”。《中国制造2025》通知中明确提出要“加强质量品牌建设”，这一战略目标的实现，不仅要依赖于技术的提升，更要体现出中国产品的智慧及其独创性。正如德国制造具有精专、高端、知名品牌众多、总体水平领先世界等特征，“中国制造”也应该探索并形成自身的独特优势，例如“中国制造”的“活”，目前，中国已具备了为全球创新型公司生产制造其复制产品的能力。许多国际化的创新型公司，也正在将它们的一些最新产品的生产转向中国。如此一来，中外企业能形成一种升级版的合资模式，实现全球资源的最优利用方式。

综上所述，“中国制造”依赖于其政策、能源、人力资源优势，风靡全球，成为名副其实的“世界工厂”；但因为中国人口老龄化的趋势加强，以及中国本土环境资源等约束力不断增强而逐渐丧失其优势，故“中国制造”需要调整升级，实现向“中国创造”的转型，才能在全球新一轮产业结构调整当中占据制高点。

### 1.1.4 创新与创业的挑战

新时代新背景下，机遇与挑战并存，困难和希望同在，压力与动力同行。任何事物都有它的两面性，创业也不例外，机遇与挑战，它们是创新创业路途中必将遭遇的一对连体婴，绝对没有风险的投资是奢望，那些标榜“零风险创业”以及“我方出资，你方挣钱”的广告，毫无可能。创业意味着开拓新的领域，前面的路有许多不可把握的未知数，这就是风险，更是挑战。面对这样的不可知，有人选择了退缩，即选择了失败；但有些人选择了迎战，也就选择了胜利的机遇。

我们正处于历史转折点，旧的时代正逐步离我们远去，新的时代正在开启，站在交汇点的我们，须以全新的视角和眼光对周遭一切进行重新审视，审视环境、审视成败、审视历史，更需要审视未来。

#### 1. 从创业者自身的角度看

作为主导劳动方式的领导人，创业者的创业活动是一种无中生有、从无到有的过程。创业者本身需要极强的使命感、荣誉心和责任能力，能组织运用各种平台和载体，将发现的各式信息、资源、机会和技术转化创造出更多的财富和价值，并实现某种追求或目标。这样的创业者具备优秀的思考、推理和判断能力。除了这样的系列成功者品质，创业者往往拥有万丈激情，对自己所追求的理想拥有矢志不渝的热情。“天使投资人”徐小平认为，创业就是理想与激情荷尔蒙的壮丽迸发，创业“这个事不能太冷静，要有信念，有激情，死而不悔”，大众创业、万众创新，已经成为当下社会最大的时尚。“这将是改变历史、创造未来的一股热浪！它将决定中国经济最后的转型，实现个人梦想到完成国家民族梦想的最后的搏击。并最终实现中国崛起和民族的伟大复兴。”

很多最后创业成功的人，存在着一个共性，那就是对自己所从事的行业拥有令很多人无法想象的热情。虽然创业成功的概率很低，十人中很难有一人成功，甚至一百个人当中找到一个也很不容易。如果没有理想，根本就没有机会去创业。对理想的坚持，需要热情，甚至需要有点发狂的感觉。

1938年，年仅25岁的比尔·休利特和26岁的戴维·帕卡德充分利用他们租借的车库，开启惠普公司的雏形。当时的他们只是两个曾在斯坦福大学求学的年轻人，连房租在内的启动资金不足600美元，促使他们坚持自己创业梦想的是他们对理想的狂热热爱。事实上，同样的情况不仅发生在谷歌、亚马逊、迪士尼、YouTube等海外公司，国内也如此，马云的淘宝、马化腾的腾讯、雷军的小米、陈欧的聚美优品等，一批又一批创新创业者跃跃欲试，他们对自己的事业怀有极大的热情，哪怕没有天使投资的助力，没有豪华大办公室，更没有大量资源和人力，即使是小小的方寸之地，他们也能热火朝天地做出大事业。

可是，这样万丈的创业激情也常常由于创业者对自身、对象和客观市场的认识存在局限和不足，造成最初梦想的迷失和激情的淡化。尤其对于团体创业队伍来讲，伴随着团队的扩张壮大，管理和决策上不可避免会产生分歧，冲击创业初期的热血和激情。后续激情的缺乏，创业就变成了一时冲动的产物，启动时的“大干一场”逐渐产生“虎头蛇尾”“雷声大，雨点小”的状况，令整个市场尴尬不已。这样的缺陷和不足导致创业者在新的企业开始之后，如不能及时充分地认识体会，往往会走进误区，过度消费创业对象、忽视市场的客观运行规律，使得企业在起步后不久、尚未稳定的阶段，就陷入事业跟进力量不足、企业逐步萎缩的困境。

**延伸阅读 1-2　研究生面馆创业失败**

遥想2004年，××大学2003级的6名在读研究生自筹资金20万元，在成都市区开了家“××面馆”，被喻为“第一研究生面馆”。

当时，6名学生处于研究生学习的第二年，在校的课程并不多，再加上学校更多地鼓励学生利用课余时间进行社会实践，于是他们不约而同地选择了创业。开业前，创业热情高涨的他们，分头到成都大街小巷的面店“明察暗访”，看了几百家铺子，吃了一千多碗面，然后决定开店。

面馆开张时，这6位股东就已经将目光放到了将来，他们异口同声地表述自己的壮志雄心：5年内在成都开20家连锁店，到时候跟肯德基、麦当劳一较高下。

但开店仅仅四个月的时间，就面临倒闭境地。“六味面馆”由于长时间处于无人管理和经营欠佳的状况，不得不草草收场。

此次创业失败可归结为以下两点原因：

原因一：创业最初的激情经不住社会的考验。学习与创业在时间上的冲突、生意不景气的残酷现实消磨掉了6名研究生的创业热情。开店之后缺少后续创业激情的维系，由于几位研究生课业繁忙，店里经常出现管理混乱甚至无人管理的状况，面店生意每况愈下。

原因二：对市场和消费者需求认识不甚明朗，缺乏企业规划和安排。面馆所在街道非繁华商业市区，附近消费商家称：“面店味道不好，分量不足”；加之店铺租金、工人工资等费用，使得小店每月支出庞大，入不敷出。

（资料来源：编者依据网络资料改写）

**2. 从创业产品消费者的角度看**

与创业者不同，创业行为所产生的产品或服务必然会达至其最终使用者，即消费者。也就是创业行为不能单凭借创业者的一腔热情，消费者的购买更是评价创业是否成功的关键因素。没有消费的创业只能是一纸空谈。而消费者的本质特征决定了消费者购买创业产品或服务是为了满足于个人或家庭的需求，而并非是为了经营或销售。

从经济学角度看，消费者行为是消费者对市场区位的反应和需求。即是说，创业产品的消费者行为会影响创业行为是否成功，消费者行为与创业产品或服务的交换密切联系，它甚至影响着创业者的创业策略和意图。例如，在 iPhone 的新产品发布会上，乔布斯身穿紧身牛仔裤，指着自己窄小的裤兜说：“如果想在裤兜里塞进去一个产品，那应该是什么？”然后，乔布斯拿出了iPhone：“就是它!”看似乔布斯只是在漫不经心地自问自答，但实际上他是在对消费者进行精心的启发和诱导：iPhone精致小巧，适合装进窄小的裤兜里；而且它时尚的外观和移动网络时代的完美掌上体验，超越任何传统意义上的通话手机和计算机，足以令人一见倾心。这样乔布斯的典型提问方式，感觉上是站在消费者的角度提出问题，让消费者反思自身的需要。事实上，就如同乔布斯从消费者角度来定义iPhone一样，创业活动应该把消费者需求紧密镶嵌在创业行为中，让消费者需求成为创业制胜的必需。

随着经济的整体发展、生活水平的提高，人们的消费从单一地满足基本生活需求逐步向个性化与多样化转变，消费者的购买行为模式不断简化，很容易产生冲动购买行为。研究调查数据显示，消费者的超市平均消费次数约为 3.3 次/周，但其中的计划消费率仅为 11%，而超市内临时决策的非计划冲动消费高达 89%。在店内临时决定的这部分中，有 9.8% 的消费只是事先决定了消费种类，而没有确定消费品牌；有 2.1% 的消费品牌是预先决定好的，但在店内又临时变更为其他品牌。另外，多达 75.1%，即占总购买量 3/4 的商品全部是在店内临时决定的，即非计划冲动消费比率接近80%。由此不难看出冲动性消费已经成为较为普遍的消费现象，占据了所有创业产品销量的绝大部分。

但消费者本身的认知能力有限，其对自己的行为、创业者意图和市场的影响存在认识局限。消费者行为的复杂多样性、可诱导性等特性，决定了其在消费创业产品的过程中，会因商品价格、购买频率的不同，投入购买的程度不同。因而消费者常因为自己一时的冲动和感觉开展消费行为活动，这样的不理智对于创业产品的消费存在偶然和不持续性，与创业者所期待的对产品持续长久的消费存在差异。因此创业者在创业过程中，需要对产品消费群体进行细致的观察，将创业产品的功能和价值扩大，高于产品的本身质量或功能之上，纳入对产品消费者需求的考量，将其行为常规化、习惯化，在产品消费的重复性、反复性中加强巩固其创业实体的长久性。

例如，美国的世界性连锁企业“沃尔玛”一直坚持一个十分简单的原则，即“但凡创新，均以顾客需求为标准”。在消费者需求至上的指导下，当其入驻中国市场时，首先考虑的就是中国消费者的需求，即商品的低价诱惑。为此，沃尔玛将其促销和超低价商品摆放在卖场最显眼的位置，并且用黄色价签标示，与常规价格的红色标签区别开来。这样日继一日、年继一年地坚持，逐渐地，中国消费者从最初由于好奇心所诱发的偶然冲动变成了习惯性的常规化动作，即在需要购物时首先会想到“沃尔玛”这一选项，因为他们永远在沃尔玛可以找到自己需要的低价而有质量保证的商品。当然，在“沃尔玛”这一品牌日入人心的过程中，“沃尔玛”这一原产于美国的企业也就逐步在中国这个异国他乡站稳脚跟、日益壮大成功。

因此，创新创业过程中，满足消费者的需求，与创业者创业激情的重要性不相上下。甚至在创业之后，它扮演着更加重要的角色。因此创业的机遇也就蕴含在消费行为对新生事物的“三分钟热情”之中，而克服这样自发而无意识的非计划冲动性消费行为也就创造了创业的挑战。

### 延伸阅读 1-3　成功解决偏僻矿区“剁手党”女孩的快递收件问题

位于内蒙古鄂尔多斯市伊金霍洛旗札萨克镇的红庆河煤矿，跟许多地理位置偏远的乡镇一样，与外界的联系比较少，几近隔绝。但随着互联网的普及，这里的年轻人又与其他发达地区一样，热衷于网购。当地中煤五建三处的职工吕亚茹就是一个超级热衷网络购物的“剁手党”，每周都要在网上购买几件甚至十几件货物。但由于红庆河煤矿地理位置偏僻，快递收件曾经是这个年轻女孩生活中的最大问题。“以前，网购后想收件太难了。这里离最近的快递网点也有十几千米，叫‘的车’（出租车）去一趟就是50块钱。”

但如今，这样的问题不再存在。为满足像吕亚茹这样的网购达人的后续需求，鄂尔多斯全市大力推进了“快递下乡”的物流服务工程，建成了107个乡镇快递综合服务站与服务点，在内蒙古率先实现乡镇快递服务网络100%全覆盖。

这样的“快递下乡”更是进一步激发了市场潜在动力。“快递下乡”工程推进以来，快递企业看到乡镇市场蕴藏的巨大潜力，目前已有中通、百世汇通、天天等十余家快递企业，在鄂尔多斯邮政局的引导下，接入了报业传媒发行现有的物流配送体系，并就快件派送费用达成协议，合作共建快递综合服务站。不仅如此，农牧民也在“快递下乡”的帮助下，打开了网络销售市场。不少农牧民已开始利用快递的高效运输方式销售生鲜食品及农产品。“有了综合服务中心，我平均每天能发出千余斤鸡蛋，月收入增加了20%”某禽业负责人刘某说，“以前，鸡蛋全部要自己送。现在，包装好以后，每天通过综合服务中心发出去就行了。因为能把更多的精力放在经营上，所以我的成本降低了，收入提高了。”

“快递下乡”工程成功的原因如下:

原因一: 为满足消费者本身的需求而创造的创业后续机遇。消费者的网络购买，无论有无计划性，均是对产品的消费行为。而此消费行为的达成，并非仅存在网络下单一瞬间，它包含下单到货品到达卖家的延续性过程。为满足这一过程的消费需求，快递服务就成为后续创业机遇和挑战。鄂尔多斯“快递下乡”服务，正好迎合消费者需要，解决了原本偏远乡镇快递末端延伸不能及的问题。

原因二:“快递下乡”服务在消费者网购下单后货品运达，消费者的消费需求在满足之后，部分原本的消费者对市场需求较敏感，进而转化成为创业者，借助网络获取新的后续创业机会，并且创业成功，变挑战为机遇。

（资料来源: 编者依据网络资料改写）

### 3. 从客观市场的角度看

“现代营销之父”菲利普·科特勒曾这样表示:“优秀的企业满足需求；杰出的企业创造市场。”满足消费者个体需求诚然重要，但满足客观市场运行的需要更成为创业成功中不能不考虑的内容。市场经济运行的基本规律是价值规律，是供求关系和竞争体系的集中体现，它独立于创业者或消费者的单一个体，形成息息相关、环环相扣的自主运作体系。在市场运行中，需求拉动价格，价格拉动供给，供给拉动价值，价值进而拉动价格，价格又拉动需求。需求拉动供给必须通过价格变化才能实现，供给拉动需求也必须通过价格变动才能实现。这样的传导机制，并不受创新创业者主体或是创业产品消费者单方面的影响和控制，“盈满则亏”“起起落落”是市场运行的本质。创新创业者即使再激情万丈，创业产品消费者即使再需求高涨，在市场面前都必须顺应其运作的规律，享受市场创造的机遇，同时也面临市场给予的挑战。市场的需求看似近似于消费者需求的总和，但实质上它并不是消费者需求的简单叠加，而是消费者各项需求在市场综合作用下的“化学”结果。消费者需求再重要，都比不上市场的综合控制，这涉及社会、文化、民族、生活的方方面面。在市场中，创业者和消费者仅仅是市场的要素之一，他们都必须在具体的市场制度环境下受到市场运行的控制并承担其影响。

因此，满足客观市场运行需要，成为企业创业后续中最关注的问题。在一份对国内200多家公司进行的调查中，各企业在问及最渴望获得哪方面帮助的时候，有 87.6% 的公司首选“有效的市场营销策略”。市场营销策略其实就是销售方法，即市场执行力和创意力。需要有效的市场营销策略的希望，这说明企业如今对市场客观运行规律的重视。现在世界的不断发展变化使得市场的供求关系已经不能简单用买与卖来概括了。市场格局的深远改变，令如今的企业生存日益艰难，挑战大于机遇。当“大众创业、万众创新”的全民创业潮涌现时，总会遭遇到风吹雨打。现在 80% 以上的创业者都不成功，当然其中不乏“玩票”性质的创业者。即使是坚持下来的少数企业，在后续缺乏“有效的市场营销策略”的情况下，也会导致企业后续维系动力不足，企业经营只能给市场运行添砖加瓦、凑个热闹。

那么，“有效的市场营销策略”真实意义上又是什么呢？它到底大于消费者个体需求多少呢？这个看似清楚却实质难懂的“市场需求”，蕴含了太多的信息。其实，市场的需求如同消费者需求一样，它一直存在，但处于不断的动态发展中。要满足消费者日益增长的物质和文化需要，就要准确把握市场导向。要清楚，经济总是在具体的市场制度环境下运行并受其影响，从而不同国家和地区市场经济会表现出不同的具体特征。有的企业之所以成功，并不在于它的产品做得有多好或多精巧，而是它有着成熟完善的市场认知理解，能满足不同市场的整体需求。正如“沃尔玛”进入中国市场一样，在满足消费者需求的同时，它更认知了中国市场本身的运作规律，形成自身有针对性的市场营销策略体系。适者生存，违背市场运行规律，忽视市场作用，反遭市场吞噬的失败案例也比比皆是。例如，全球著名图书连锁巨头、世界500强企业贝塔斯曼集团，在2008年宣布终止其在华的全部业务，从中国市场全面撤离。

同时，市场的需求又起到了规范的作用，以其自身的规律、规则、规范参与市场运行各方的行为，无论是创业者还是消费者都必须无条件共同遵守。也许在创新创业的初期创业者对消费者需要满足的考量，都比不过市场规范的重要性。忽视市场的作用和续存的风险，往往比机遇的掌控和把握更加重要。常常有企业对市场的作用未进行有效反应，从创业初期的激情万丈累积到某种程度后，市场会利用自身的规律加以规范，应对不良的企业，甚至会招致市场运行过程的反噬。例如，众所周知的网络维权困难的问题。继网购商品以次充好的现象之后，网上购物又接着出现进一步更复杂的不符合市场运行规律、应受到市场规范限制的问题，如网购食品保质期、网上预订专车安全性等。这其实就是客观市场的规范力在起作用。市场的规范作用，有利于形成统一开放、竞争有序的整体体系，有利于资源的合理配置，促进市场经济健康、有序运行。这样的健康市场才是企业运转、完善的保证。

### 延伸阅读 1-4　网上购物货不符实，遭遇网络维权困境

李小姐在某网店看到了一款标有某知名品牌的靴子，靴子的款式很时尚，商品参数显示的是全牛皮，网店给出的标价为268元。李小姐感觉很划算，便随即在这家网店挑选了一双大小为37码的黑色靴子，并支付了货款。

但当她收到邮包拿到靴子后，发现靴子做工粗糙，皮质较硬。经专业皮革店工作人员鉴定，这双靴子是质量很差的人造革而不是店家所宣传的全牛皮，尺码还是38码，根本不符合店家对

靴子规格的介绍和她当初下单订货时的期望。

接下来，李小姐联系卖家要求退货，原因是与描述不符。但卖家却不予退货，表示说，靴子是全牛皮的，只是不是头层牛皮，是二层牛皮。靴子材质的确是差了点，不然全皮的靴子怎么可能卖这么便宜。李小姐又表示鞋码大小不对，要求退货，商家说要她拍张照片从网上传过去，以证明鞋码不对。照片发过去后，该店家又称，照片看不清楚，要退货的话就去上海面谈。李小姐非常气愤地说："哪有这么骗人的？去上海的路费都不止268元。"

李小姐很是无语，投诉网站仲裁，希望网站负责方给予协助处理。网站方虽承诺会及时了解处理，但一拖再拖，不了了之。

（资料来源：编者依据网络资料改写）

此案例表明，在日新月异的市场发展变化过程中，某些投机取巧者忽视市场规律，进行所谓的"投机创业"。但由于市场的后续服务比不上市场本身的更新变化，所以维权难仍是网上购物面对并需进一步处理的问题所在。因为企业无视市场而进行的投机终究不符合市场的运行，在市场规范作用下不可能继续，最终仍会遭到市场的整理和清除。

因此创业者本身除了看到市场所给予的机遇，更应该重视市场运行的规律和规范，这样才能在满足消费者需求的前提下进而保持企业的后续动力，保证企业在市场中良好运行，取得进一步的发展和成功。

成功需要机遇，前进必临挑战。"天将降大任于斯人也，必先苦其心志，劳其筋骨，饿其体肤，空乏其身，行拂乱其所为。"说的就是这个道理。正如同"互联网+"，自 2012 年首次问世到如今已成为全民热词，已经成为一个具有时代性的概念。如今的互联网，已经不仅仅是一个资源存取和交流的载体，它更多地影响甚至左右着社会和人的步伐节奏，现在人人都可以感受到互联网所带来的全新生活形态。尤其是在全球化的浪潮下，作为"走出去"主要途径的互联网所引发的崭新商业模式变革和经济社会形态重构，不断显现在市场的方方面面，在带来无限机遇、推动时代前进大势的同时，更存在众多的持续挑战。

在这个倡导创业的新时代，要利用好诸如互联网等各类资源的优势特点，叠加在新的创业运行机制之中，从创新创业者自身出发，分析创业对象的各方需求，并且综合市场运行的客观存在，才能真正做到抓紧抓牢新的机遇，面对挑战，危中寻机、化危为机，开辟新的发展空间。

### 延伸阅读 1-5　国务院印发《关于积极推进"互联网+"行动的指导意见》

经李克强总理签批，国务院日前印发《关于积极推进"互联网+"行动的指导意见》(以下简称《指导意见》)，这是推动互联网由消费领域向生产领域拓展，加速提升产业发展水平，增强各行业创新能力，构筑经济社会发展新优势和新动能的重要举措。

《指导意见》提出，要坚持开放共享、融合创新、变革转型、引领跨越、安全有序的基本原则，充分发挥我国互联网的规模优势和应用优势，坚持改革创新和市场需求导向，大力拓展互联网与经济社会各领域融合的广度和深度。到2018年，互联网与经济社会各领域的融合发展进一步深化，基于互联网的新业态成为新的经济增长动力，互联网支撑大众创业、万众创新的作用进一步增强，互联网成为提供公共服务的重要手段，网络经济与实体经济协同互动的发展格局基本形成。到2025年，“互联网+”新经济形态初步形成，“互联网+”成为我国经济社会创新发展的重要驱动力量。

《指导意见》围绕转型升级任务迫切、融合创新特点明显、人民群众最关心的领域，提出了11个具体行动：一是“互联网+”创业创新，充分发挥互联网对创业创新的支撑作用，推动各类要素资源集聚、开放和共享，形成大众创业、万众创新的浓厚氛围。二是“互联网+”协同制造，积极发展智能制造和大规模个性化定制，提升网络化协同制造水平，加速制造业服务化转型。三是“互联网+”现代农业，构建依托互联网的新型农业生产经营体系，发展精准化生产方式，培育多样化网络化服务模式。四是“互联网+”智慧能源，推进能源生产和消费智能化，建设分布式能源网络，发展基于电网的通信设施和新型业务。五是“互联网+”普惠金融，探索推进互联网金融云服务平台建设，鼓励金融机构利用互联网拓宽服务覆盖面，拓展互联网金融服务创新的深度和广度。六是“互联网+”益民服务，创新政府网络化管理和服务，大力发展线上线下新兴消费和基于互联网的医疗、健康、养老、教育、旅游、社会保障等新兴服务。七是“互联网+”高效物流，构建物流信息共享互通体系，建设智能仓储系统，完善智能物流配送调配体系。八是“互联网+”电子商务，大力发展农村电商、行业电商和跨境电商，推动电子商务应用创新。九是“互联网+”便捷交通，提升交通基础设施、运输工具、运行信息的互联网化水平，创新便捷化交通运输服务。十是“互联网+”绿色生态，推动互联网与生态文明建设深度融合，加强资源环境动态监测，实现生态环境数据互联互通和开放共享。十一是“互联网+”人工智能，加快人工智能核心技术突破，培育发展人工智能新兴产业，推进智能产品创新，提升终端产品智能化水平。

《指导意见》提出了推进“互联网+”的七方面保障措施：一是夯实发展基础；二是强化创新驱动；三是营造宽松环境；四是拓展海外合作；五是加强智力建设；六是加强引导支持；七是做好组织实施。

（资料来源：新华网，2015年7月4日）

## 1.2　新时代的创新创业教育

### 案例分析 1-1　用努力与拼搏书写人生的何世平

何世平，现任某传媒有限公司总经理。

#### 1. 青春岁月，青春梦

2005 年，进入大学就读的何世平有着和所有同学一样的青春梦，希望在学习之余还能在校园中另有“一番作为”。于是，他加入学校的学生社团，在学校团委担任社团部部长，并组织策划了一系列活动，包括“首届三校大学生足球联赛”“首届学校三人篮球赛”“首届羽毛球大赛”“今天我以学院为荣，明天学院以我为荣”主题演讲大赛等一系列活动，均受到学校领导和老师的一致好评，其中演讲大赛得到学院领导的高度评价。

在大学学习的三年中，充实的学习生活和社团锻炼让何世平获得前所未有的满足感和成就感，他回忆道：“正是由于在大学的社团锻炼、工作积累和个人经验，才让我准确地定位了个人目标，也为以后的创业打下了坚实的基础。”

2. 生命不息，奋斗不止

2008 年，何世平从学院毕业之后，进入地方电视台工作。对待踏入社会的第一份工作，何世平满怀信心，准备在单位中大施一番拳脚，然而残酷的现实却先狠狠地给了他一记耳光。

在学校顺风顺水的他，由于所学专业与工作内容不相符，一进电视台就被打上“不合格”的印记——第一次考试宣布失败。为了能顺利留在电视台，在之后的时间里，他不停地学习，每天跟着一个带他的前辈，有不懂的就问，学习累了就趴在桌上休息，醒了继续学习，有时一天只睡2～3小时，通过这样高强度的学习，6 个月后的考试终于顺利通过。他成功留在了地方电视台。

进入电视台之后，何世平一直勤奋努力，由他负责的节目多次获得省、市级奖项，他的能力也不断凸显。在电视台的几年时间里，他通过多岗锻炼，已能在激烈的竞争中胜任电视台的工作，但是他也遇到了专业上的瓶颈。他发现，这样的生活并不是他想要的，一个按部就班的工作，一份工资不高只能养家糊口的薪水，一个没有太大升职空间却被家长看好的工作机会，现实的一切都与他最初的理想相差甚远，他感到越来越迷茫：究竟应该如何做，才能找回曾经大学时期那个阳光、积极向上的何世平？

他感到前所未有的空虚与无奈，于是，开始为自己寻找精神寄托，用玩游戏打发时间，填补空虚。一边重复着工作，一边玩着游戏，就这样，他浑浑噩噩虚度了几年的光阴。但就在工作第七年的一个夜晚，何世平问了自己一个哲学问题：我是谁？我的人生能有几个 7 年？我怎么现在就这么浪费了 7 年？那晚对于何世平来说，注定是个不眠夜，他躺在床上苦苦思索，辗转反侧，他到底在做什么……

2015年初，一个偶然的机会，何世平迎来了人生的重大转折。

一个朋友忽然找到他，询问有没有兴趣一起策划一个大型活动，当时对于正在玩游戏虚度光阴的何世平来说，听到消息的一刻，那个整天混沌度日的他瞬间一跃而起，那颗在心中已熄灭许久的火焰瞬间被点燃，因为终于有机会把自己喜爱的专业，把学校宝贵的社团工作经验展示到大众面前，而此前，由于工作内容和性质的限制，几乎没有实现的可能。他立即答应参加到这个活动中。在活动策划时，何世平还在电视台工作，当时他白天正常上班，晚上则利用空闲时间进行活动策划，因为活动需要，他长期开会到凌晨两三点，工作强度非常大，就这样持续了几个月，但他仍咬牙坚持，成功承办了该项活动，在当地取得了巨大的社会影响，这个活动就是受到领导高度评价的“某地首届达人秀”。

活动的成功举办为曾经迷茫度日的何世平带来了无数的鲜花与掌声，但与此同时，由于工作性质与个人兴趣爱好的冲突，何世平开始了新一轮的人生思考，是继续按部就班地工作，还是投入身心疲惫但充满挑战的社会活动中？何世平走上了人生方向抉择的十字路口。

3. 不期而遇的残酷现实

考虑到个人的兴趣爱好、家庭压力等方面的问题，经过深思熟虑，何世平选择离职创业。

在创业最困难的时候，他想过实在不行，就拍婚庆补贴家用，但理想的丰满和现实的骨感让何世平难以招架，他惊奇地发现，离职后拍婚庆的薪酬已经大不如从前。原来，曾经在电视台虽然有一种“英雄无用武之地”的惆怅感，但正是因为电视台这样一个公众平台，让何世平与同龄人相比有了较高的薪酬标准。一旦没有了平台，也没有了曾经令人羡慕的“光环”，他只是芸芸众生中最普通的一员，毫无绝对优势可言。因此即使使用当时较好的拍摄器材，商家也无法给何世平一个满意的价格。面对不断降低的薪水，甚至是亲戚朋友的冷嘲热讽，何世平无怨无悔，他坚信自己的选择，坚信困难是一时的，只要自己努力用心，把每一单业务盯好，每一笔生意做好，就没有迈不过去的坎儿。经过一段时间的努力后，何世平有了一定的积蓄，也通过婚庆积累了一定的客户资源，他在感慨波折的同时，也感恩信任过他的领导和商家们，正是由于他们的支持和信任，何世平才能坦然走过泥潭，踏过荆棘，走向远方。他想，如果将来自己有能力，一定要“反哺”帮助过他的商家，让他们得到真正的实惠。终于，通过长期的隐忍与蛰伏，机会来了。

4. 漂亮的“翻身仗”

2015年，何世平向领导提议做某市首届电子竞技大赛，虽然当时由于电子竞技还没有得到社会的普遍认可，存在一定争议，但是主办方还是同意了举办电子竞技大赛。所以他特别感谢领导的信任，时任领导说过：“在电子竞技这么火的世界背景下，当中国队队员在电竞场上披上中国国旗的一刹那，说明电子竞技本来没有好坏之分，我们应该做的不是围堵青少年的思想，而是应该正确疏导，教会他们如何正确认识电子竞技，不要沉迷于网络游戏。”——这便是当时某市首届电子竞技大赛为什么能够成功举办的原因。

何世平曾经在公共场合跟大家交流电子竞技的发展，提出要在县级市搞一个电子竞技比赛的想法。但这寸步难行，困难重重。原因有以下两点：①当时政府层面对电子竞技的支持政策还不够明朗；②从商家层面讲，他们还顾忌家长的反应，怕起到反作用，从而影响到店铺的运营。这些都是大赛组委会需要考虑的重要因素。面对重重障碍，何世平在大赛组织会议上一次次跟大家讲解电子竞技的发展及前景，一些赞助商开始抱着试一试的态度加入进来。随着大赛的不断推进，越来越多的人开始关注电子竞技这一新兴赛事。自2015年8月8日开赛以来，吸引了来自各地各县（市、区）的38支电子竞技队伍，共计230余名电竞选手参赛，可谓盛况空前。

幸运的是，由于某市“首届达人秀”的成功，使得社会各界对何世平以及他的团队能力予以充分的肯定，在接下来的很多活动中，都有何世平所创办的公司参与，如某市首届电子商务大赛、某市首届青年才艺展示大赛、某市首届电子竞技大赛、某市第二届电子竞技大赛、某市羊肉美食文化节等，均取得了良好的社会反响。

5. 拨云见日，终获阳光

谈到创业心得，何世平最有感触的就是通过举办某市“首届电子竞技大赛”得出的经验教训，这让他受益良多。

1）不断增强法律意识，聘请专业律师作为顾问

在举办电子竞技大赛时，有一些实力较为雄厚的企业邀请何世平一起入股创办公司，考虑到机会难得，他马上答应下来，并迅速签订了股份代持协议，但正是由于这份协议，让何世平

体会到了创业以来最刻骨铭心的痛。

原来，这份所谓的代持协议的签订，竟然是无效的。符合程序的合同签订应该在所有股东同意的基础上，但这份却没有，更糟糕的是，当时的何世平根本不懂合同相关法律，轻易地相信了别人所谓的“诚恳建议”，任凭他人肆意构建他脑中的“美好蓝图”，何世平最终无奈退出。他曾说，如果当时自己聘请一位专业律师，持续跟进这件事，今天的他一定会做得更好。

2）把握机会，充分掌握主动权

当自己把握到一个合适的机会时，一定不要放弃，更不要放弃自己在活动中的主动权。事情还是发生在某市首届电子竞技大赛中，当时有多个网吧负责人作为赞助商加入到此次大赛中，何世平对于大家的支持非常感动，多次开会商讨大赛流程，并组建了一个工作交流群，初衷是大家可以随时在群中提出建议，畅所欲言。可过了一段时间后，何世平发现一些异样，大家很少在群中发言，到后来他才知道，原来是这些商家自己单独重新组建了一个赞助商群，并开始讨论所谓“对付”何世平的方法策略。他们开始以各种借口要挟何世平降低已经谈好的赞助费。眼看就要到正式开赛的时间，却突然出现意外，尽管最终何世平化解了这场危机，但这件事情的发生，让他伤心不已。他开始重新审视自己的做事风格和方法，不断寻找自身问题，通过持续学习提升突发事件的解决能力。

### 6. 创业建议

经过几年的创业经历和实践经验，何世平为创业者提出几点创业建议：

1）创业前期产品价位不要太高

创业初期往往兴致高涨，对自己的项目期望值太高，甚至盲目自信。不做深入的市场调查，产品价位远高于市场价，当销售不理想时，满腔的创业热情便会降温，甚至导致失败。

2）不要太过依赖原有的关系网络

创业路上除了个人的努力，如果还有“贵人”相助，当然是锦上添花，求之不得。但一定不要太过依赖别人的帮助，更多的成败在于自身。何世平现在的成绩与自己一点点的努力分不开，他非常善于处理人际关系，从底层小职员到公司 CEO，他都用心相待，现在公司大部分的订单都来自于曾经他真诚对待的每一个人。

3）目光要长远，做事有格局

在《战国策·赵策四》中有这样一句话：父母之爱子，则为之计深远。意思是，父母爱自己的孩子，应当为孩子从长远的角度考虑。对于创业者来说，自己的公司及产品，就如同自己的孩子一样，关注他们的发展，记录他们的成长，更应当从长远角度出发，制订一个发展目标，而不应当只看重眼前利益，丧失日后的良机。特别是举办某市首届电子竞技大赛时，网吧老板的集体行为让何世平思考良久，他想，如果自己是网吧老板，当然要揣测主办方的意图，但更重要的是，如何利用好这样一个平台，保持好和主办方的良好合作关系，才能迎来日后更多的合作、更大的平台，才能获取更多的收入。

4）认真做项目，深入基层摸底，切实做好市场调研

一个项目的成功，除了有一定的人际关系，还应当有足够的实力，拿产品说话。何世平现在的订单接连不断，除了朋友的支持帮助，更多的是产品的质量较高，社会反响较好。由他的

公司为甲方摄制的作品多次获得市级、省级乃至国家级奖项，在业界有良好的口碑，这也正是何世平和他的团队所认同的一句话：金杯银杯，不如老百姓的口碑。了解客户的真实需求，是不断改进产品的重要环节。

5）一专多能，打造特色业务

一专多能的灵感，源于何世平的母校——四川传媒学院，其校训为：博学笃行，德艺双馨。他非常认同母校的育人理念，因为正是如此，他的公司才发展得越来越好。何世平本人除了具有优秀的组织领导能力外，在视频剪辑制作、人际关系培养方面也有自己独到的理解，在公司的发展定位中，他从普通的婚庆拍摄到如今的视频高端定制，其法宝就是不断地提升产品质量，脚踏实地做项目，认认真真做调研。

6）谦虚谨慎，戒骄戒躁

这一点对于已有成绩的创业者来说非常重要，眼前的成功最容易让人骄傲自满、刚愎自用，一定要时刻保持谦虚谨慎的态度，不断学习提升自己，要相信人外有人、天外有天，要想获得最终的成功，必须努力全面提升自我。

（资料来源：编者依据网络资料改写）

**案例启示：**

何世平的创业经历和做事态度最令笔者动容，笔者在与他长达 4 小时的交谈中，能够真切地感受到他创业的热情，他不止一次地说："如果没有母校的培养，就没有现在的何世平。"在与何世平的交谈中，以下几方面非常值得创业者以及在校的学生们学习借鉴：

**1. 珍惜在校时光，充分挖掘自身特质**

何世平在校所学专业为计算机技术，但如今创业已小有成就的他，却从事新闻传媒这一行业。跨界的发展，得益于上学期间的自我挖掘和自我定位，他发现自己在组织领导和执行方面有不同于常人的技巧和能力，于是他为自己日后的发展已进行了初步的定位。

**2. 态度诚恳，谦虚谨慎**

无论是做人还是做事，何世平从来不敷衍、不放弃，每一件事，每一个人，都要认真对待，因为曾经的努力，如今看来，都以一个又一个的惊喜加倍回报给了何世平，善待他人，就是善待自己。

**3. 合理利用资源，努力提升自我，终将迎来璀璨人生**

在学校时，何世平是社团学生干部，他不断历练自己的实践能力。在电视台工作后，没有丰厚的薪酬，但却有丰富的客户资源，需要做的，就是端正态度，认真经营。离职创业后，虽然辛苦，但却乐享其中，他的公司发展越来越好。何世平曾经颇有感触地说："虽然创业初期很困难，但幸运的是，有很多曾经跟我合作的婚庆公司愿意与我再次合作，互帮互助。现在我的生意越做越大，但从来都没有忘记这些贵人给我的帮助，以我目前的能力，我已经开始反哺他们，有订单就拿给他们做，他们也越来越看重我，以前我被喊为小何，后来是何老板，现在是何总。"何世平的努力与拼搏最终获得大家的认可。

只有经历风雨，才能遇见彩虹，何世平用自己的亲身经历给我们上了一堂生动的体验课。

创新创业教育是近些年备受学界和政府关注的一个重要问题，国家已就这个问题发布了多个相关政策文件。但是，创新创业教育仍是一个处在摸索和认识中的概念。在国家创新驱动发展战略、“大众创业、万众创新”时代需求的背景下，这个概念显得越来越清晰。创新创业教育的涉及面很广，是教育学、社会学、管理学、经济学等多学科共同关注的，与传统的创新教育、创业教育和创新人才培养等多方面问题密切关联。

### 1.2.1　我国“创新创业教育”概念演变

自1997年清华大学引进创业教育以来，迄今已20余年。国家于2010年正式提出创新创业教育，并将其提升为国家行动。创新创业教育之所以成为我国高等教育在新的历史条件下的新内涵，原因在于其聚合了三股源流：高等教育规模扩张带来的就业压力和僵化的人才培养体系所形成的问题源流；高校实践探索、专家学者的政策建议、地方政府的政策支持所建构的政策源流；政治领袖的个人意志、执政党的意识形态等型塑而成的政治源流，这一切使得创新创业教育成为学术界的热点议题。目前的相关探讨主要集中在基础理论、发展现状、模式构建、经验与启示、创新与创业关系、效果评价等六方面。囿于探讨问题过程中存在“主观性”“单一性”“重复性”“多元性”等客观原因，创新创业教育不论是理论阐述，还是实践演变均有待正本清源。创新创业教育与高等教育是一种什么样的关系？作为国家驱动的教育行动，在实践过程中其经历了哪些历程？给高等教育带来怎样的变革？这些问题的探讨有利于厘清创新创业教育的理论逻辑与实践逻辑。

一般所指称的创新创业教育包括创新教育和创业教育。实践中，创业教育和创新教育原本是并行的两个轨道，正在由原来的“分离”模式转变为“结合”模式，其方向则是融合模式。创新是前提和基础，指向个体心理品质；创业是目标和结果，指向个体经济行为。二者有时间序列上的差异性，但在个体身上却不可分割。创新创业教育是指给个体提供一种能够成长为开创新的就业岗位的市场经济行为主体的、不同于“学而优则仕”的传统高等教育的新型教育。最早提出“创业教育”的是 1947 年在美国哈佛商学院开设的《新创业管理》这门课程。联合国教科文组织（1995）对“创业教育”的定义是：培养具有开创性的个体的教育，不仅包括就业，还包括创造新的就业岗位。胡晓风（1988）首次提出中国创业教育，将创造和职业相结合，并在四川省合川县开展创业教育实验研究，培养劳动力、生活力和创造力三种基本技能，系统地界定了创业教育的内涵、目标、原则。

创业教育逐渐渗透到高等教育领域，被赋予“以培养技能型与素质型人才为主要目标，提高大学生的创业意识，创业能力和创业激情”的内涵。邬志辉等（2001）提出创新教育是创造教育在高度上的外延，是素质教育由传承向创新的转移，是一种“学问”的教育，同时也是一种个性化教育。张兄武等（2014）认为创新教育就是以培养人们创新精神、创新思维和创新能力为基本价值取向的教育。

创业教育和创新教育在相当长的时期内相互并行，未有交集，直到 2010 年。创业教育主要用于经济领域和职业教育领域，强调就业教育和实践教育，侧重于组织形式发展和个体的经济贡献。创新教育则主要在普通教育领域，侧重于人才的潜能开发和社会领导力发展。为了应对转型期中国社会发展的复杂局面，教育部于2010 年正式提出“创新创业教育”，将之定义为“适应经济社会和国家发展战略需要而产生的一种教学理念与模式”，作为整个教育领域的发展方向；2015 年 5 月，更是上升到国家发展战略的高度。

创新创业教育是一种将创业教育的外延和创新教育的内涵融合到一起，并超越其上的整合型教育理念。其本质是培养学生的创新创业意识、创新创业精神和创新创业能力，激发学生创造力；其内容是对创新教育、就业教育和素质教育内涵和外延的拓展；其目标是全面改革传统教育教学、切实培养创新创业人才，实现大学生个人价值与社会价值的统一；其宗旨是给每一个学生提供可获得最佳发展的机会和资源。

### 1.2.2 我国创新创业教育发展历程

关于我国创新创业教育的发展阶段，有以下代表性的划分。侯慧君等以焦点事件的方式将创业教育分为11个阶段：改革启航，修法促创业（1978—1988）；会议出概念，学者谈构想（1989）；项目做实验、规划促研究（1990—1991）；市场促创业，研究起高潮（1992—1993）；农村先起步，大学新范式（1994—1996）；职教先试行，学生引竞赛（1997）；中央地方有行动，校园竞争首举办（1998）；挑战竞赛掀热潮，教学科研谱新篇（1999—2001）；就业形势催煞人，组织队伍亟发展（2003—2005）；创新国家需创业，创业教育设特区（2006—2008）；创业教育初结果，政府民间齐推进（2009—至今）。

孙惠敏等认为分为四个阶段：萌芽起步阶段（1989—1998）、高校自主探索阶段（1998—2001）、政府引导下的多元探索阶段（2002—2009）、全面发展阶段（2010至今）。

李永山等认为分为两个阶段：1997—2002 年 4 月为第一阶段，属于自主探索期；2002 年 4 月至今为第二阶段，属于初步发展期。

刘海春等认为分四个阶段，1998 年以前为启蒙期、1998—2002年为萌芽期、2002—2010年为探索期、2010至今为发展期。

侯慧君等人的划分虽然揭示了创新创业教育如何从高等教育外部逐步渗入高等教育内部的历史过程，但过于琐碎。其他学者均将创新创业教育与高等教育天然地混同一体，且将高校视为主动者，忽视了创新创业教育与高等教育之间的真实关系，以上划分不足以揭示创新创业教育在高等教育中的困境及高等教育自身发展进程中的困境。本文从创新创业教育与高等教育的历史关系节点入手进行阶段清理，将二者置于广阔的社会结构视域中，从而可以更真切地审视社会与教育之间的互动机制，既为创新创业教育的有效开展提供宏观视野，又为高等教育的自我更新与转型发展提供反思路径。

**1．创新创业教育0.0时代：游离于高等教育之外的创业教育**（1988年至1996年）

1988 年，胡晓风首先提出“创业教育”一词，但是这里的创业教育是以教师为出发点，指对教师这一职业进行创造性劳动，他的创业教育实验是将经济、科技、教育结合起来。同年5月，他发表《更新教育思想进行创业教育的探讨》一文，更正创业教育理念，出发点是培养能把科技与经济结合起来的创业人才。

其著作《创业教育简论》中更加明确创业教育的三原则：科技、教育、经济三结合；德育为本，创业为用；学问与职业一贯。1992年至1995 年的创业教育集中在少数中小学开展。1996

年，国家教委职教司、职教中心在北京联合主办了“小企业管理技能课程开发”研讨会，就创业教育进行交流，并选择部分省市职业学校作为试点。与此同时，我国高等教育仍处于精英教育阶段，并未与社会经济领域发生直接联系。可以说，此时的创业教育游离于高等教育之外，与普通高等教育的关系是疏离的。这一时期的创业教育更多的是服务于经济领域，应用于少数职业学校，旨在提升人才输出质量，提高市场经济效益。

2. 创新创业教育1.0时代：高校自发摸索阶段（1997年至2002年4月）

最早始于美国商界的创业教育给美国经济复苏提供了极大的支持，逐渐得到了大学的青睐，成为一种世界性的教育发展新潮流。这一阶段各高校处在“散兵游勇、各自为战”状态，主要关注点在于如何通过在校期间相关课程和各类创业实践活动，以提升商学院学生及全校学生的创新创业能力和创业精神。

清华大学MBA培养计划于1997年引进创业教育，开设了创新与创业方向的专业，并于 1998 年 5 月举行“清华大学生创业计划大赛”，成为我国创业教育和高等教育初步接触的标志性事件。例如，有的学者就明确指出我国高校创新创业教育的兴起标志就是1997年清华大学为MBA学生开设了“创新与创业”方向课程。

1998年，流行于海外的创业计划比赛活动在国内落地生根，清华大学率先将这一比赛本土化，并在当年成功举办了“第一届清华大学生创业计划大赛”；1999年，清华大学承办了国内第一次面向全国高校大学生的第一届“挑战杯”中国大学生创业计划大赛，大赛使创业的热潮向全国高校扩散。随着创业热潮的扩散，共青团中央高度重视这一态势，启动了面向全国高校的大学生创业计划和课外学术科技作品竞赛。

党的十五大明确提出“科教兴国”战略，为全面落实党的十五大提出的目标，深化教育改革，教育部在1998年制定了《面向21世纪教育振兴行动计划》，1999年国务院正式批准，文件明确指出要进一步强化对高校师生的创业教育，探索有关措施激发师生创业热情，鼓励师生充分发挥技术优势创办高新技术企业。同年，国务院下发《中共中央国务院关于深化教育改革全面推进素质教育的决定》，进一步指出对大学生创新能力、实践能力和创业精神的培养是高等教育的重要任务。当年召开的第三次教育工作会议对这一任务目标进行了强调，提出高校要培养学生的创业意识和创业能力。

2002 年 4 月，国家教育部开始启动九所大学的创业教育试点工作，分别是：清华大学、北京航空航天大学、中国人民大学、上海交通大学、南京经济学院、武汉大学、西安交通大学、西北工业大学、黑龙江大学，展现了中国教育的新趋势——“加强创业教育”。

3. 创新创业教育2.0时代：教育行政部门引导下的多元探索阶段（2002年5月至2010年4月）

这一阶段各高校处在“八仙来同、集中示范”状态，初步形成了较为完善的高校创新创业生态系统，培养了大批优秀的创业者，为社会创造了巨大财富。高校创业教育开始走向大众化、尖端化，创业者也以多种形式反哺高校创业教育。

2002年4月，教育部组织确立了清华大学等9所大学开展创新创业教育试点工作，标志着我国高校创新创业教育进入了教育行政部门引导下的多元探索阶段，如北京航空航天大学的“大学生创业意识、创业技能培养”试点、中国人民大学的“课堂教学”试点、上海交通大学的

“实习基地、政策支持和指导服务”等。

2008年，教育部、财政部公布了获得批准立项建设的高等学校本科教学质量和教学改革工程（简称“质量工程”）项目名单，其中立项建设32个创新与创业教育类人才培养模式创新实验区。

**4．创业教育3.0时代：教育行政部门指导下的全面推进阶段**（2010年5月至2014年8月）

这一阶段各高校处在“面向全体、遍地开花”状态。各高校尝试把创业教育融入人才培养体系，面向全体学生广泛、系统开展；着力引导学生到经济发展转型过程中对创业的需求、创新精神和创业能力对个人职业发展有利的助推作用，激发学生社会责任感，促使学生实现自我创新精神和创业能力的培养提升；探索实现专业教育与创新创业教育深度融合的教学体系；更新实践教学理念意识、方式方法，拓展实践教学的内容，加强人才培养过程中的实践教学，尤其是鼓励学生参与到创业实践过程中，提升创业教育教学的开放性、互动性和实效性。

2010年4月，时任教育部副部长陈希在推进高等学校创新创业教育和大学生自主创业工作视频会议上指出，党的十七大提出的“建设创新型国家”重大战略目标、国家经济转型发展对我国高等教育人才培养提出了新的要求，适应这一要求势必要推动高等教育进一步改革发展，而改革的重要措施之一就是要着力推进高等学校创新创业教育和大学生自主创业工作。同年5月，教育部制定下发了《关于大力推进高等学校创新创业教育和大学生自主创业工作的意见》，明确要求创新创业教育是全方位、全过程的，要实现对全体学生的覆盖，要融入人才培养的整个过程。

2011年6月，在党的十七大“创业带动就业”理念的指导下，国务院下发《关于进一步做好普通高等学校毕业生就业工作的通知》，通知强调要建设集创业课程教育、创业实践培训、创业帮扶服务于一体的高校创业教育模式并明确指出把要创业课程纳入学分管理。

2012年8月，为进一步提升创新创业教育科学化、规范化水平，教育部印发了《普通本科学校创业教育教学基本要求（试行）》，从目标、原则、内容、方法、组织五个维度做出了具体要求。次年11月，教育部又下发了《关于做好2014年全国普通高等学校毕业生就业工作的通知》，强调在大学生群体中开展创新创业比赛等实践活动，提出要开展新一轮的“大学生创业引领计划”以提升学生创新意识和创业能力。

**5．创业教育4.0时代：国家统一领导下的深入推进阶段**（2014年9月至今）

这一阶段各高校处在“全民创客、跨界融合”状态。创新驱动战略上升为国家战略，“大众创业、万众创新”成为社会公众的共识和人们干事创业的遵循，知识的跨界、技术的跨界、经济的跨界、群体的跨界使“跨界融合”成为大势所趋。而且，用户需求日益极致化、个性化和多样化，对需求(特别是“幸福”需求)的定制化满足和深度服务，创造出新的业态和奇特价值。加之“互联网+”、人工智能、大数据和区块链的广泛运用，创业成本日益降低，全民用户成为创业发展的核心推动力。

2014年9月，李克强总理在夏季达沃斯论坛上首次提出“大众创业、万众创新”的号召。

2015年3月，政府工作报告明确将大众创业、万众创新和增加公共产品、公共服务作为驱动经济发展的“双引擎”。

2015年5月，国务院颁行《关于深化高等学校创新创业教育改革的实施意见》，站在国家实施创新驱动发展战略、促进经济提质增效升级、推进高等教育综合改革、促进高校毕业生更高质量创业就业的高度，明确了深化高等学校创新创业教育改革的指导思想、基本原则、总体目标，再次使用了“创新创业教育”概念。

2017年10月，党的十九大报告59次提到“创新”，8次提到“互联网”，6次提到“创业”，指出中国特色社会主义进入新时代，我国社会主要矛盾已经转化为人民日益增长的美好生活需要和不平衡不充分的发展之间的矛盾。要坚持新发展理念，坚定实施创新驱动战略，推动互联网、大数据、人工智能和实体经济深度融合，激发和保护企业家精神，鼓励更多社会主体投身创新创业，鼓励创业带动就业，建设知识型、技能型、创新型劳动者大军，弘扬劳模精神和工匠精神，大力提升发展质量和效益，不断促进人的全面发展。新经济快速发展，迫切需要新型创新创业人才支撑，需要高校面向未来布局新创业教育，探索更加多样化和个性化的人才培养模式，培养具有创新创业能力和跨界融合能力的新人才。

### 1.2.3　创新创业教育应深耕到高等教育的日常生活层面

为推进高等教育转型发展，培养适合我国经济社会发展战略的创新创业型人才，国家相关职能部门不仅从制度上鸣锣开道，更是在“大学生创新创业训练计划”项目上投入巨资，构建了国家、省市区和学校三级项目体系，以此作为金刚钻，楔入高等教育内部，引导高等教育进行全面改革。从长远来看，创新创业教育就是我国高等教育改革与发展的方向，不应只停留在浅层次上，必须深耕到高等教育的日常生活层面，高等学校须对高等教育做出重新定义。

#### 1. 创新创业教育是为未知而教、为未来而学

创新创业教育既是对我国高等教育与社会生活、个人生活有所脱节的校正，也是对高等教育构造社会公平秩序的价值贡献，为创新型国家建设的理念和顶层设计进入实践层面提供了现实途径和可靠路径。从这个角度来说，创新创业教育是一种全新的高等教育观，是我国经济社会转型发展对高等教育提出的新要求。创新创业教育旨在回归人类的好奇天性，以探索未知世界为导向，将教育和生活世界重新连接到一起，面向未来。高等教育大众化和民主化扩大了教育范围和教育对象规模，创新创业教育则顺应了中国高质量参与全球事务的趋势。

#### 2. 创新创业教育是现代大学的社会责任

大学的合理性主要表现在完善高深学问和解决社会问题两方面。

高等教育被视为向快速发展的社会提供所需知识和训练有素的人力资源的一种手段；与世隔绝的大学牺牲的是专业教学质量、应用性研究及社会性观察等。

现代大学所面对的是经济学意义和社会学意义上的个体化的社会，个体比任何时候都更关注自我。我国市场经济改革的显著成果除了经济层面，还有社会层面。市场经济改革既解放了生产力，把个体从传统的社会组织，如家庭和单位中剥离出来；又对社会结构进行了重组。创

新创业教育是一种真正意义上的基于个体发展、尊重个体发展的公平教育及开放性教育，向个体的潜能开放空间。

3. 将原则性知识转化为实践性知识

戴维·珀金斯在讨论“什么才是真正值得学习的知识”时，提出了“六大超越”，即超越基础技能——21世纪必备的综合能力与品质；超越传统学科——新兴的、综合的与有差异的学科；超越彼此割裂的各学科——跨学科的主题和问题；超越区域性观念——全球化的理念、问题与学习；超越对学术内容的掌握——学习思考与课程内容有关的现实世界；超越既定内容——提供多元学习选择。

这六大超越正是对传统高等教育弊端的破解和重新定义知识。现代大学课堂里传袭已久的是关于已知世界的“正确”的原则性知识，这种原则性知识多数与生活世界无涉，也不指向生活世界。关注生活世界的创新创业教育则注重将原则性知识转化为实践性知识，强化知识结构的技术性，使个体在有价值的学习中探索未知世界，明晰自己的使命和行为规范。通过在实践中引导学生形成自己个体化的认知体系和方法体系，实现个体本位、社会本位与知识本位价值取向的统一。

唯其如此，创新创业教育才可能走出知识教育的死胡同。

4. 培育创新创业教育的社会土壤

首先，将创新创业植入文化基因中。就历史视角而言，传统中国人自古就是为“仕”而学，中华人民共和国成立后的干部制度更是确认了这一惯习。全球化让中国融入市场经济的世界格局中，技术社会的新惯习正在瓦解原来基于各种共同体而组建的社会结构。市场经济改革在一定程度上解构了半个多世纪的基于干部制度的生涯思维模式，社会日渐开放，人们对生活的向往和追求及选择更加多元。

中国政府在深化市场经济体制改革的同时，对政治惯习进行了大力整治，正在重塑社会心理结构，构建“大众创新、万众创业”所需的公平正义的社会氛围和土壤，从文化层面植入创新创业的基因。其次，创新创业教育需要有适宜的检测机制。这表现在两方面，一是将创新创业教育纳入教育评估机制，对各高校起到督导和调节作用；二是消除市场壁垒，资源和机会向所有人开放；第三，以政策为杠杆，鼓励企业深度参与高校的创新创业教育。落实《人力资源社会保障部关于支持和鼓励事业单位专业技术人员创新创业的指导意义》（人社部规〔2017〕4号），支持和鼓励大学专业技术人员创新创业，将大学和社会连接起来，给学生提供将原则性知识转化为实践性知识的平台。

### 1.2.4 高校创新创业教育政策的演进

习近平总书记在党的十九大报告中强调，“人才是创新的根基”，“创新驱动实质上是人才驱动”。大学生作为创新人才的重要组成部分，其创新创业能力的提升已成为我国高校教育人才培养的核心环节。作为实现人才培养目标的主要媒介，大学生创新创业课程建设取得了较大的成效。但是，在当前的大学生创新创业教育中，课程目标偏重于“创业”教育，课程内容集中于行业性的知识，课程实施更关注于知识的获得，课程体系的系统性与稳定性尚有一定的局限性。

党的十九大报告强调，要加快建设创新型国家。作为创新人才的重要储备力量，大学生创新创业能力的培育和提升，可以在新的历史方位上更好发挥创新驱动战略的第一动力作用。近年来，国家越来越重视高校创新创业教育，出台了许多高校创新创业教育的相关政策文本。这些政策文本既有专门针对大学生创新创业教育出台的，也有内嵌于更大政策主题之中的。对我国创新创业教育政策的演进逻辑进行总结与分析，可以明晰创新创业政策历史演变的进程，探寻演变的动力机制，在认识政策变化规律的基础上对未来政策制定提出合理化建议。

1．高校创新创业教育政策的演进逻辑

在高等教育领域，人们普遍认为1947年2月哈佛大学迈尔斯·梅斯在商学院开设的《新创企业管理》课程为创业教育在大学中的首次出现。

1997年，清华大学开设创新与创业方向课程，成为我国高校开展创新创业教育的起点。对于我国的创新创业教育政策而言，其发展轨迹和动力机制具有其本土特征。

在我国，高校创新创业教育纳入国家政策的起点是 1999 年颁布的《面向21世纪教育振兴行动计划》（以下简称《计划》）。这个文件提出的目标之一就是“瞄准国家创新体系的目标，培养造就一批高水平的具有创新能力的人才；加强科学研究并使高校高新技术产业为培育经济新的增长点作贡献”。而“各高校应该充分利用自身的专业优势、学科优势来为经济产业结构调整服务，增强高校与行业、企业之间的产学研合作，推进高校技术成果在实践中的转化速度，鼓励有条件的大学生开展创业计划，强化对教师与学生的创业教育，激励他们自主创立高新技术企业”。该《计划》是针对当时我国教育发展水平偏低，缺乏国际领先水平的创造型人才而对高校提出的创业教育，目的在于提高人才培养的创新能力和竞争能力。而该计划也为我国的创业教育发展提供了新的方向，开拓了良好的创业政策环境。2002 年 4 月，教育部在普通高校创业教育试点工作会上明确提出，鼓励和支持高校毕业生自主创业，在政策上要求协调工商和税收部门，简化审批手续，这标志着我国多部门共同扶持大学生创新创业政策的开始。

2002 年，高校创新创业教育政策侧重于试点的推进。4 月，教育部高教司发布《创业教育试点工作座谈会纪要》，确定了清华大学等 9 所高校作为“创业教育试点”，标志着我国创新创业教育从自发探索转向政府引导的多元化发展。2004 年，劳动和社会保障部颁发的《关于在部分高等院校开展“创办你的企业”（SYB）培训课程试点的通知》强调，“在大学生开展 SYB 培训课程试点中，可适时开展远程创业培训，并适当增加针对青年学生创业特点的相关内容”。该阶段，国家积极倡导“创新精神”和“自主创业”，将创新与建设创新型国家联系在一起，有力推动了高校创新创业教育从理论到实践的延伸。

2010 年，我国高校创新创业教育的专门性政策出台。教育部颁布的《教育部关于大力推进高等学校创新创业教育和大学生自主创业工作的意见》中首次用“创新创业教育”替代“创业教育”。该意见提出，“创新创业教育是适应经济社会和国家发展战略需要而产生的一种教学理念与模式”。具体而言，“创新创业教育要在专业教育基础上，以转变教育思想、更新教育观念为先导，以提升学生的社会责任感、创新精神、创业意识和创业能力为核心，以改革人才培养模式和课程体系为重点，大力推进高等学校创新创业教育工作，不断提高人才培养质量”。在这个政策文件的指导下，高校的创新创业教育进入了新的发展阶段。2012 年 8 月，教育部印发的

《普通本科学校创业教育教学基本要求（试行）》对普通本科学校创业教育的教学目标、教学原则、教学内容、教学方法和教学组织作出了明确规定。同时，该要求还制定了“创业基础”的教学大纲，标志着高校创业教育课程与教学走向了规范化。这些专门性文件的颁布，从国家战略的层面到具体的实施环节都进行了系统化、制度化的规定，从而使得高校创新创业教育进入全面推进阶段。

2015 年全面深化高校创新创业教育改革的系列文件出台。5 月，国务院颁行《关于深化高等学校创新创业教育改革的实施意见》提出“到 2020 年建立健全课堂教学、自主学习、结合实践、指导帮扶、文化引领融为一体的高校创新创业教育体系，人才培养质量显著提升，学生的创新精神、创业意识和创新创业能力明显增强，投身创业实践的学生显著增加”。同时，该意见对深化高等学校创新创业教育改革的人才培养标准、人才培养机制、创业课程体系、教学方法和考核方式、创新创业实践等方面做了明确的要求。2016年，《教育部关于做好 2016 届全国普通高等学校毕业生就业创业工作的通知》中明确要求，“从 2016 年起所有高校都要设置创新创业教育课程，对全体学生开发开设创新创业教育必修课和选修课，纳入学分管理”。系列文件的颁布，标志着我国高校创新创业教育进入了在国家统一领导下深入推进的新阶段。该阶段的高校创新创业教育已经由“以创带就”拓展为以大众创业、万众创新驱动经济社会发展，创新创业教育的实质拓展为以创新为基础的创业，支持创新者去创业，使创新创业成为驱动经济社会发展的引擎。

作为高校教育改革的一项重要举措，高校创新创业教育政策已走过了20多年的历程，从最初的就业教育到今天的创新创业教育制度，其政策历史演变的动力机制实质上是高校人才培养规格与社会人才需求之间的结构性矛盾推动的，政策的制定受到不同时期高等教育发展内外部环境的影响。

首先，高校人才培养与社会需求间的结构性矛盾影响政策演进。长期以来，高校人才培养更多是专业能力的培养，较少考量其创新创业能力的养成，尤其是一些基础性学科，专业性不强，市场效应淡弱，创新力不足，创新创业教育自阻力较强，其“象牙塔”培养模式自我强化，这就造成高校人才培养规格与社会人才需求脱节的矛盾。从政策初衷来看，推动高等教育适应社会经济发展的现实需要，提升大学生就业竞争力和就业质量是创新创业教育的出发点，也是政策变迁的动力因素。众所周知，大学生创新创业教育不是简单地将创新创业课程植入大学生培养课程之中，而是要求教育理念、课程设置、教学方法、评价体系等方面做出根本性的变化。高等院校对创新创业型人才培养的重视，始终是与社会经济发展需要紧密相连，高校如何构建适应社会经济转型发展与产业结构升级现实需要的创新创业人才培养体系，始终是促进政策变迁的根本动力。

其次，高校内部治理结构优化影响政策演进。长期以来，高校难以在大学生创新创业教育中发挥应有作用，源自于高校自身法律地位不明确、内部权力配置机制不合理以及创新创业教育在高校人才培养目标定位中被忽视等诸多原因。随着高校内部治理结构不断优化，高校自身阻碍大学生创新创业教育的观念、制度和文化等软阻力被逐渐消解，高校在大学生创新创业教育中的地位由响应政府号召转向自主积极参与，高校创新创业教育的适切性得到提高。也正是因为如此，高校创新创业政策形成初期，除了清华大学、北京大学、中国人民大学等高校作为创业教育试点院校外，多数高校是以提升学生就业能力为目的参与到这一政策中来的，而近些年来，高校创新创业教育已经成为高校人才培养目标定位和课程设置的重要内容，政策也逐渐引导高校在实践中，重视学生创新创业精神的培育，而这一政策变迁是因为高校内部治理结构优化而具有可行性的。高校内部治理结构的自主调整和完善不仅为创新创业教育的开展提供了必要的制度环境，而且成为推动创新创业教育相关政策变革的直接动力。

第三，社会经济发展态势的变化影响政策演进。高校创新创业教育涉及中央政府、地方政府、高校和市场四个主体，本应是多方合作的协同机制。从政策变迁过程来看，社会经济发展现实变化对高校创新创业教育的影响体现在三个方面。第一是教育治理现代化进程的推进使得高校创新创业教育主体从政府主导转变为多元共治，学校、市场等主体在其中越来越发挥更为重要的作用；第二是国家创新发展驱动战略使得高校创新创业教育内容从就业技能提升转变为创新精神培育，尤其是伴随经济发展由要素投入驱动转向创新驱动，高校创新创业教育已经从单纯的就业问题变为培育富有创新精神、勇于创新实践的人才培养问题；第三是社会主义市场经济的发展客观上促进高校创新创业教育路径从高校单一课程教育转变为校企联动实践培养机制，尽管大学与企业是不同性质的组织机构，双方处于不同的文化生态之中，但市场经济发展促使高校创新创业教育在高效性、针对性、透明性等方面必须做出回应，高校和市场的联动产生了协同效应，政策变迁的一大特点就是不断激励市场参与大学生创新创业教育，取得了较好的效果。

**2. 高校创新创业教育政策演进的趋势展望**

创新创业教育作为一种新的教育范式，相关政策虽在国家层面积极倡导，但具体政策与实施路径都有待于丰富和完善。从政策变迁的演进规律来看，我们认为，今后高校创新创业教育政策的完善需要在以下三个方面着力。

（1）建立多元评估制度，增强大学生创新创业教育的实效性

随着创新创业重要性逐渐被社会关注，高校创新创业教育将从其教育改革和发展的“有益补充”演进为“重要组成部分”。在创新创业教育的实施过程中，政府、企业和高校三方缺一不可。为了能够切实提高高校创新创业教育的效果，需要建立科学、合理的评估体系。高校的评估主要集中于创新创业教育的课程设置、师资队伍、科研转化和学生的实践能力等方面。具体而言，针对授课老师，应该关注其专业水平能力、授课数量，并根据实际情况调整传统教师与创业教师的评价情况，保障创业老师的权益；针对学生，要重点考察其实践能力（方案写作、产品营销、财务管理等）。

对企业的评估主要集中于创新创业实践平台建设方面。由于高校和企业在高校创新创业教育所承担的责任不同，这就内在的规定了政府在建立评估制度和政策过程中，要依照主体责任，对评估制度的内容进行划分，从而提高高校创新创业教育的成效。

（2）优化治理体系制度，推动高校创新

创业教育的协同性正如前文所述，创新创业教育起源于就业需求。然而，长期以来，在传统“象牙塔”教育模式下，高校教育成本更多是考虑培养成本，鲜有关注其就业成本，忽视其

就业能力的培养。大学教育产品——大学毕业生在就业市场上付出大量的寻找工作的成本，如某培训机构招收面试培训费为 10 000 元/人，再度增加教育成本；用人单位在接收了这些“半成品”的学生后还要经历一个再培训的过程，变相承担大学的培养成本。高校创新创业教育能惠及诸多利益主体，因此，高校创新创业教育政策应继续深化对高等教育产品链条的认识，从生产环节过渡到交易环节，甚至是以后的消费环节，激励创新创业教育参与主体的积极性，例如制定相应的政策，以“优税”的形式鼓励企业积极参与高校创新创业教育；建立高校、政府机构和企业的联动机制，整合社会力量共同实施创新创业教育；为大学生提供创业实践的平台等。只有政府、学校、市场和学生各方都认识到创新创业教育的重要意义，并理顺各自权责利关系，多元协作作为创新创业教育治理体系的实践逻辑方能成为可能。

（3）完善配套支撑制度，提升高校创新

创业教育的适切性从大学生创新创业政策变迁轨迹来看，最初政策演进均具有强制性制度变迁的特征，也就是说通常是外界干预的结果，是一种自上而下的政策安排。后续相关政策的变革应该充分考虑现实情况，因地制宜，根据不同的培养目标、专业性质、就业方向等，分门别类地制定相应的政策，赋予高校更多办学自主权，确保大学生创新创业政策的合理性和科学性，提升高校创新创业教育动力。

总之，我国大学生创新创业教育政策走过了一条政府驱动的快速发展之道，政策导向经历了从“以创带就”到“大众创业、万众创新”的拓展，大学生创新创业教育只有调动各方参与积极性，提升教育本土适切性，方能成为驱动地方经济社会发展的动力引擎。

## 1.3 创业的本质与内涵

### 1.3.1 创业的内涵

创业是由18世纪著名的经济学家、作家查理德·康替龙提出的概念。创业者，指的是在寻求机遇的过程中，扮演积极承担风险角色的人。创业是人类社会生活中一种最能体现人的主体性的社会实践活动。

广义的创业，是一种思考、推理以及行为的方法，其本质是把握机会，创造性地进行资源的整合和快速行动。创业行为存在于各种组织与各种经营活动当中，取得成绩和进步的大小和速度，要以运用创业的正确观念指导展开工作为前提。从涵盖的范围来看，创业是指社会生活各个领域的人们，为了开创新的事业，需要从事的一种社会实践活动。突出强调的是一种特定的精神观念、能力和行为方式，这是主体在能动性的社会实践中所体现出来的。

狭义的创业，属于经济学的范畴，主要指人类主体以创造利润、价值与就业机会为目的，通过组建商业企业的组织形式，为社会提供产品的经济服务活动。

简而言之，“创业”是开创基业、事业。合肥工业大学任小明认为，创业系指一无所有的创业者，就某项具有市场前景的新技术、新设计或想法，向风险投资家求助并取得风险投资，把观念转化为商品的商业性行为。辽宁师范大学张桂春、张琳琳对国内的创业看法归纳如下：一是指工作人员在事业或职业发展过程中的某一阶段；二是指社会人员开创一种前所未有的工作、事业领域，或者在其事业和职业生涯中做出前所未有的工作业绩；三是指“非工资就业”，就是依靠个人的劳动、创作、服务、经营来获得职业收入。同时，学者们也根据各自对创业概念的理解对创业教育提出了不同解释。上海市教育科学研究院房欲飞指出，创业教育是根据高校现有正在进行中的关于课程体系、教学内容、教学方法的改革，连同第二课堂活动的展开，不断深化和强化大学生的创业意识、创业观念以及创业能力，并将其深化为大学生自身的素质，在时机适当的社会条件下发展成为创业人才。而镇江市教科所的毛建国认为，创业教育从功能方面进行分析，能使新增劳动力转型，从单一型人才转向复合型人才、从操作型技能转向智能型技能、从传承型转向创新型、从从业型转向创业型，完成从职业型向社会型的转换，是新世纪迎来的新挑战，是未来人才素质符合新要求的一大重要措施。他还将创业教育定义为：优化组合现有教育资源，实施新的教育观念，把教育学、人才学、管理学、创造学、社会学、经济学、心理学等相关学科理论进行有机整合，通过学校、企业、家庭、社会等各种教育途径，帮助并鼓励学生建立创业志向，修养创业品格，完成创新观念和创业能力的教育。

### 1.3.2　创业的导向

伴随着经济的转型以及改革开放的不断发展，中国的创业活动正开展得如火如荼，创新和创业精神逐渐成为学术界关注的新的热点。创业已被看作经济增长和社会发展的重要因素，同时创业也能促进就业、激发创新、扩大产品和服务供给，并且可以从总体上提升区域经济的发展以及国家竞争力的优势。

#### 1. 创业导向的概念及其测量维度

创业导向（Entrepreneurial Orientation，EO）这个概念，自20世纪80年代被提出后，逐渐成为创业研究的核心概念，创业导向的内涵和作用也一直是创业理论与实证研究的关键问题之一，其建构的提出引起了大量国内外学者的重视，因此在创业研究中也成为当前学术界最为前沿和重要的内容之一。创业导向的构成元素和测量模式，也被众多学者作为关键考察对象。然而目前部分资料对于创业导向内涵和效度的解释，的确有待深化。因此，下面将对创业导向的概念、测量维度及决定元素进行分析。

创业导向概念的发展进程，可以分成三个主要阶段：未命名阶段、战略姿态阶段和创业导向阶段。在初期，关于创业导向的观点并没有提出明确的概念，只是认为凡是指企业高层管理人员在选择商业战略行动时，积极承担企业活动的风险，指愿意接受改变并以此获得竞争优势采用的积极、主动的竞争措施。到了创业战略阶段，指的是企业的总体竞争导向，如果说一个企业愿意承担商业风险，并且为取得竞争优势而偏好变革与创新，主动采取措施与其他企业开展竞争，那么就算是拥有创业战略姿态。因此创业战略姿态的本质，可以说就是企业的战略取向，反映了企业从事创业活动的一种强度或者倾向。从这个方面来看，创业战略姿态其实还不算是正式意义上的创业导向。随着创业导向概念的正式提出，创业导向的研究也逐渐进入了成熟阶段，从战略选择的视角来观察，创业导向则是指新进入的整个过程、实践以及决策行为。

新进入是指能通过主观和主动的行动来实现，包括创建企业的关键性人物，在一个动态的社会或商业环境中采取的态度、意图和行为。需要强调的是，创业导向和创业当然分属两个不同概念，创业，更多关注的是内容，注重应该进入的事业；但创业导向，则更加强调程序，注重创业的过程、惯例以及决策的相关活动。综合以上观点，我们认为创业导向，其实是一种企业层面的、在经营实践及决策过程中按需采用的、富于创新的、愿意承担风险的一种抢先行动，主动竞争和追求自治性的观念和行为。

早期学者们把创业导向分为创新性、风险承担性与先动性这样的三个维度，认为有创业导向的企业，应该是在创业过程中同时表现出这三个维度的特征，只表现出一种维度的企业，并不能算是有创业导向的企业。同时他们也认为这三种维度应当被组成一个基本的、变动方向一致的系统集合来运用。但是这种观点很快遭到其他学者的质疑，他们认为单一维度测量缺乏系统考虑，会限制对不同类型创业活动的解释，因为在一定情境下，这些维度也是可以相互独立的，并对企业绩效有不同程度的影响。当前的研究大多也都认为创业导向的维度是相对独立的。目前受到学者普遍认可的则是 Lumpkin 和 Dess 提出的五个独立的维度元素，即风险承担性、创新性、先动性、自治性和竞争主动性。Lumpkin 与Dess用因子分析法研究了94家企业中的124 个管理者的资料，结果显示出先动性与竞争积极性属于两个独立维度，在企业应对外部环境时影响更为显著。先动性适用于动态环境或者是产业发展的一个上升阶段，而竞争主动性适用于敌意性或者是成熟的环境。Hughes和Morgan利用英国高科技企业的数据对创业导向各维度对企业绩效的独立作用进行了检验，结果发现只有先动性和创新性对企业绩效有积极作用，而冒险性与绩效却有着反向关系，竞争的主动性与自治性对企业绩效没有明显的作用。Coulthard 在整理澳大利亚各个产业相关的资料时，发现在不同的产业中，创业导向不同元素的重要性以及其与绩效的关系也是各不相同的，企业的业务绩效同创业导向的创新性和先动性两维度之间的正向作用在研究的过程中也已经得到了证实，然而竞争主动性、冒险性和自治性的重要性随着时间而发生相应的变化。

种种研究表明，创业导向维度元素的独立性，已经被很多学者证明，采用独立的维度对创业导向进行研究的方法也得到了当今学者们的普遍认可，也已经成为学者们对创业导向进行进一步研究的前提，所以各创业导向的维度对不同类型、规模以及发展阶段不同的企业的作用，也是各不相同的。

**2. 创业导向的决定因素**

根据米勒和弗里森的观点，创业是一个系统工程，和环境特征、结构、战略以及领导的有效整合息息相关。因此，所有的战略性元素，都会决定企业的创业导向。重要的战略性元素包括外部环境、组织架构、企业资源与能力等元素。

第一，外部环境。外部环境是创业导向的一个重要的决定性因素，包含环境的动态性、敌意程度、复杂性等。具体分析如下：环境的动态性，是以环境的不稳定性以及连续变化性质作为特征，就像行业增长一样。如果面对一个充满敌意的环境，由于产品需求的萎缩以及相关对抗性竞争的激烈，就会对企业构成相应威胁。而环境的异质性则意味着市场可以被划分为很多部分，同时动态性与复杂的环境也需要在战略决策时被加入创业导向中，对于不稳定的中小企业而言，更是如此。

第二，组织架构。柯文与斯莱文认为，系统的组织结构也会影响创业导向。有机联合的组织结构系统会促进创业行为，并使得该组织可以对其他组织的竞争性行为做出很快的反应。如果身处一个充满敌意的环境当中，则需要将组织里的创业导向观念与组织的有机结构进行有效的整合，以便得以实现较高绩效。伦普金认为，与机械结构的企业进行比较，有机结构的企业将会获得更高更强的绩效。

第三，企业的资源与能力。当前社会环境中，资源一直是创业领域强调的重要因素。资源缺乏，将会对企业的创业行为产生非常严重的限制。在创业行为的过程中，与资源丰富的组织机构相比，资源稀少的组织很难有一个强烈的创业意向。

另外，企业能力也是影响企业创业导向的关键性的因素。能力是指组织进行有效配置以及整合各种不同资源的一种水平，尤其是指通过战略性整合的形式来达到一个所需的结果。在一个组织中，组织决策的模式、该组织鼓励的行为方式以及核心能力都由能力来显示。企业必须而且应该具备一些特殊能力，来追求和强化此种战略导向。

种种研究都表明，任何企业，都应当把保持创业性当作一个竞争优势或者是竞争的基本战略来源。对于一些中小企业而言，如果它们正在发展和完善一个管理团队，或者力图有效地组织系统内部资源和发展战略的时候，创业导向就会显得更加重要。在开始的阶段，创业导向是年轻企业需要重点关注的事情，且一直将持续到不再考虑能否生存问题的阶段。因此，为了更方便地获得创业导向，可以有效地深入并理解，必须要通过权变与整合的方式，将企业环境同企业内部、外部的因素相结合，用以评价创业导向与绩效之间的关系。在未来的相关研究中，机会、创业和资源等理论视角，都将会有利于更好地识别各种因素对于企业生存与成长的相对重要性。

### 1.3.3　创业的本质

创业关注的是能够创造新的价值，而不在于是否成立新的组织形式，它是在资源有限的环境下把握商机的一个过程。创业包括两个层面的含义，一种是精神层面的，这种创业代表的是一种以创业为基础的思考和做事的方式；一种是实质层面的，代表的是一种机会的挖掘，并能够整合资源组建新的组织，为市场提供一种新的价值。创业活动包含的内在本质可以从以下几个方面体现。

#### 1. 机会的导向

创业活动和一般的生产经营活动是有区别的，一般的生产经营活动通常是经营者考虑如何利用现有资源能够做什么的过程，侧重的是资源的考虑，而创业活动侧重的是机会的导向。机会的初始状态是还没有明确清晰的市场需求或未得到有效利用的资源和能力，机会的产生意味着生存发展空间的出现和潜在收益。一般情况下，创业活动的初始环境并不尽如人意，特别是缺乏资金、人力、物力等物质资源，而事实又迫使创业者要在缺乏资源的情况下思考如何生存发展的可能性。市场经济活动中，消费者和市场是企业能够生存发展的关键因素。所以作为创业者，必须首先从消费者和市场的需求中去发现和挖掘机会，从而去寻找生存发展的空间。

2. 资源的整合

在资源缺乏的情况下如何有效地把握机会是创业活动的本质，但是这并不代表创业活动就要去忽略资源的问题，而是要提示创业者如何去创造性地整合资源，这也是创业的本质内容之一。熊彼特提出的“新的组合”的观点其实本质上就是对资源的组合。

人类开展任何活动都离不开资源，把握机会的同时，我们也需要具备相应的资源，才能够完成我们的活动。资源的分类很多，比如物质资源与非物质资源，有形资源与无形资源等。在创业活动中，创业者所具有的知识、技能、社会关系、领导才能、对需求的把控能力等都是有助于创业活动成功的关键资源，只有合理运用这些无形的资源，才有可能更好地把资金、人力、物力等有形资源有效整合，从而为创业奠定坚实的基础。

3. 价值的创造

机会的导向、消费者和市场需求的最终目的是创造价值，开展创业活动最终是为了引导创业者对所带来的价值进行创造的关注。所谓创造价值就是为了向消费者和市场提供有价值的产品和服务，从而使消费者和市场的需求得到满足。创造价值本质上强调的是为社会经济发展所做出的贡献程度和提升人们物质精神生活的丰富程度，只有体现价值的创造，创业活动才会有持久的生命力，才能持续地生存发展。然而有些创业者利用消费者不断提高的购买力和生活质量需求的日益增长，去通过虚假手段诱导消费，尽管获得了可观的收益，但是从长远角度来看，并不能实现持续健康的发展。

4. 超前的行动

创业活动一般是在不确定的市场环境中进行的，机会的导向要求更突出地体现出速度，一定要做到超前行动。机会的把握具有时效性，很可能稍纵即逝，相反，那些能持续存在的事物往往并不是机会。

## 案例分析 1-2 毕业生邱桐的创业事迹

邱桐，黄山爱尔教育咨询有限公司创始人。某学院 2012 级广播电视编导专业。在大学期间她曾多次参加支教工作，虽然是一名艺术生，但邱桐却通过了国家六级英语考试，她在奋斗的同时也积极发挥自己的特长，为大山里的孩子们教授英语课。支教的经历给了邱桐很大的启发，让她爱上了教育这门事业，因此，毕业后的邱桐和先生一起回了家乡，开始创办教育学院。理想很丰满，但现实却很骨感，由于邱桐本科学习的传媒专业与他们所创办的英语学校专业不对口，遭到了家人、朋友的一致反对，但在两人不懈的努力下，终于将一个不到 30 $m^2$ 的小教室发展到了现如今占地超过 300 $m^2$ 的黄山爱尔国际教育培训学校。

1. 刚好遇见你

邱桐的创业经历除了自身的努力外，还有一个最为重要的人，就是她的合作伙伴，也是伴随终生的亲密爱人。

邱桐和她的先生于 2014 年 6 月 1 日相识于成都某音乐节，这位名叫 Adrien，中文名叫卓文的帅气美国小伙，是一名乐队鼓手，恰巧当时邱桐也在学架子鼓，共同的兴趣爱好让两个不同国度的年轻人越走越近。邱桐作为一名资深"吃货"，号称要吃遍成都，但遇到卓文，也只能甘拜下风，因为她遇到了"专业吃货"。卓文的父亲是一名法国人，与生俱来的浪漫情怀与美食精神，在卓文这里得到了完美的"继承"。他很爱吃，而且偏爱甜品，但市面上的甜品又让卓文得不到满足，如何才能吃到美味、地道的甜品，卓文和邱桐经过多次尝试后，决定自己做手工冰激凌。从最初的设想到后来的落地实施，只用了很短的时间，他们已经推出焦糖海盐、祁门红茶、浓情巧克力、宇治抹茶四种口味，并不断对新产品进行探索研发，将它们销往各大甜品店。

共同的兴趣爱好，性格的彼此互补使他们越来越坚信双方合适长久地生活在一起。但随后发生的事情，才让邱桐坚定了要伴其一生的决心。

### 2. 有一种青春叫奉献

2015年，一个偶然的机会，邱桐在大四期间前往四川大凉山进行了一学期的支教工作，在一所中学里教学生们学习英语。支教是一种磨炼，更是一种人生感悟，在这里，与其说教学生学习，不如说交人生知己。

在来支教之前，邱桐和她的伙伴已经做了无数次试讲，但真正开始登上讲台的一刻，心里还是忐忑万分，想着孩子们万一不喜欢学习英语，或者不适应自己的教学方式，贸然上课，岂不是很尴尬，但是当她真的见到山区孩子们时，邱桐才明白自己错了，那是一张张渴望的脸庞，是一面面灿烂的笑容，是一双双纯真的眼睛，是一种明显不同于城里孩子的淳朴与自然。在教学上，邱桐主要负责的是小学及初中的英语教学任务，因考虑到山区的学生从小受周围特定环境与家庭教育的影响，与城市小孩相比，往往会显得更加胆小拘谨、不善言谈，缺少自信心，又害怕说错被老师批评，会遭人耻笑，发言基本处于被动位置。为此她做了充足的准备，根据不同年级的年龄及理解水平准备了不同的教学资料。在教学中鼓励学生大胆发言，多用有亲和力的语言给予肯定。教学活动是师生的双边活动，要使之有效地进行，就要建立起学生对教师的信任感。尤其是对农村学生来说，要改变传统的旧思想，建立平等的师生关系。在教学内容上，低年级的学生主要教授词汇知识，完成简单的英文对话，同时还不忘教授孩子们好听的英文歌曲，寓教于乐，增加课堂互动。高年级的学生则注重英文的阅读理解，同时结合英文故事及历史背景讲解，通过一个个故事丰富孩子们的知识，开阔阅读视野。整个过程流畅自然，孩子们的课堂反应非常好，这给了邱桐莫大的鼓舞和信心。

在生活上，邱桐在照顾好自己的同时，还不忘关心山区的孩子们。她帮助他们培养良好的生活习惯，给孩子们做一顿丰盛大餐，分享生活中的点滴故事，真心与孩子们交朋友，渐渐地，大家对她少了往日的拘谨，多了几分活泼，还有一点点"小调皮"，邱桐真正成了孩子们的知心姐姐、良师益友。

在一个学期的支教经历中，邱桐真切地感受到了那些孩子们的真诚和对英语学习强烈的求知欲，没有宽敞的教室，没有标准的教具，甚至没有一张像样的办公桌，但与孩子们相处的每一分每一秒对于邱桐来说，都弥足珍贵。支教结束后，这份深厚的师生情谊从未中断。

而对于爱人卓文，邱桐也有了更加深刻的别样感受。邱桐在凉山支教期间，卓文回到美国做一个手部的手术。这段时间他们都特别想念对方。从相遇、相识，再到如今的相知，邱桐和卓文的结合跨越了万水千山的阻隔，冲破了文化差异的限制，他们的婚姻不是一时头脑发热的冲动，而是经过深思熟虑后的慎重决定。邱桐对先生的爱不仅仅是个人情感的表达，更是因为卓文内心的纯真与包容感动了她，让邱桐决定伴其终生。在凉山支教的这段时间内，因为工作的特殊性，邱桐经常忘记给卓文发信息，忙的时候，对于卓文打来的电话，她都视而不见，甚至直接挂断，但卓文从来没有埋怨过邱桐，反而经常发信息鼓励她：照顾好自己的同时，尽可能地帮助到山区的孩子，因为他们比我们更需要关怀和帮助。

邱桐和先生结婚后也多次前往大凉山看望孩子们，大山深处的老师和学生为了迎接他们的到来，甚至为他们举办了一场别开生面的彝族婚礼。这份情感早已超越普通的师生情谊、同事情谊，而是一笔终身的财富。从那时起，邱桐便在心中坚定了自己想在毕业后从事教育工作的决心。

由于自身的英语水平不错，还有英语培训机构外教助教的工作经历，再加上邱桐的先生来自美国，在两人商量后，卓文放弃了保研的机会，决定回到邱桐的家乡——安徽黄山开展关于英语培训的事业。

### 3. 不忘初心是一种坚持

2017 年 6 月，邱桐和先生成立了黄山爱尔教育咨询有限公司，公司最开始是在黄山市的一个小镇上，刚刚毕业的邱桐便和先生开始了两人的教育事业。

一间不到 30 $m^2$ 的小教室，是邱桐和先生创业之路开始的地方，他们最初教授学生英文，在最初的半年中接收了 30 名学生。由于地方教育水平落后，公立学校在小学三年级才开设英语课程，因此教授的大部分学生都是三年级及以上的，家长们也都是抱着提高孩子们英语成绩的想法而报的班，但这一点与邱桐和先生的教育理念完全相背离：以提高孩子的口语能力为核心，将语言运用到实际应用上，把英语作为一门可以和世界交流的工具而学习。

因此有很长一段时间，邱桐和先生力不从心，因为不是每个家长都支持他们的教育理念，而他们也似乎遇到了创业的瓶颈，无法改变每位家长的观念，无法继续教学，无法持续招生，他们甚至犹豫是否要继续按照原本的理念做下去……

但是他们依旧没有放弃，一年后邱桐和先生将公司从小镇迁移到市区，到了市区后他们开始接收更多 2~3 岁的学生，家长的观念超前，从小开始培养孩子的语感和对第二语言的认知。他们发现学习语言年龄越小越好，因此邱桐和先生将针对群体偏向了幼童，没想到孩子竟越收越多，幼儿英语为他们的事业又开辟了另一片天地。

### 4. 摔倒十次也要爬起来

俗话说得好，隔行如隔山，邱桐和先生所创办的是英语教育培训学校，而邱桐在大学的专业是传媒，这两者可以说是毫无关联。因此邱桐为了更好地创办教育学院，便开始了漫长的学习过程，在放下课本多年后，邱桐又重新拿起了课本，努力考取了教师资格证，同时她还专门去学习了教育心理学，去了解怎样可以更深入地和孩子们相处、做朋友。

在战胜了学习的困难之后，生活上的种种困难又像大山一般向邱桐压来，很多事情都不尽如人意。在邱桐和先生刚刚开始办班的半年后便受到了来自同行的打压，因为邱桐的先生并不是中国国籍，也没有就业签证，所以被举报在中国境内非法就业，当时的邱桐和先生并不清楚，在他们结婚后先生卓文依旧不能就业，必须要取得就业证明。因此在此期间他们停止了教学工作，经济压力、生活压力以及先生的就业压力，这一系列问题也都随之一拥而上，为了解决卓文的就业问题，邱桐几乎走遍了当地所有同类型英语教育学校，掌握了行业内所有的第一手资料，终于功夫不负有心人，邱桐的先生被黄山学院聘用为外籍教师，因此也取得了工作签证，这样他们便可以继续办班授课了。但问题并没有全部解决，因为卓文上课的黄山学院在市区，而他们当时在小镇上办，从小镇到市区有一个小时的车程，他在每天早上都要开一个小时的车，到市区上课，晚上再开回小镇，邱桐的先生便开始了上下班路上的奔波生活，同样这也意味着邱桐和先生开启了之后更为忙碌的工作和生活。

但他们没有放弃，海明威在《老人与海》中说："人不是为了失败而生，一个人可以被毁灭，但不能被打败。"是的，生活像一张网，磨难是网上的绳结，经历过一次次磨难，这张网才会负重。他们相信，只要他们认真努力、不放弃，就一定会换来收获的，没有任何的挫折可以抵挡他们创办英语教育事业的决心。一年之后，邱桐和先生自筹了 50 万元的创业基金到了市区，租赁了接近 300 $m^2$ 的场地，为谋求更大的发展空间和减轻邱桐先生的工作压力，正式申办黄山爱尔国际教育培训学校。

邱桐和先生努力取得教育局的办学许可，同时邱桐也努力考取了 TEFL 全球英文教师资格证。相信磨难是一笔财富，挫折是一份辉煌，经历过磨难和挫折的人生才称得上辉煌的人生。

### 5. 开创特色游学

邱桐和先生为了发展业务，决定和澳大利亚的一家学校共同合作，开展海外游学项目，在每年暑期组织 20 名学生前往澳洲珀斯进行为期两周的游学活动，具体内容包括：学生将入住政府批准的澳大利亚寄宿家庭，参观各类著名景点，到西澳名校精英私立学校插班学习。在未来他们还会继续发展和扩展业务，发展美国、英国的游学项目。因为在邱桐和先生看来，游学不仅能开拓孩子们的视野，更是提高英语口语的绝佳方式。

邱桐和先生坚持以少儿发展为中心，以孩子为立足点，持续改进教学服务质量，创国际优秀培训模式，育身心和谐发展之少儿，为儿童提供个性化素质教育，他们相信每个儿童都具有发展潜能，并为每个儿童个性和谐发展创造机会，让他们体验到更优质的国际多元文化。

### 6. 为"百分之百"而努力

在创业的过程中邱桐和先生认识到，一所真正的英文培训中心应该是中外教师共同担纲，体验优良的国际多元化模式。这也更加坚定了语言培训的发展目标：实践英语这一世界语言。学校的发展规划：以"让每个儿童获得百分之百的机会"为教育理念，以外语教育为抓手，构建以英语为核心的课程体系，创设良好的外语氛围，努力提高儿童的英语兴趣和素质，使每个儿童在不同水平上得以发展，逐步形成具有外语特色的全面发展的培训学校。

邱桐相信，只要坚持初心，坚持最初的发展教育理念：以提高孩子的口语能力为核心，将语言运用到实际应用上，把英语作为一门可以和世界交流的工具而学习，持之以恒不放弃，就一定会有收获。

（资料来源：编者依据网络资料改写）

**案例启示：**

每条河流都有一个梦想：奔向大海。长江、黄河都奔向了大海，方式不一样。长江劈山开路，黄河迂回曲折，轨迹不一样，但最终它们都以各自的方式流入大海，找到归宿。水在奔流的过程中，如果沉淀于泥沙，就永远见不到阳光。也正是因为邱桐和先生的不放弃，才有了现在的黄山爱尔国际教育培训学校。

找对合作伙伴。卓文在邱桐的创业生涯中，既是她的亲密爱人，同时又是她最为重要的合作伙伴。卓文的外教身份作为学校的核心竞争力，有着不可替代的作用。而邱桐的中教身份在教学过程中起到了恰到好处的补充作用，使得孩子在学习过程中更加轻松愉快。

不忘初心，努力前行。邱桐和先生坚持以少儿发展为中心，视家长为上帝，持续改进教学服务质量，创国际优秀培训模式，他们心怀责任之心感染着身边的每个人、每个学生、每位家长。在学生们心中，邱桐是他们的指路人；在家长们心中，邱桐更是他们的希望石。邱桐的执着和奉献是源于对教育事业的热爱，对学生们未来的期望，更源于那份沉甸甸的责任和爱。

马云曾经说过："对所有创业者来说，永远告诉自己一句话：从创业的第一天起，你每天要面对的是困难和失败，而不是成功。我最困难的时候还没有到，但有一天一定会到。困难是不能躲避的，不能让别人替你去扛。九年创业的经验告诉我，任何困难都必须自己去面对。创业就是面对困难。"蜗牛的壳是自己加上的，既靠天，也靠地，还靠自己，我们要学会心平气和地接受失败，世界上没有绝对的公平，公平只在一个点上，在于看问题的角度和方式。邱桐和先生在遇到困难和挫折时，他们坦然面对，用初心激励自己，用彼此的爱温暖对方，在挫折和失败中磨炼自己，高高扬起英语教育事业的风帆。

## 1.4　幸福文化与幸福创业

### 1.4.1　幸福文化：高校创新创业的文化支点

正如齐格蒙特·鲍曼所言："这个世界已经把创业的意义改变得面目全非。在这个不稳定的世界中，真正的创业者不会考虑按部就班地创建一个企业，不会像建造一个房屋那样自始至终地选择最不容易腐烂的材料；相反，他们会考虑，在信用被取消和信用到期之前，能否把利润据为己有。"而人类一切活动当然包括教育活动的终极目的是为了幸福，创业教育要超越现代性的樊篱就必须植入幸福文化，使创业教育转型为创福教育。

#### 1. 幸福文化解读

所谓幸福文化，是指一种以幸福为思想内核和价值取向，以研究和实施正确的幸福理念，形成科学合理的幸福观为主要内容的文化形态和文化现象。幸福文化的核心理念应该是如何把一种正确的、合理的、科学的幸福理念植入人们的生活，使人们的决策与行动遵循幸福的准则或幸福的特性，这也构成了幸福文化所体现的内涵和本质。这主要包括道德性和价值性、创造性和追求性、精神性和超越性。

1）道德性和价值性

古希腊伦理学家亚里士多德也曾主张"幸福是符合德行的现实活动"。康德曾试图通过赋予人的存在以道德的规定来担保幸福的合理导向："尽管幸福使拥有幸福的人感到愉悦，但它本身并不是绝对的、全面的善。相反，它总是以合乎道德的行为为其前提条件。”道德对幸福的制约，并不仅仅表现为普遍原则的外在规范，在更深刻意义上，乃是通过道德原则、观念等内化为主体的内在要求和意向。另外，幸福作为广义的好或善，无疑呈现为一种价值形态。通过潜能的展开而推进人自身的完善，幸福同时获得了价值的意义。

2）创造性与追求性

幸福是动态的，是一个永不满足，寻求新目标，以求实现的主动的行为过程。追求、创造本身不但是人获得幸福的手段，而且追求、创造的行为本身就包含着幸福，即对幸福的追求、创造过程本身对于人的幸福来说，就具有终极价值。人无论是满足其精神方面的需要，还是物质方面的需要，都必须通过时间来对自然界进行加工或改造，只有这样，自然界才能为人提供符合其内在尺度的对象，人才能在自然界中生存，才能拥有人类的幸福。唯有创造才能体现人的本质力量，也唯有创造才能给精神以最高享受，因此，唯有创造才是幸福的真正源泉。

3）精神性和超越性

古希腊的索伦是最早从物质和精神两方面考察幸福问题的先驱。他认为最有财富的人并不幸福，而许多只有中等财富的人却是幸福的。因为最有财富的人时时都在想方设法更多地去聚敛钱财，常常在无节制的物质追求和享乐中损害身体，也极易引来灾祸。他还认为幸福并不只在于自己生存并享用荣华富贵，而在于为城邦和他人的利益献身，从而获得人们的赞誉。强调幸福的精神性是因为即使物质上的满足达到极致也仍然有疏离感、异质感，并会产生马斯洛所称的“超越性病态”。幸福在某种程度上也是一种超越，人的内在尺度与人的本质力量决定了人类那些已经获得的幸福很快成为背景而消失在人们的视野之外，决定了人类对这样的幸福很容易习以为常而最终使人丧失幸福感，决定了人类对于已经在场的幸福或已经处于上手状态的幸福总是视而不见。人类必须超越已有的幸福才能获得当下以及将来的幸福，超越已经有的幸福才能有新的可持续的幸福感。

### 2. 创业教育的幸福文化悖论

创业教育，就是基于创业要求，以开发和提高培养对象的创业基本素质为目标，向培养对象传授从事创业实践活动所必须具备的创业知识，训练他们的创业能力，提高他们的创业心理品质等，从而达到培养创业型人才的目的。然而，创业教育是适应社会发展和市场经济等条件而出现的一种教育活动，由于其强调“创业”，强调自谋出路，不可避免地会带有一定的功利色彩。在当今多种经济成分并存、人们的价值观趋向多元化的情况下，比较容易引发利己主义、金钱崇拜等不良倾向，有可能使道德水准滑坡。这样，创业危机容易演变为幸福危机，创业者也易演变为不幸福的人。诺丁斯指出：“幸福与教育具有内在的一致性，幸福应当成为教育的目的，而好的教育增进个人与公共幸福。”当前创业教育的幸福文化悖论主要表现在以下方面。

1）创业教育的财富定位挤占幸福定位

创业是通往财富的绿色通道，但其是否一定是通往幸福的康庄大道？创业教育一旦演变为“创富”教育之后能否等值于“创福”教育？当前我国许多高校的创业教育还局限于实务层面，将创业教育简单地定位为“企业家速成教育”，媒体也在宣传创业成功时几乎无一例外地把累积财富的多少作为衡量其创业成功的唯一标准。然而，市场在创造财富方面能制造神话，却难以衍生幸福。“自由市场这看不见的手，尽管它有不可怀疑的力量，但是它仍不足以确保许多牵涉人类幸福以及能让人们对人类进步抱乐观态度的社会目标的实现。”

马尔库塞旗帜鲜明地提出幸福面临的危机，即人一旦被物质产品所奴化，将失去生活的自由，各种欲望和需求都因为物质条件的限制而无法达到完美和满足，在很大程度上处于一种压抑的生活状态，无从谈及对幸福的追求。“一个人若将其最高目标和幸福都倾注到这些产品中，必定会使自己成为人和物的奴隶，出卖了自己的自由。”

富可敌国的比尔·盖茨先生在52岁时决定引退，并把自己580亿美元财产全数捐给名下的慈善基金“比尔及梅琳达盖茨基金会”。比尔·盖茨还表示：我和妻子希望以最能够产生正面影响的方法回馈社会，我们真诚地相信自己能看到受惠者幸福满意的笑容，这足以带给我们后半生最大的幸福和满足。国家富裕和人民幸福是现代文明社会发展和经济增长的根本目的。创业教育的最终落脚点是增加受教育者的幸福，提升其幸福感。止步于财富追求的创业教育价值导向必将导致幸福焦虑与幸福迷茫。

2）创业教育中幸福文化的缺失

乌申斯基认为：“教育的主要目的在于使学生获得幸福，不能为任何不相干的利益而牺牲这种幸福，这一点是无须置疑的。”创业教育中幸福教育的缺失主要表现在：①创业缺少创造性有悖幸福文化。根据全国高等学校学生信息咨询与就业指导中心调查表明，在选择有强烈的创业意愿中，专科生的比例最高，本科生次之，研究生的比例最低。这表明在我国青年创业中，高学历发挥创造性智慧创业的比例很低。而创业贵在创新与创造，创新与创造是创业的持久动力与源泉。不注重创新与创造能力培养的“速成企业家”难以承受经济环境复杂多变的风浪和科技发展的需要。我国大学生创业的科技含量不高，只有部分大学生涉及网络设计、市场营销、现代物流、软件编制等高科技领域，有相当一部分是从事快餐连锁、产品推广、异地销售等创业活动，因而难以出现敢于向微软的Windows操作系统挑战的芬兰大学生Linux那样的创业者。美国白森商学院的蒂蒙斯教授曾明确指出这种方式的弊端，认为这是在“拔苗助长”的方式造就所谓的创业家，并无法满足以创立高新技术产业为标志的“创业革命”的需要。②道德教育的弱化有悖幸福文化的道德性。创业教育作为课程体系与教育方式不应只是包括创业风险、创业地点选择、创业资金筹集、创业信息收集、小企业的形成等内容。创业教育还应包含创业教育前期的道德修养教育及创业教育后期的创业财富的道德性支配等。

### 3. 幸福文化：高校创业教育的文化支点

在全社会的商品化浪潮和功利心态的引导下，人们放弃了传统精英文化用理性、人生的价值、历史的意义、人的终极关怀等深度文化价值取向为大众构造的理性文化或理想文化空间，开始向衣食住行、饮食男女等日常生计回归，从而自觉或不自觉地接受以现代大众传播媒介为依托、以吃喝玩乐为基本内涵的消费文化和通俗文化。而幸福文化的作用就在于如何使人的生存方式更加幸福化，也就是，如何通过文化的渗透来提升人们的幸福感。

创业教育首先是生存教育，是一种新的生存观念和生存方式的教育，同时又是发展教育，着眼于通过人的全面发展来推动经济社会发展。而人的全面发展就是不断指向幸福人的过程。因此幸福文化支撑下的创业教育需要有所超越。

1）超越就业途径的路径依赖追求创造性幸福

20世纪90年代以来，美国经济的强劲增长和旺盛活力，关键就在于其整个社会旺盛不衰的创业精神和千百万家小型企业生生不息的创业活动。未来学家约翰·奈斯彼特认为，创业是美国经济持续繁荣的基础。世界管理学大师彼得·德鲁克认为，创业型就业是美国经济发展的主要动力之一，是美国就业政策成功的核心。发达国家尤其是美国，在创业教育的实践探索中已积累了丰富的经验，源源不断地培养出大批具备创新、创造和创业能力的人才，推动了整个社会经济、高科技产业和创新体系的蓬勃发展。知识经济时代，高等教育大众化背景下，高校创业教育不仅要为大学生开辟就业的新途径，更为重要的是培育和提高大学生的创新精神、创业能力以及专业技术、沟通、社交和管理等综合能力与素质。这些能力与素质的具备，对于大学毕业生的就业乃至一生事业的发展无疑具有重要的基础性作用。大学创业教育的作用绝不局限于解决就业和个人生计。创业教育对培养创新与创业型人才、提高国民创业技能、进而发展本土经济、建设创新型国家具有十分重要的作用。众所周知，创新精神和创业活动是一个国家或地区经济发展的动力和源泉。浙江省就曾作出坚定不移地走创业富民、创新强省之路的重大战略决策。该战略的提出表明创业绝不仅仅是解决就业压力的权宜之计，而是一项鼓励创业创新的重大部署。

心理学家马斯洛认为，一种潜能即一种价值，潜能的实现即价值的实现。创新教育的目的就是要使学生懂得，个人创造潜能的发挥，是人的最高需要，是个人价值实现的最高境界。因此创造教育的价值在于引导学生构建新的社会价值观，这种新价值观以主体力量为核心。只有当主体力量得到充分发挥时，知识才能在运动中发挥创造性的巨大能量。

2）超越经济人假设追求幸福人

创业不仅是人们开创新事业的行动，创业还是一种理念，是人们的一种行为方式，一种对待财富的人生哲学。创业教育的成果就是造就了若干独立的经济人，经济人以财富为指向但绝不是终极目的。而且财富与幸福存在不同步性。“然而，绝大部分人被怂恿在追求财富中去找寻幸福。但是由于他们从来没有懂得怎样正确地使用财富，因此时常为财富所害。”经济人如何超越幸福悖论？“幸福存在于安宁和享受之中。无安宁则无享受，有理想的安宁，则必定有带来乐趣的东西。”作为市场经济之父的亚当·斯密强调“无安宁则无享受”，指出虽然物质幸福就其客观性而言最终源于物质需要的满足，因此脱离不了对物的依赖，但幸福感就其自身来说是一种主观的心理体验，是可以依人的主观感觉为转移的。在物质丰裕的当代社会，维持个体良好生存的物质需要基本可以得到满足，但是只要这种客观上的基本满足被消费主义导致的意识歪曲所遮蔽，不论这种基本的满足建立在何种物质富裕的层次上，人都会因为主观感觉的偏差而体验不到物质幸福感。

由此可见，创业教育所生成的文化底蕴旨在倡导创业者在物质财富的基础上追求富有个性的生活方式和精神的充实感，体现创业发展的本真伦理价值。

3）超越财富崇拜追求德福一致

君子爱财，取之有道。司马迁在《史记·货殖列传》中，把致富的途径分为三类：第一类为“本富”，第二类为“末富”，第三类为“奸富”，其中“奸富”是指利用各种卑鄙手段巧取豪夺而致富。自古以来，财富就浸染了道德的色彩，表现在道德与财富的关系为德富冲突、德富一致与以德促富。道德的存在，使人不能随心所欲地聚敛钱财。如果没有道德的约束，社会经济活动就会失去秩序。可以说，人们正当的经济行为都受道德的规范和约束，人们挣钱的方法、手段和途径必须符合社会的道德规范和行为准则。聚财力与道德的约束程度成反比。

一般说来，在其他条件相同的情况下，没有道德约束的人的聚财力最大。英国哲学家培根就曾写道："通过正当的手段和正直的劳动所获得的财富是步伐缓慢的，但是当财富是由于别人的死亡而得到的时候，也就是财富骤然落在人的身上时则是十分迅速的。"但是，这种财富很难持久。道德的失衡比经济的失衡更加可怕，任何对积重难返的道德败坏调整需要更长的时间和新政策的效用检验，无法将多年酿成的大错一夜之间解决。以德促富可以生福，败德生富不但导致财富很难持久，而且最终导致经济秩序的紊乱。由次级债务危机导致的金融危机使美国人幸福指数急降、痛苦指数飙升，金融危机也是道德危机和幸福危机。因此，创业教育把握育德育福的教育视角从而生成幸福文化是创业教育最终转变为创福教育的文化支点。

### 1.4.2 幸福感与幸福创业

#### 1. 创业幸福感的定义和内涵

1）创业幸福感的概念界定

根据两大哲学理论——快乐论和实现论，学者通常将幸福感分为两种类型——主观幸福感（subjective well-being）和心理幸福感（psychological well-being）。基于快乐论的主观幸福感是指个体的情感体验和生活评价，包括整体上的生活满意度（global life satisfaction）、积极情感（positive affect）和消极情感（negative affect）三个方面。基于实现论的心理幸福感是指个体自我潜能的充分实现，包括自我接受（self-acceptance）、个人成长（personal growth）、环境掌控（environment master）、生活目标（purpose in life）、良好关系（positive relation with others）及自主性（autonomy）六个方面。除了以上两类幸福感之外，Keyes认为个体嵌入社会，必然面临多种社会任务和挑战，仅从个体角度来考察幸福感是不充分的。从社会角度而言，个人对他人、社会的意义和价值也是幸福感的主要来源。据此，Keyes提出了社会幸福感（social well-being），社会幸福感体现了个体对自身所处的环境、自身价值的评估，包括社会整合（social integration）、社会贡献（social contribution）、社会认同（social acceptance）、社会实现（social actualization）和社会和谐（social coherence）五个方面。本书通过对创业幸福感相关文献进行梳理和总结，综合主观幸福感、心理幸福感和社会幸福感的内涵，提出创业幸福感的概念，即在创业过程中，创业者对生活品质、工作质量、自我发展以及社会价值的主观感受和总体评价，包括主观幸福感（对当前，你满意吗？快乐吗？）、心理幸福感（对自己，你满意吗？）和社会幸福感（对他人，你有价值吗？）三个方面。

2）相关概念比较

创业幸福感是属于心理领域的概念，它与心理领域中的态度（attitude）和情绪（emotion）两个概念既有联系也有区别。态度是个体对外界刺激或者物体的评价性陈述，它反映了个体对某一现象的内心感受。从定义上来看，态度是针对某刺激（人/物/事）产生的，而创业幸福感是伴随创业过程产生的，不一定要有清晰的缘由。从构成上来看，创业幸福感由认知判断和情感体验两种成分组成，态度则由认知、情感（affect）和行为三种成分组成。因此，创业幸福感实际上是创业者在创业过程中的一种态度。

情绪是个体针对人或物产生的一种强烈情感。从定义上来看，情绪是一种不连续的强烈情感状态，有相对清晰的缘由（直接受到人、物或事刺激产生）、起点和终点；而创业幸福感是一种可持续的，没有清晰起因的心理学概念。从结构上来看，情绪包含积极情绪（如快乐）和消极情绪（如愤怒、害怕、悲伤、厌恶）两种类型，而创业幸福感则包含创业过程中的主观幸福感（含积极情感、消极情感和生活满意度）、心理幸福感和社会幸福感三种。从持续时间上来看，情绪只持续一段比较短暂的时间，通常指的是个体此刻或者此段时间的情感状态；而创业幸福感则包含长期幸福感，可以持续存在于整个创业过程中。因此，创业过程中创业者的情绪实际上是构成创业幸福感的一个方面。创业激情（entrepreneurial passion）是与创业幸福感概念相近的另一个创业领域的变量。创业激情是一种与创业活动相关的、持续的、可获得的、非常积极和强烈的情感体验。从定义上来看，创业激情和创业幸福感都是和创业活动相关的情感体验。但创业激情的情感体验是一种非常积极的、持续的、强烈的情感表现，而创业幸福感的情感体验是一种广泛的（包含创业领域与非创业领域引起的情感体验）、平衡的（包含短期和长期、积极情感和消极情感）的情感表现。从构成来看，创业激情和创业幸福感都包含两个方面。创业激情包含非常积极的情感（intense positive feelings）和身份认同（identity centrality）两个方面，创业幸福感包含情感体验（如积极情感）和认知判断（如满意度）两个方面。此外，创业激情和创业幸福感都包含三个维度。但创业幸福感从当前状态、自己和他人三个角度划分为主观幸福感、心理幸福感和社会幸福感，而创业激情基于创业者三种身份划分为创新的激情、创建的激情和发展的激情。

3）创业幸福感的度量

过往研究较多用“满意度”来测量创业幸福感。例如，Parasuraman等用职业满意度（career satisfaction）、家庭满意度（family satisfaction）和生活压力（life stress）三个方面测量创业幸福感。职业满意度是指创业者对当前职业成功的满意程度；家庭满意度是指创业者对当前家庭状况（如配偶对家庭付出情况、自己在家中的生活状态）的满意程度；生活压力是指创业者对生活压力源的心理反应状态。Aguilar等通过创业者对生活、收入以及工作的满意度测量创业幸福感。Sevä等从工作的自主性、工作满意度、生活满意度（对整体生活状态的满意程度）和家庭-生活满意度（对家庭、工作责任平衡情况的满意程度）四个方面测量创业幸福感。近几年，学者开始尝试从主观、心理和社会三个角度测量创业幸福感。例如，Drnovsek等从工作对个人生活和家庭生活的影响两个方面测量创业幸福感，并采用六个条目来分别测量这两个方面。其中，与个人生活有关的指标包括：①与朋友的人际关系；②周末、假期和社交生活；③健康和安全；④个人发展。与家庭生活有关的指标包括：①在家时的身心状态；②参与家庭活动的情况。Hahn等从享乐幸福感（hedonic well-being）和意义幸福感（eudaimonic well-being）两个方面测量创业幸福感，享乐幸福感是由于获取快乐和规避痛苦而产生的幸福感，意义幸福感是由于个体的自我价值实现而产生的幸福感。他们分别使用生活满意度测量享乐幸福感，用活力测量意义幸福感。魏江和权予衡认为主观幸福感、心理幸福感和社会幸福感在概念内涵上是互相独立的，在心理体验上也是互相分离的，但会互相影响。因此，他们综合以上三个方面度量创业幸福感。

Zhang等从生活满意度、工作满意度和心理幸福感三个方面开发了创业幸福感的量表，包含12个条目，其中生活满意度主要测量创业者和家人、朋友间的生活质量；工作满意度主要测量创业者对创业进程的满意程度；心理幸福感主要测量创业者的心理状态，例如压力、挫折和预期等。Dijkhuizen等从工作投入、工作满意度、精疲力竭和工作狂四个方面测量创业幸福感。工作投入是指个体对工作的认同、对工作充满激情的状态；精疲力竭是指由于过量的工作需求导致物质和精神资源被大量消耗的状态；工作狂是过度工作并强迫工作的状态。工作投入和工作狂是两个独立的概念，工作狂是工作过度（working excessively）和工作强迫（working compulsively）的组合，而工作投入的个体从不强迫自己工作，并且把工作当作一种乐趣。

2. 幸福创业与大学生成长

“幸福”是社会各阶层始终关注和热议的话题，当代大学生是社会发展中一支最为活跃、最有生气、最具创造性的力量，他们的理想信念、精神状态、综合素质，是一个国家发展活力的重要体现，也是一个国家核心竞争力的重要因素。大学生处在价值观形成和确立的时期，抓好这一时期的价值观养成十分重要。因为他们的价值取向决定了未来整个社会的价值取向，他们身上富含的拼搏意识、挑战精神、创新活力等特质，必将更为深刻地影响人类文明的进程与走势。

当代大学生的思想观念、行为方式、生活习惯与以往大学生都不同。大学生不再为生存生计发愁，他们的需求远远不止吃得饱、穿得暖、有学上、有电视看、有网络用，而是有了更高的物质和精神追求。很多大学生平日以“斗图”为乐，从各类小游戏、小程序中寻求快意，而一旦合上计算机、锁住手机，往往双眼发胀、大脑茫然、趣味尽失。只有引导大学生树立起科学、正确的价值观念，特别是对幸福观念和幸福创业有深入的认识，学会认识幸福、追求幸福、创造幸福、传递幸福和收获幸福，国家和民族才有希望、才能更有获得感、幸福感和安全感。所以，在大学生群体中开展“幸福创业”教育，是必要的、重要的，也是非常紧要的。

我们现在所处的时代是易变的、活泼的、不确定的、不可靠的、复杂模糊的。可能现在的大学生毕业的时候，所学专业相对应的职业已经消失；抑或他们毕业的时候，需要从事现在还没有出现的工作，这就要求学生具备应对不确定性未来的能力。据中国社会科学院大学王艳茹教授的研究，这些能力包括胜任力、领导力、判断力、控制力、创造力、沟通力和执行力等。而使自己“更幸福”的能力统领这些能力，因为幸福是本原，也是核心竞争力。

未来已来，如何通过幸福创业为大学生赋能呢？前文已经论述过“更幸福”的途径和方法，在为大学生赋能方面也是适用的。而且，我们所追求的未来或者结果，不是头脑能决定的，也不是周密计划和深思熟虑创造出来的。真正创造结果的，是你的潜意识，是本来就有“幸福”信念。所以，允许自己做回一个“人”，排除功利化的干扰，给自己空间反省，清晰判断形势或者“市场”的发展变化，具备了“判断力”，也是有极强“控制力”的个体观照自省的过程;找到自己的真正使命并践行之，将潜在的理想信念重新激发并付诸实施，是“执行力”，更是“创造力”和“领导力”的展现，因为理想信念是团队的灵魂和精神内核，尤其价值文化的发掘外化是一个团队成立伊始就应该做的事情，这是从0到1的过程，这样的领导者、团队也最有凝聚力；发掘培养自己的优势并形成良好的习惯，是加强心理免疫系统的有效手段，打造丰盈自己的幸福模式并辐射他人乃至社会，是对“胜任力”最好的诠释。学会感恩、并充分表达出来，感恩让人内心、人和人之间充满了爱、满足和感激，感恩带来个人幸福和社会和谐，它使未来变得更美好、更仁慈、更安全、更值得期许，懂得感恩的人具备了“沟通力”，也具有了核心竞争力。未来充满变数，个体对“幸福”的期许追求却不会变化，幸福创业为大学生的追梦之路赋能，一切活动就有了驱动力。

当今中国最鲜明的时代主题，就是实现“两个一百年”奋斗目标、实现中华民族伟大复兴的中国梦。当代大学生要树立与这个时代主题同心同向的理想信念，勇于担当这个时代赋予的历史责任，深刻把握幸福创业的内涵，回归常识、回归本分、回归初心、回归梦想，志存高远、脚踏实地，励志勤学、刻苦磨炼，有理想、有本领、有担当，在激情奋斗中绽放青春光芒、健康成长进步。

## 小　结

本章共四节，从创新创业的机遇与挑战入手，我国创业教育已进入“新时代”，本章全面分析了创业的本质与内涵，然后带动大学生幸福创业。

## 思　考　题

1. “中国制造”与“中国创造”有何区别？
2. 创业教育的概念是什么？
3. 如何理解我国创新创业教育已进入新时代？
4. 创业的本质和内涵是什么？
5. 如何理解幸福创业与大学生成长发展的关系？

# 第2章 创新思维与企业家精神

## 本章导读

本章共分三节，分别为创新与创新思维、创新型人才的内涵与特征、企业家精神。

本章首先阐述创新与创新思维，从创新的内涵入手，分析了创新能力决定企业的发展、创新教育对高校人才培养的意义、创新的价值评估等内容。本章还分析了创新型人才的内涵与特征以及企业家精神。

## 学习目标

学习完本章后，应该达成以下目标:

◆ 了解创新与创新思维。

◆ 了解创新的内涵。

◆ 了解创新型人才的内涵。

◆ 了解创新型人才的特征。

◆ 了解企业家精神。

## 导入案例

### 阿里巴巴首席执行官

2005年中国IT界，风头最劲的人物当属马云，一个非IT出身、又未专门学过管理学的英语教师。马云曾经告诫自己，别把自己当英雄。然而，又会有那么多人不自然地把他当英雄。尤其是阿里巴巴和雅虎的空前并购案更是为其印上了英雄的烙印。2005年，马云完成对电子商务的战略布局，在交易市场、支付机制和搜索技术等领域重点出击，与世界一流企业进行竞争。

1984年，历经辛苦的马云终于跌跌撞撞地考入杭州师范大学外语系，他的成绩是专科分数，离本科线还差5分，但恰好本科没招满人，马云就这样幸运地上了本科，并凭着满腔热情和一身侠气，当选学生会主席。

大学毕业后，马云在杭州电子工业学院教英语。1991年，马云初涉商海，和朋友成立海博翻译社。结果第一个月收入700元，房租2 000元。在大家动摇的时候，马云坚信：只要做下去，一定有前景。他一个人背着个大麻袋到义乌、广州去进货，翻译社开始卖礼品、鲜花，以最原始的小商品买卖来维持运转。

两年间，马云不仅养活了翻译社，组织了杭州第一个英语角，同时还成了全院课程最多的老师。如今，正如马云当年所愿，海博已经成为杭州乃至浙江省最大的翻译社。

“我一直的理念，就是真正想赚钱的人必须把钱看轻，如果你脑子里老是钱的话，一定不可能赚钱的。”初次下海的经历，给马云留下了深刻的体会。

1994年底，马云首次听说互联网；1995年初，他偶然去美国，首次接触到互联网。对计算机一窍不通的马云，在朋友的帮助和介绍下开始认识互联网。当时网上没有任何关于中国的资料，出于好奇的马云请人做了一个自己翻译社的网页，没想到，3个小时就收到了4封邮件。敏感的马云意识到：互联网必将改变世界。

随即，不安分的他萌生了一个想法：要做一个网站，把国内的企业资料收集起来放到网上向全世界发布。

此时，刚刚步入而立之年的马云已经是杭州十大杰出青年教师，校长还许诺他外办主任的位置。但是，特立独行的马云挥挥手，放弃了在学校的一切地位、身份和待遇，毅然下海。

此时，互联网对于绝大部分中国人还是非常陌生的概念，即使在全球范围内，互联网也刚刚开始发展：大洋彼岸，尼葛洛庞帝刚刚写就《数字化生存》、杨致远创建雅虎还不到一年；而在北京，中国科学院教授钱华林刚刚用一根光纤接通美国互联网，收发了第一封电子邮件。

在这样的情形下，远在尚未开通拨号上网业务的杭州，马云就已经梦想着要用互联网来开公司、下海、盈利。这个想法立即遭到了亲朋好友的强烈反对。“我请了24个朋友来我家商量。我整整讲了两个小时，他们听得稀里糊涂，我也讲得糊里糊涂。最后说到底怎么样?其中23个人说算了吧，只有一个人说你可以试试看，不行赶紧逃回来。我想了一个晚上，第二天早上决定还是干，哪怕24个人全反对我也要干。”

“其实最大的决心并不是我对互联网有多大的信心，而是我觉得做一件事，无论失败与成功，经历就是一种成功，你去闯一闯，不行你还可以掉头；但是你如果不做，就像晚上想想千条路，早上起来走原路，一样的道理。”

时隔多年，回忆起当年力排众议的情形，马云依然为自己的选择而叫好。

1995年4月，马云和妻子再加上一个朋友，凑了两万块钱，专门给企业做主页的“海博网络”公司就这样开张了，网站取名“中国黄页”，成为中国最早的互联网公司之一。

3个月后，临近杭州的上海正式开通互联网，马云的业务量激增。在各企业纷纷忙着建立自己主页的时候，马云的先见之明为他带来了丰厚的利润。当时，制作一张主页，中英文对照的2 000字内容、一张彩照，开价就是2万元人民币。不到3年，马云就轻轻松松赚了500万元利润，并在国内打开了知名度。

1997年，在国家外经贸部的邀请下，马云带着自己的创业班子挥师北上，建立了外经贸部官方网站、网上中国商品交易市场、网上中国技术出口交易会、中国招商、网上广交会、中国外经贸等一系列国家级站点。

这段经历对马云弥足珍贵。他告诉记者：“在这之前，我只是一个杭州的小商人。在外经贸部的工作经历，我知道了国家未来的发展方向，学会了从宏观上思考问题，我不再是井底之蛙。”

1999年初，开阔了宏观视野的马云返回杭州，进行二次创业，他决定介入电子商务领域。

采用什么模式?当时全球互联网所做的电子商务，基本上是为全球顶尖的15%大企业服务。但马云生长在私营中小企业发达的浙江，从最底层的市场滚打过来，深知中小企业的困境。他毅然作出决断：弃鲸鱼而抓虾米，放弃那15%大企业，只做85%中小企业的生意。

“如果把企业也分成富人和穷人，那么互联网就是穷人的世界。因为大企业有自己专门的信息渠道，有巨额广告费，小企业什么都没有，他们才是最需要互联网的人。而我就是要领导穷人起来闹革命。”马云要做的事就是提供这样的一个平台，将全球中小企业的进出口信息汇集起来。“中小企业好比沙滩上一颗颗石子，但通过互联网可以把一颗颗石子全黏起来。用水泥黏起来的石子们威力无穷，可以与大石头抗衡。而互联网经济的特色正是以小搏大、以快打慢。”

就这样，1999年9月，马云的阿里巴巴网站横空出世，立志成为中小企业敲开财富之门的引路人。当时国内正是互联网热潮涌动的时刻，但无论是投资商还是公众，注意力始终放在门户网站上。马云在这个时候建立电子商务网站，在国内是一个逆势而为的举动，在整个互联网界开创了一种崭新的模式，被国际媒体称为继雅虎、亚马逊、易贝之后的第四种互联网模式。阿里巴巴所采用的独特B2B模式，即使今天在美国，也难觅一个成功范例。

网站注册成立一个月后，由高盛牵头的500万美元风险资金便立即到账。马云用这笔钱做的第一件事情，就是引进大量的外部人才。这个时期，也正是马云对外宣称“创业人员只能够担任连长及以下的职位，团长及以上全部由MBA担任”的时候。

1999年底，马云以6分钟的讲述获得有“网络风向标”之称的软银老总孙正义的赏识。两人进行了3分钟的单独谈判后，马云获得了孙正义3 500万美元的投资。软银每年接受700家公司的投资申请，只对其中70家公司投资，而孙正义只对其中一家亲自谈判。

事实证明，无论是高盛还是孙正义，对马云的判断都是准确的。在电子商务领域，马云显示了自己的独特视角和预见性：创业当年，阿里巴巴的会员就达到8.9万个；2000年达到50万个；在2001年互联网的严冬季节，依然实现了百万会员的目标，并成为全球首家超过百万会员的商务网站。

在互联网最寒冷的冬天里，阿里巴巴成为最早宣布盈利的公司之一，并被哈佛、斯坦福等著名商学院选为案例，连续4年被《福布斯》评为全球最佳电子商务站点第一名。

（资料来源：编者依据网络资料改写）

**案例启示：**

马云的成功深刻反映了创新精神和创新思维的重要性，第一个吃螃蟹的人才能收获第一桶金，马云身上体现了企业家的精神，也给我们当代大学生树立了成功的榜样，虽然不可复制，但是给了大学生创业的勇气。

# 2.1　创新与创新思维

### 2.1.1　创新的内涵

创新是指以现有的思维模式提出有别于常规或常人思路的见解为导向，利用现有的知识和物质，在特定的环境中，本着理想化需要或为满足社会需求，而改进或创造新的事物、方法、元素、路径、环境，并能获得一定有益效果的行为。创新是以新思维、新发明和新描述为特征的一种概念化过程。所谓新，就是想到别人没想到过的，说出别人没有说过的，做好别人没有做好过的。从这个角度看，创新并不稀奇，时时都存在于我们身边，无处不有，比如原创工艺和产品是创新，理论和学习方法也是创新，应用产品的新方法、手段更是创新。著名教育学家陶行知先生就提出过："人人是创新之人，天天是创造之时，处处是创造之地。"而反过来，没有创新的企业是缺乏竞争力的，没有创新能力直接会影响企业价值品牌的提升。

### 2.1.2　创新能力决定企业的发展

21世纪中国发展史的进程中，知识创新工程的实践将会形成中国科技发展的一种新格局，知识创新工程将会留下浓重的印记。创新应该是发现一种新思维，提出一种新理论、一种新方法，发明一种新技术或者制作出一种新产品。创新是持续发展的根基，没有创新的能力极有可能会错失知识经济中所带来的良机。知识创新与技术创新的能力是决定国家与国家之间、企业与企业之间、人与人之间竞争地位的一大重要因素。创新能力的高低也是评价人才素质的一个重要标准，这关系到民族、企业和个人的前途和命运，创新就如同生命一般，具有十分重要的意义。

约瑟夫·熊彼特（Joseph Alois Schumpeter），是一位有深远影响的奥地利政治经济学家，是近代创新理论的开山鼻祖。他认为："经济的发展总是以破坏旧经济运行程序的形式表现出来的，而市场经济的原动力则是企业的创新。创造新的价值是创新最基本的特点之一，因此对于一个企业来讲创新就是寻找生机和出路的必要条件。"从某方面来说，如果一个企业不力求改革与创新，不力求发展与前进，这个企业的生命力就会逐渐被不断翻卷变化的时代大潮削弱，最终彻底丧失生机。勇于并乐于突破企业自身存在的限制，改革不符合时代发展的旧体制和旧办法，是创新的根本意义。在现已存在的条件下，创造出更多的适应市场发展需要的新体制与新举措，走在时代进步的浪潮中，在竞争激烈的市场中赢得一席之地，因此企业必须要用创新来推动其转型。在市场的充分竞争之中，作为企业既需要维持现有的增长模式，又要延缓增长率下滑的趋势，更要考虑从现有模式向新增长模式的转变，这时企业的战略转型也就是一种必然的选择。而当传统业务对支持未来的发展受到限制的时候，创新则成为企业持续发展、战略转型，甚至生存下去的唯一选择。所以，追求稳健是发展的基础，追求创新则是核心与支撑的力量。

谈到企业创新，应当从以下几个方面来了解创新对企业的重要性。

第一，理念创新可作为企业各项创新的基础，是企业积极向上的动力，可以促使企业有更宽广的眼界，面向全球以及着眼于同行。无论是企业的生产理念、管理理念，还是经营理念等，只要有创新就会促进发展新思路、出现新突破以及推出新举措，可以让企业的理念在市场经济发展浪潮的考验中，紧随发展或者超越发展。

第二，管理创新可以促使企业在运用资源的过程中更有效地实现目标，促进更多新的管理思想、方法、手段以及管理方式被运用，进而完成创新的实现。提高价值是管理创新的目标，管理创新应该是以核心竞争力的提高、核心能力的培育和增强为中心，通过行之有效的创新管理机制、方法以及工具，争取可以做到事事、时时、人人、处处都可以创新地全面发展的过程。管理上的创新可以促进企业经济效益的提高，从而降低交易成本，开拓市场的发展，形成企业独特品牌的优势地位。

第三，文化创新可以促进企业的发展与所处环境的匹配度。文化创新是依据企业自身的特质与特点形成并展现企业共同价值观的企业文化方向，并不断地对其进行创新和发展的过程。企业文化创新的根本在于，建设企业文化过程中，需要打破与企业经营管理的实际不相符的、僵化的文化理念和观点对企业形成的约束。面临国内外市场竞争日益激烈的环境，非常多的企业不仅在思想上意识到了创新是提高企业竞争力的关键，以及创新对企业文化建设的重要性，而且还将创新逐步地深入贯彻到了企业文化建设的各个层面当中，并将文化创新落实到了企业经营管理的实践之中。企业文化创新的同时也能带动企业员工价值理念的创新，员工价值理念的创新，会进一步推进企业制度以及经营战略的创新。因此，文化创新的意义是不可低估的。

第四，技术创新是企业创新活动的核心内容，它是组织实施和过程管理的必要支撑与保障，企业必须认识到它的重要性。世界上很多跨国企业每年都投入高额的研发费用用于技术上的创新，以保证在国际市场中的赢家位置。近些年来，我国的华为、联想、海尔等公司也都加大了科技研发的投入。而相当多的中小企业也都非常看重技术上的创新，以期在市场的竞争中获得较高效益。当然，技术创新的投入和风险也是极高的，因此在技术创新的过程中，应当建立一个良好的市场环境与政策上的条件，这样才能激励企业创新的动力，为企业创造出更大的价值。

**延伸阅读 2-1　典型创新型企业**

1. 苹果

颠覆了五个行业：计算机、好莱坞、音乐、零售和手机。

• 1977年，苹果Ⅱ启动了个人计算机时代。

• 苹果投资Pixar，推动了计算机动画产业技术和商业模式的成型。

• 1997年，苹果用iPod改变了消费电子业，让音乐界、电视业和好莱坞用iTunes卖产品。

• 苹果零售店取得巨大成功，打造了高利润率的零售业务。

• 2007年，苹果用iPhone进入了手机业。

每一款成功产品几乎都奠基于一款失败产品。苹果Ⅱ之前有苹果Ⅰ、McIntosh 前有 Lisa、Macintosh 的操作系统OS X之前有NeXT……而在1997年苹果几乎破产时，大胆推出果冻一样的计算机、冰块似的音乐播放器，教会全世界设计的价值，改变了我们听音乐的方式，并从而拯救了苹果公司。

2. 沃尔玛

• 利用先进技术对传统零售进行改造。木头支架更换为金属货架/自办物流/配送中心/RFID。

• 创新不局限于一个企业的内部，而是呈现网络化协作的特征。沃尔玛20世纪80年代初就与休斯公司合作发射了一颗人造通信卫星，先后投资近7亿美元，建立起世界上最大的民用计算机与卫星通信系统，使得沃尔玛的配销成本降为大多数连锁商的一半，并实现了与重要供应商的信息系统对接。

（资料来源：编者依据网络资料改写）

### 2.1.3　创新教育对高校人才培养的意义

江泽民同志指出："创新是一个民族进步的灵魂，是国家兴旺发展的不竭动力。""如果不能创新，不去创新，一个民族就难以发展起来，难以屹立于世界先进民族之林。"21 世纪的社会，应当将建立人力资源强国、培养具有创新能力的人才作为一种崇高的历史使命。在当前的高等教育系统中培养创新人才，必须在高等教育培养目标中加入创新教育，在高等教育系统中进行创新教育的过程中，应明确创新精神、创新能力的基本内涵。而创新精神与创新能力两个要素，其实质是一个国家、企业和个人发展能力与整体竞争力的关键所在，因而要在当前的高校中全面进行创新教育。大学的创新教育，其本质也是为了培养出具有创造能力的高级专门人才，全方位地增强国人的创新精神与创新能力，从而满足中华民族伟大复兴的任务。这也是每一所高校所要面临的新任务，完成这一重要任务，可以使中国的大学实现自身科学发展，为将来走向高水平的大学指出正确的道路。

1. 创新教育的基本内涵

创新教育的基本内涵是培养创新观念和创新能力，而培养学生不同类型与层次的、可以全面发展的、有素质的创新型人才，则是大学创新教育的根本任务。大学生创新观念的培养，包括引导创新意识、强化创新欲望、鼓励创新热情、带动创新实践、创新目的、评估创新成果等环节。其中，大学生创新精神的原动力就是创业精神，主要是为了解决"为什么要创新"这样一个问题。大学生的创新能力囊括创新思维能力和创新实践能力。创新思维主要分析并解决怎样形成创新的思想、理论以及设计的问题，所以其为创新能力的核心要素。大学生的创新观念和随之而来的实践能力，主要表现在创新行为主体的创新技巧中的动作技能，是在创新观念的指引和约束下逐渐体现并形成的，重点在于解决如何创新、怎样把创新的理性思维转变为创造出"现实产品"这样的问题。所以，它终将是创新意识、创新思维的最后归宿。

2. 创新教育的目标与难点

既然创新教育是必需的，在大学本科教育中开展创新教育的目标主要有以下三个：一是满足国家建设、民族复兴的迫切需要，培养出大批的创新型人才，从而使国家的竞争力和可持续发展的能力得以提高；二是满足人性的需要以及国民性改造的需求，激发每个学生潜在的创新能力，普遍提高每个学生的创新意识，创造有利于创新人格生成与发展的文化环境；三是要把大学建设成一个提倡创新、热爱创新、激励创新、帮助创新、开展创新、奖励创新的全新的创新教育体系。这三个目标呈现出由上至下的具体可操作性，而由下至上每一级的目标又都是上一级目标实现的基础，创新教育系统由此成为学生创新能力得到提高的基石——只有普遍提高学生的创新品质和创新人格，才可能培养出大批的创新人才。与此同时，这三个目标形成了一个相互支撑与作用的目标系统。大学创新教育也应该以实现这三个目标来设计和实施。

综合国内外各大学实施创新教育的经验，我国大学开展创新教育的难点，可以归纳为以下几个方面：一是如何建立激励、保护和支持创新教育的领导和管理机制，进而实施创新教育的领导管理问题。二是怎样设计和组织以帮助学生形成创新精神和创新能力等品质课程的具体问题。三是怎样改善传统以教师讲授为主的接受式教学的单一模式，创建一种丰富多彩的创新性教学模式的具体课程设计。四是怎样创建和孵化出高水平科研成果的体系问题。五是怎样培养出创新型教师队伍的问题（没有创新观念和实施水平的教师，就很难培养出高创新水平的学生）。六是如何解决学生创新成就的评价问题。七是经费问题，创新教育需要多类型、多场次地组织开展教学活动，并需要展开更为深入的、涉及面更加广泛的教育教学改革，需要做更细致和具体的教学工作，这些都需要更大经费的投入，然而目前很多大学普遍存在经费紧张的状况，这是不可忽略的问题。八是如何坚持做到长期持久地开展创新教育的问题。

3. 创新教育的意义

第一，创新教育是一种以培养人类创新人格、创新观念和创新能力为基本价值取向的教育思想体系、理论和具体实施方法的系统总和。其核心旨在全面实施学生素质教育的过程当中，着重解决受教育者的创新人格、创新观念、创新精神和创新能力培养的问题。

第二，同传统教育相比较而言，创新教育是一种超越式教育。二者的关注点也不同，传统教育更加注重人类既有知识的继承，将传授知识作为中心；创新教育注重继承，但更加注重和强调的是对现状的突破、新关系的发现和对未来体系的创新。创新教育是把对人类已有文明的超越作为自身价值的最高追求。

第三，同应试教育相比较而言，创新教育是一种注重以人为本的教育。当下的应试教育体系，束缚压抑了学生的发散式思维和创新精神；因此创新教育应该更加重视人类的主体性发挥，弘扬人性至上的本体精神。在教学活动中始终坚持以学生为主体，注重每个学生的个性发展，在尊重学生人格的基础上，才谈得上创新精神。

第四，同素质教育相比较而言，创新教育其实是更高层次的素质教育，提倡创新本身就是素质教育的一部分，是素质教育的具体化与深入化。创新精神与创新能力发展的基础是全面素质教育，而素质教育的最高追求则是创新观念的形成与创新能力的培养。

总之，创新教育属于教育功能布局上的、基于当前形势的重新定位，是结构性的教育革新选择与教育进一步发展的价值追求。创新教育是教育改革的深化，更加强调整体性和系统性。创新观念和能力的教育不仅涉及教育全过程，同时还涉及整个社会系统方方面面的配合。

## 2.1.4　创新的价值评估

创新的价值评估体系大致有下列四个标准：首先，就是实际效益，创新价值能够体现在降低成本，提高生产效率，改进产品质量和增加收入，对生产方和客户都能产生明确的运营提升价值。其次，具备推广价值和知识产权价值，比如创新的标准或者专利产品，可以提升公司在这个知识经济时代的影响力。最后，创新能力和价值，与市场、客户、业务发展等多个领域一起支撑起公司的市场战略，并且创新能力也是新世纪公司必须具备的基础研发能力。创新的核心价值如图2–1所示。

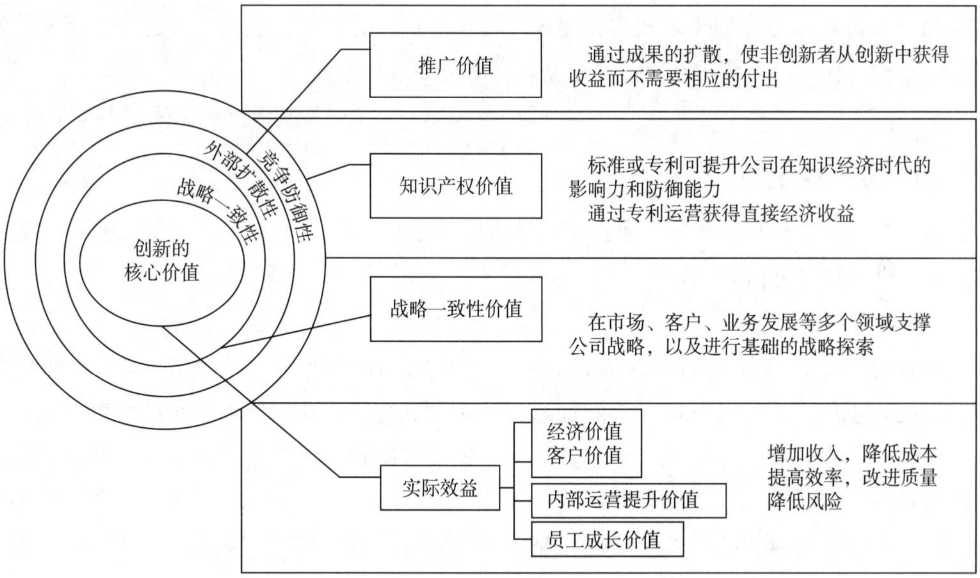


图 2–1　创新的核心价值

## 2.1.5　创新思维

创新思维是指以新颖独创的方法解决问题的思维过程，通过这种思维能突破常规思维的界限，以超常规甚至反常规的方法、视角去思考问题，提出与众不同的解决方案，从而产生新颖的、独到的、有社会意义的思维成果。它是一种能够发现新知识、获取新知识、解决新问题的智慧和能力，它强调的是思维的过程。

创新思维的特点一般来说有以下几种：思维的求实行、思维的独特性、思维的灵活性、思维的敏锐性、思维的突发性、思维的跨越性、思维的综合性，创新思维是多种思维的结晶。

创新思维是在一般思维基础上发展起来的，是一种主动地、独创地发现新问题、提出新问题、解决新问题的思维过程，是人类思维的最高形式，突出地表现在科学发明、理论和文艺创作等各种创造活动中。创新思维不但能够揭示客观事物的本质特征及各种事物的内在联系，而且可以产生新颖、独特的见解和想法，至少也能提出创新的见解。

**延伸阅读 2-2** 创新思维的例子

英国有个叫吉姆的小职员，成天坐在办公室里抄写东西，常常累得腰酸背痛。他消除疲劳的最好办法，就是在工作之余去滑冰。冬季很容易就能在室外找到滑冰的地方，而在其他季节，吉姆就没有机会滑冰了。怎样才能在其他季节也能像冬季那样滑冰呢？对滑冰情有独钟的吉姆一直在思考这个问题。想来想去，他想到了脚上穿的鞋和能滑行的轮子。吉姆在脑海里把这两样东西的形象组合在一起，想象出了一种“能滑行的鞋”。经过反复设计和试验，他终于制成了四季都能用的“旱冰鞋”。组合想象思考法就是指从头脑中某些客观存在的事物形象中，分别抽出它们的一些组成部分或因素，根据需要作一定改变后，再将这些抽取出的部分或因素构成具有自己的结构、性质、功能与特征的能独立存在的特定事物形象。

（资料来源：编者依据网络资料改写）

### 2.1.6 创新思维的分类

创新思维即指有创见的思维，不同于一般思维的是它能产生新颖的、前所未有的思维成果。具体地说，创新思维可以分为如下四类。

1. 发散式思维

发散式思维是最常见的创新思维的一种，是创新思维的核心，又称多向思维、辐射思维或开放思维。围绕一个中心问题，多方面进行思考和联想，以探求问题答案的思维方式。发散式思维的特点是多角度、多层次、多思路、多途径来解决和思考问题，然后从中选择最好的方法，求得最佳答案。

创造学专家吉尔福特曾经说过：“正是在发散思维中，我们看到了创造性思维的最明显的标志。”发散式思维思考问题全面周到，有利于决策的正确与准确，避免或减少失误；有利于在各种方案中选优；头脑中有尽可能多的想法，有利于避免“上当”，有利于捕捉“战机”。

2. 头脑风暴法

头脑风暴法一般分为两种，即一般性头脑风暴法和结构性头脑风暴法。

一般性头脑风暴法就是一种完全没有构造的群体解决问题的方法（事前没有任何倾向和决定），一组人聚在一起，通过自由讨论、相互启发和酝酿，没有局限、随心所欲、甚至异想天开，大量地产生新方案、新创意的方法。

结构性头脑风暴法又称思维构图法。这种方法是将思维局限在四条线上，帮助人们从不同的角度看待问题，从目标方向上去发散思维（在规定的方向上思考问题）。

3. 逆向式思维

逆向式思维又称反向思维，是指改变一般的思维程序，从相反方向展开思路，分析与解决问题的方法。逆向式思维是发现问题、分析问题、解决问题的重要手段，有助于克服思维定式的局限性，是决策思维的重要方式之一。

4. 形象式思维

形象式思维是人脑通过形象化的概括作用对脑内已有的记忆表象进行加工、改造或重组的思维活动。它是形象式思维的具体化，是人脑借助表象进行加工操作的最主要形式。

如何发挥自己的想象力呢？德国的一名学者曾经说："眺望风景，仰望天空，观察云彩，常常坐着或躺着，什么事也不做。只有静下来思考，让幻想力毫无拘束地奔驰，才会有冲动。否则任何工作都会失去目标，变得烦琐空洞。谁若每天不给自己一点做梦的机会，那颗引领他工作和生活的明星就会暗淡下来。"

### 2.1.7　创新思维的障碍

在日常的思维方式中，有许多情况会在一定程度上阻碍我们进行创新思维的培养和运用，严格来说，有如下几种。

1. 逻辑思维

逻辑思维是指人们在认识过程中借助于概念、判断、推理等思维形式能动地反映客观现实的理性认识过程，又称理论思维。

这种思维方式会使我们过度依赖于外力来解决问题，从而忽视了客观规律和自己的主观能动力。

2. 思维定式

思维定式是由先前的活动而造成的一种对活动的特殊的心理准备状态，或活动的倾向性。在环境不变的条件下，定势使人能够应用已掌握的方法迅速解决问题。而在情境发生变化时，它则会妨碍人采用新的方法。消极的思维定式是束缚创造性思维的枷锁。

3. 经验定势

经验定势又称直线思维，是指一种单维的、定向的、视野局限，思路狭窄，缺乏辩证性的思维方式，但同时也被认为是以最简洁的思维历程和最短的思维距离直达事物内蕴的最深层次的一种思维方式。养成了直线型思维习惯，就不善于从侧面、反面或迂回地去思考问题，不免会陷入思维的误区。

4. 从众定势

这是一种求同心理导致的思维障碍，使我们在自己的知觉、判断、认识等方面表现出与公众舆论或多数人一致性的行为方式，从而导致缺乏分析、不作独立思考的后果出现。

5. 书本定势

书本定势是指盲目崇拜书本知识，把书本知识当作框框，束缚自己的思考，而看不到书本知识与现实世界之间的巨大反差。

6. 非理性定势

非理性定势是指思维过程中人偏离了理性的引导，而处于感情、欲望、情绪、潜意识等因素的支配下，无法清醒而准确地把握事物和问题。这是一种因为丧失理智而导致的心理障碍。

## 2.2　创新型人才的内涵与特征

创新型人才是当代社会寻求发展的根本条件。缺乏创新的社会，其发展必陷入呆滞，缺乏创新型人才的社会，其发展也将受到巨大的影响。随着我国改革开放的持续深入，创新成为推动社会持续发展的内在动力。在“建设创新型国家”重大战略实施过程中，面对新形势、新任务，如何培养创新型人才是包括高校在内的所有机构和组织亟待解决的问题。要解决这一问题，分析并把握创新型人才的内涵和特征就显得尤为重要。创新型人才应该是具有创新精神、创新能力和创新人格并进行创新实践的人才，“是能根据一定目标，运用所掌握的一切知识和信息创造出某种新颖的、独特的，有社会价值、经济价值和个人价值的有形或无形产品的人”。当代大学生是未来社会建设的主力军，是建设创新型国家的主要力量，具备创新精神、创新能力和创新人格并进行创新实践，不仅是创新型人才的基本素质，也应该是当代大学生所努力追求的基本素质。

### 2.2.1 创新精神

创新型人才首先应该具备创新精神。创新精神是支撑各项创造性活动不断展开的起点，也是创造性活动不断深入、不断完善、不断循环再发展的保证。创新精神属于意识层，具有不可见性；同时，也具有物质实在层，即创新精神指导下的创造主体人所创造的一切物质产品（包括无形产品）。具体而言，创新精神主要包括以下几个方面：

#### 1. 创新意识

创新意识是创新精神的基本内核。创新意识是指创造主体不受既定思维和固定模式的影响，具有创造新思路、新形态的内在冲动和欲望。创新型人才应当首先具备创新意识，只有具备创新意识，才能从主观上形成创新的原动力。当代大学生是创新型人才的主要力量，培养创新意识具有极其重要的作用，大学生要通过不断的学习和努力，不断提高自身的创新意识。苹果公司创始人史蒂夫·乔布斯是极具创新意识的典型代表，他在大学期间就有着超乎寻常人的思考，如他对东方精神以及禅宗的热爱，对他后来的整个设计思想都有着举足轻重的作用。总之，他的创新意识使手机、个人计算机、平板电脑、动画电影、音乐以及数字出版等六大产业发生了颠覆性变革，并持续影响全人类。

#### 2. 探索意识

探索意识是创新精神的重要支撑。探索意识是指创造主体为达到某种预期而持有强烈的探究欲望，并用以指导实际行动。创新型人才需要建立起强烈的探索意识，并将其投入到具体的创新活动中去，探索意识是创新精神生成的必要条件，创新精神是探索意识不断发展的宏观指导。当代大学生要不断提升自己的探索意识，胸怀“路漫漫其修远兮，吾将上下而求索”的信念，将所学知识运用于实践活动，勇于接受具体实践的检验。只有如此，才能建立起真正的创新精神。著名生物学家达尔文具有强烈的探索意识，他作了历时五年的环球航行考察，在动植物和地质方面进行了广泛的观察，并采集了大量的生物标本和矿物标本，经过深入研究，终于在1859年出版了影响世界的巨著《物种起源》。

#### 3. 求真意识

真善美是人类活动的终极指向。求真意识是伴随人类活动发生发展的主体意识，是追求真理的欲望和动机。求真意识是创新精神的内在体现，创新精神是求真意识的外化。缺乏对真理追问的创新是短暂的创新，是缺乏永恒魅力的创新；而缺乏创新内涵的求真意识，是僵化的、呆滞的和保守的，甚至是毫无价值的思考。以汽车之父卡尔·本茨为例，其在研制汽车的过程中并没有僵化思想，仅仅停留在研究传统的蒸汽发动机上，而是不断地探索，以期加快人类向前的速度。功夫不负有心人，1879年，卡尔·本茨终于研发出了第一台单缸煤气发动机（转速为200 r/min，功率约为0.7 kW），极大地改变了汽车制造业的面貌。

### 2.2.2　创新能力

要成为创新型人才，仅仅拥有创新精神是不够的，创新能力是创新型人才必备的素质。创新能力是指将创新精神投入具体的某项创新活动过程中所需要的实际个人能力，包括实践能力、表达能力和组织策划能力。创新能力是创新精神的展现手段，创新精神是创新能力得以展现的前提。在不同的领域，要取得成功，不仅需要具有创新精神的人，同时也必须得拥有绝对执行力的人，而这类拥有绝对执行力的人都有一个共同的特征：创新能力。

#### 1. 实践能力

实践是检验真理的唯一标准。一个理念、一个想法或者一个项目是否具有可行性，除了需要理论上进行论证，实践的检验也是必不可少的部分。实践能力就是从行动上贯彻执行目标活动的能力。实践能力强调"行动""操作""执行"等，并且通常用实践过程来衡量实践能力的高低。以当代大学生群体为例，很大一部分人缺乏实践能力，即便有很好的想法和创意，也不能立即付诸实施，也就变成了通常所说的"思想上的巨人，行动上的矮子"。大学生是创新型人才的主要组成部分，应该不断培养自身的实践能力，从而形成真正的创新能力。

#### 2. 表达能力

表达能力是创新能力的关键部分，又称表现能力或显示能力，是指一个人善于把自己的思想、情感、想法和意图等，用语言、文字、图形、表情和动作等清晰明确地表达出来，并善于让他人理解、体会和掌握。表达能力包括口头表达能力、文字表达能力、数字表达能力、图示表达能力等形式。数字表达能力、图示表达能力属于专业范围内修炼的基本技能。这里我们主要强调口头表达能力和文字表达能力。在全球化和信息化语境下，表达能力显得尤为关键。如果缺乏有效的表达方式，创新也将会被淹没在浩瀚的信息碎片和无尽的思维混战之中。当代大学生要想成为创新型人才，应该从小事做起，不断培养自己的表达能力，以提升创新能力。

#### 3. 组织策划能力

组织策划能力分为组织能力和策划能力。组织能力是指开展组织工作的能力，通常指利用各种手段集合现有人力、物力，而达到某种预期目标的个人能力；策划能力指策略思考与计划编制等能力的统称。二者相辅相成，形成合力，以达到预期目的。组织能力更倾向于利用创新思维整理安排现有事物；策划能力更倾向于运用创新思维整理安排将要出现或未来会出现的事物。在这个过程中，人是主体，人这一主体在多大程度上掌控整个客体（项目、活动、集体等），取决于组织策划能力。创新型人才应当具备组织策划能力，这是创新型人才内涵的题中之意，也是客观现实的需要。

### 2.2.3　创新人格

创新人格是指有利于创新活动顺利展开的个人品质和道德，它具有高度的自觉性和独立性，是一个人的品质与德行问题。创新人格的特点，是以服务社会为己任，敬业爱岗，刻苦钻研，开拓进取，坚韧不拔。创新人格是创新主体进行创造性活动的心理基础，如果缺乏创新人格，创新主体就不能获得持续创新的动力。通常来讲，由于各方面的因素所导致的创新可能会形成竞争优势，但是如果要形成持续的竞争优势，则需要通过不断的付出和努力，甚至要求创新主体能够忍受非常人所能承受的压力。因此，创新人格作为一种稳定的心理模式，包括持续创新的热情、坚定的自信、坚韧的毅力、开放的思维和严格的自律。同时，创新人格还应该包括对人、社会和环境的深度关怀，即创新伦理。作为创新主体的人，如果缺乏对创新伦理的反思和追问，其创新也就成了无意义、无价值的创新。

1. 创新意志

创新意志是创新活动的支柱，是创新人才必须具备的素质。创新意志就是创新主体自觉地认识并确定目标，根据目的来支配、调节自己的行动，克服多种困难，从而实现创新目的的主观能动过程。创新意志就是“咬定青山不放松”的毅力，就是“千磨万击还坚韧”的坚定，就是“不到黄河心不死”的坚持。当下，要想在某一领域获得成功，不仅需要创新的精神，更需要创新的意志。当代大学生需要自觉培养自身的创新意志，遇到困难应该迎难而上，而不是知难而退或者半途而废。

2. 创新伦理

创新伦理是指当人类在进行科技创新、人文创新等创造活动的过程中，做出的有关人与自然、人与社会、自然与社会之间关系的整体思考。人类凭借技术等方面的创新不断改造自然、利用自然，取得了一系列伟大的成果。但同时，自然、社会也给人类带来了巨大的困境。如何解决人与自然、人与社会、自然与社会之间的不平衡关系，成为当下人类应该正视并且重视的问题之一。创新伦理是每个创新主体在进行创新活动时应当考虑的问题。培养创新型人才也应该高度重视创新伦理问题。这关乎未来世界的发展，如果每个创新主体、每个创新项目或者每个创新技术都能够考虑创新伦理，未来的世界将会变得更美好。

### 2.2.4 创新实践

创新实践是创新精神、创新能力及创新人格的具体落实。创新实践是落实创新精神、检验创新能力、体现创新人格的重要手段，是创新型人才成长过程中必须经历的过程。创新实践主要通过创新活动、创新成果和创新奖励体现。

1. 创新活动

创新活动是指创造主体将自己的创新思维付诸实践的过程。创新活动是创新型人才成长过程中必须经历的阶段。当代大学生处在一个创新的大语境中，应当顺势而为，充分利用现有资源进行创新活动。目前，“大众创新、万众创业”的浪潮已经席卷整个中国。自从李克强总理在达沃斯论坛上提出“双创”后，迅速在中国的土地上掀起一阵阵高潮。此后，李克强总理在国务院常务会议和各种场合中频频阐释这一关键词，并且在每次地方考察时，几乎都要和年轻的“创客”会面，希望以此建立一种全国范围内的大众创业环境，激发民间创业创新热情。目前，全国各高校也都广泛开展创新创业教育及活动，为广大创新创业学子做好了最强有力的保障。

2. 创新成果

创新成果是创新实践的最终结果，是创新思维、创新理念的物质承载体。创新成果形式是丰富多样的，大体可以分为有形产品和无形产品。有形产品是指具体的事物，如公司企业、特色饮食、旅游产品等；无形产品是指互联网形态下的各类衍生产品，如各类APP、影视作品、音乐作品等。

3. 创新奖励

创新奖励是创造主体在各类创新竞赛或者创新活动中获得的荣誉，它是对创造主体创新精神的鼓励，也是其创新实践获得认可的证明。目前，政府颁布一系列旨在促进大学生创新创业的鼓励措施，其中创新奖励所占比重也很大。在这样的大环境下，创新型人才将会不断增长，并且会带动整个社会向创新创业的方向发展。

**延伸阅读 2-3** 《谁动了我的奶酪》—— 不创新就会饿死

《谁动了我的奶酪》是一个小小的寓言故事，讲述两只小老鼠和两个小矮人，他们一起出发到迷宫寻找奶酪。功夫不负有心人，奶酪找到了，他们高兴地分享奶酪。但突然有一天他们发现奶酪没有了，他们搞不清是怎么回事。面对事实，两只小老鼠和两个小矮人都做出了不同的反应。两只小老鼠反应速度最快，觉得问题很简单，既然没有了奶酪就应该寻找新的奶酪，于是他们背着包又出发寻找奶酪去了，后来终于找到了。而两个小矮人就不一样，他们反复思考为什么奶酪不见了，但最终一无所获。终于，其中一个小矮人想通了，如果再不找到新的奶酪，就会饿死。于是他也出发寻找奶酪去了，最终找到了奶酪。而那个仍在思考奶酪去向的小矮人最终一无所获。

创新就能生存，不创新就会饿死。

（资料来源：编者依据网络资料改写）

## 2.3　企业家精神

企业家精神是企业家在经营企业的过程中体现的理念与文化，企业家的精神是一种支持企业发展的力量，客观地说，每一个企业都有一种文化、精神和发展理念，这种内涵的表现支撑着企业的发展，在长期的企业管理中形成了一种以企业共同发展、共同存亡的精神支撑，这就是企业家的精神。

在西方企业管理的研究过程中，把企业家的精神延伸成为一种资源，或者是一种生产的要素。“企业家”一词是法国的经济学家巴蒂斯特在 1800 年首次提出的，巴蒂斯特认为企业家把经济资源的效率由低转高，伴随着企业家产生的企业家精神其实是企业家的一种特殊的技能，是企业家和企业拥有的一种无形的生产要素。世界著名的管理咨询公司埃森哲对世界26个国家和地区的几十万名企业家进行调研，其中有79%的企业管理者认为企业家精神是企业成功的重要的因素，是企业长青的基因和条件。

### 2.3.1 创新精神

创新，是一种有别于其他常规思维模式的认识，创新是一种改进和创造，并在改进和创造的过程中获得有益效果的行为。创新精神的核心是摈弃旧的事物和旧的思想，但是创新的前提必须遵循客观规律，恰当的创新精神是社会发展和企业发展的动力，创新精神提倡的是新颖和独特，但是必须在一定的价值观和道德观的制约下，才能转化为创新成果。

企业家具备的创新精神是企业发展的关键，是企业新的核心价值和核心竞争力产生的关键，企业创新中规避风险，在创新中建立企业文化，在创新中形成发展的氛围。一个企业发展最大的隐患，就是创新精神的消亡，企业家精神在于充分发挥创新精神，引导整个企业挖掘发展潜能，为企业提供源源不断的精神动力。

企业，作为一种组织结构，作为一个生命共同体，在发展的过程中支撑的灵魂是企业的文化，企业的文化代表是企业的思维方式和行为方式，是企业全体智慧、合作精神和新鲜活力的象征。企业文化氛围的建立是在企业家创新精神的基础上建立起来的，创新是企业文化氛围构建的精髓。根据对成功的百年企业的调查，生存之道和企业发展的秘密就是企业文化中的创新精神长盛不衰的体现。企业文化增强了企业的凝聚力，企业家的创新精神带动的企业创新是企业文化的核心。

#### 1. 企业家的创新精神能带动员工的创新

在市场竞争日益激烈的今天，企业的发展是企业群体智慧的发展过程，无论是企业家还是员工都承受着巨大的市场压力，只有创新才能为企业带来巨大的财富。作为企业家来说要正确地引导员工具有创新精神。企业家带动员工的创新需要在管理的过程中了解员工的需求，根据需求来激励员工。

马斯洛把人的需求分为了五个层次，如图2-2所示。

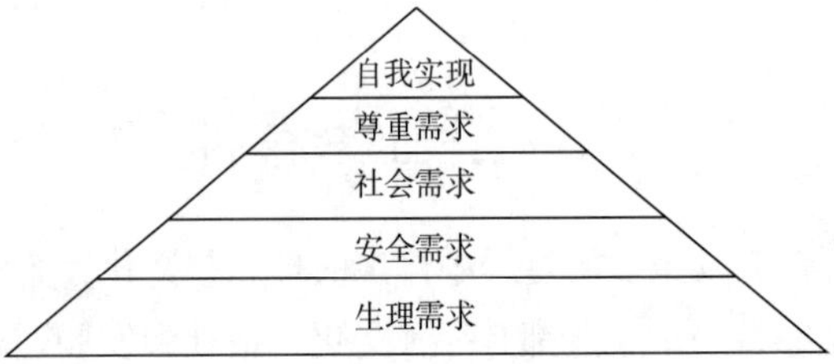


图 2-2　马斯洛需求原理

需求层次的第一层次是生理需求，第二层次是安全需求，第三层次是社会需求，第四层次是尊重需求，第五层次是自我实现需求。每个人到不同的阶段都有不同的需求，企业员工和企业家在企业发展过程中应该有共同的使命和价值需求，这样才能促进企业的发展。企业家和员工的创新精神可以开创市场，为企业发展提供满意的效用，从而促使员工的自我发展向更高层次的需求递进。

#### 2. 创新精神适应“互联网+”时代的信息化和全球化发展

在经济全球化和信息化发展的时代，市场的竞争瞬息万变，创新是企业生存的唯一法则。信息化的传播，在互联网平台，市场的信息早已经不像传统竞争一样还有不对称的现象出现，市场需要的是创新的速度，谁最快满足用户的需求，谁就能赢得市场。企业家的创新精神的本质是做不同的事情，开发没有的市场。所以，创新精神让企业家成为一名成功的艺术家。

### 延伸阅读 2-4　张瑞敏创新精神创造的海尔品牌

说到海尔，最著名的事件莫过于张瑞敏砸冰箱。1984年，张瑞敏接任了资不抵债、快要倒闭的青岛电冰箱总厂厂长，通过30多年的创新创业，张瑞敏的创新精神带动了整个企业的发展，顺应时代潮流，用超前的战略决策把海尔发展成为一个国际品牌。海尔企业也进入到了美国波士顿管理咨询公司（BCG）评选的2012 年度“全球最具创新力企业”前十名，排名消费及零售类企业第一位。

海尔的经营策略是创新的，海尔也一直用创新的精神来发展。张瑞敏认为：成功的企业是时代的企业，成功必须要踏准时代的节拍。尤其是在互联网时代，张瑞敏的创新思维在于突破传统的企业管理的藩篱，提出了海尔实践互联网时代的商业模式——人单合一双赢模式，员工和企业一起在为用户创造价值的过程中实现自身的价值，员工自主经营，每个人都是CEO。

从海尔的标识内涵上就可以看出海尔的发展和创新的过程是契合社会发展和时代潮流的。

第一代标识

第二代标识

第三代标识

第四代标识

（资料来源：编者依据网络资料改写）

### 2.3.2　合作精神

合作是企业成功的重要因素，伟大的企业家在经营企业的时，尽管很多时候都是在一个人决策，但是企业家却是真正擅长合作的，企业也需要合作精神和合作的空间。合作需要在妥协中获取双赢。从经济学的角度来说，所有企业家办企业的目的都是追求利益最大化，然而在个人追求利益最大化的时候，就会损害他人追求利益最大化，因而攻守不同盟，结果就会损害双方利益。因此，只有合作，相互妥协，才能达到双赢和最大的效益，也只有合作，才能实现可持续发展，所以“合作”现在已经涉及社会发展的各个方面，也是实现可持续发展的一个重要手段。而从哲学的角度来说，可持续发展就是“既满足当代人的需求，又不对后代人的满足需求的能力构成危害”，其核心是发展，协调发展。因此，有效的合作可以帮助企业有效的管理，现代社会，再也不是单打独斗的社会，天时、地利、人和是企业发展的必要条件。成功的合作必然要具备很多条件。

首先，成功的合作需要共同的目标。阿里巴巴集团就是在1999年9月，马云带领了18位创始人在杭州的公寓里成立的，合作为阿里巴巴带来了巨大的利益和发展空间。

其次，合作还需要有相互信任的合作氛围，只有合作伙伴的相互理解和相互依赖，才是有效合作的重要条件。

最后，合作必须要有统一的认识和规范，在统一的目标中才能完成企业发展的目标，合作是一种群体的规范，企业家必须要有一种团队的意识，才能发挥企业员工的最大效益。比如，西门子公司在发展的过程中，一直倡导“企业内部的企业家”的理念，从而有效地开发了员工的潜质，在实际的管理过程中，公司的管理者是教练的角色，要大胆地激发员工的合作精神，并为员工订立合理的目标，同时给员工更广阔的实战和发展空间。

**延伸阅读 2-5 对手观**

互联网时代，世界竞争格局早已经进入到虚中有实、实中有虚的境地，在跨行业的融合和竞争中，行业与行业之间的竞争者作为对手，更应该关注和珍惜自己竞争对手的发展。

在行业的发展中，必须要明白，资本的本质在追求利益的过程中，行业的高潮和低谷影响行业发展的变化过程，资本创造价值的前提是在行业发展的高潮，企业要明白“一朝得手”和“长期拥有”之间的哲学关系。

百事可乐的强大，是因为百事有个强大的对手——可口可乐。它们是对手，也是朋友。

世界快餐行业里，我们可以看到有肯德基的地方，必然有麦当劳。它们是对手，也是朋友。

纵观世界百年企业，成功的企业必然有成功的对手，是对手，也是朋友。

尊重对手，就是尊重自己，是尊重瞬息万变的商业规则和游戏道德。

（资料来源：编者依据网络资料改写）

### 2.3.3 学习精神

彼得·圣吉在其名著《第五项修炼》中说道：“真正的学习，涉及人之所以为人此一意义的核心。”学习是企业发展的灵魂，企业家的学习精神可以带动整个企业以整体性的态势实现持续学习、全员学习、团队学习和终身学习的目标。

学习，是一种态度，也是一个艰苦的过程，需要坚持；学习是一种修养，也是一个寻根探底的过程，需要虚心发问。在世界经济一体化的趋势下，企业要在国际市场上走得更远需要更广阔和深度的学习。

对于企业家来说，最容易忽视的就是学习，然而，企业的发展和企业家的决策是息息相关的，在市场经济中，企业家是否掌握最新的知识决定了企业在未来竞争中的格局。日本企业整体的学习精神是十分优秀的。第二次世界大战后，日本的经济是一穷二白的萧条，但是，日本为了自身经济的发展，虚心学习世界优秀的管理经验，无论是质量和品牌管理、组织生产，还是营销管理，日本企业家的学习都是十分积极的，这也使日本企业以团队的方式赢得了世界经济发展的优势。

### 2.3.4　诚信精神

诚信是企业家发展的基石，是企业家的立身之本。现代的商业社会，在信息透明、市场发展透明的形式下，市场经济要求向法制经济、信用经济和诚信经济发展。试想没有诚信的商业社会，是市场和社会的道德风险，也是行业发展的巨大危险。有远见的企业家，是一个有责任的企业家，其市场活动也必将是公开的、自由的、没有欺诈和欺瞒的。企业家的诚信精神可以带动企业的良性经营，带动行业的良性竞争和循环。企业的经营活动也必将是符合游戏规则下的经营，是利用生产资源从事的利润活动。

可见，诚信精神是市场经济健康发展的保证，是企业商业活动的法宝，重承诺、讲信用和有信誉可以让企业拥有良好的商业信誉，从而拥有良好的市场份额。诚信是企业的生命，是现代市场经济健康发展和运转的内在需要，没有诚信的企业和企业家是不可能在激烈的市场竞争中生存和立足的；没有诚信的企业也不会有知名度和美誉度，反而在行业内会被人所不齿。企业美誉度和知名度象限如图2–3所示。

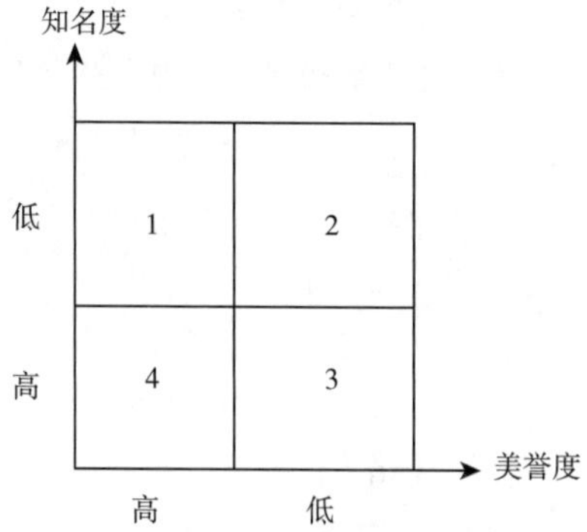


图 2–3　企业美誉度和知名度象限

企业在发展的过程中，无论是知名度和美誉度都有不同的评价，任何企业的发展都希望自身的美誉度和知名度在第四象限，属于“高知名度+高美誉度”的企业形象展示。因此，诚信经营的企业，在企业的发展中才会有口碑，才能增强企业的知名度和美誉度。

**延伸阅读 2–6　企业家精神**

企业家精神，是一种创新意识：新思路、新策略、新产品、新市场、新模式、新发展。

企业家精神，是一种责任：敬业、诚信、合作、学习。

企业家精神，是一种品格：冒险精神、准确判断、果断决策、坚韧执着。

企业家精神，是一种价值观：创造利润，奉献爱心，回报社会。

企业家精神，是一种文化修养：广博的知识、高尚的道德情操、丰富的想象力。

（资料来源：编者依据网络资料改写）

## 小　　结

本章共三节内容，包括创新与创新思维、创新型人才的内涵与特征、企业家精神。首先从创新的内涵入手，全面分析创新思维，也着重分析了创新教育对高校人才培养的意义，尤其创新型人才的内涵和具备的特征也是本章掌握的重点，最后本章介绍了企业家精神。

# 思考题

1. 创新的内涵是什么?
2. 创新思维包含哪些内容?
3. 创新教育在高校人才培养中的意义是什么?
4. 创新型人才的内涵是什么?
5. 创新思维包含哪些内容?
6. 企业家精神包含哪些内容?

# 第3章 创业者与创业团队

## 本章导读

本章共分两节，分别为社会创业者与大学生创业者、创业团队。

本章第一节从创业者的含义，大学生创业者的含义、创业者应具备的能力等进行了分析。第二节主要从大学生创业团队的组成、社会责任、演变、定义和重要性进行分析。

## 学习目标

学习完本章后，应该达成以下目标：

◆ 了解创业者的内涵和分类，思考适合自身的创业类型，知晓创业者应具备的品格和能力，不断增强自身素质和水平。

◆ 理解大学生创业者的特点、优势和创业策略，查找自身不足和努力方向并重点改进和提升，为成为一名幸福的创业者做好准备和铺垫。

◆ 掌握创业团队的概念、组建原则、人员分工、发展阶段和社会责任，了解大学生创业团队的特点、优劣势和发展策略，明晰组建大学生创业团队的基本要求，为未来可能组建或加入高幸福感创业团队做好身心准备。

## 导入案例

### 从心出发

小杨是一个特别有想法的90后，性格活泼开朗，能力比较突出，有激情，有行动力，能够带动他人共同奋斗。他做事不墨守成规，对事物有自己独特的见解，希望能够闯出自己的一片天地。

大一时，小杨就与众不同，不像其他大学生只投身于学习，而是经常利用课外时间外出实习、实践。在此期间，他接触到了不少学校驻地的大企业和一些创业人士，也逐渐产生了自己创业的冲动。近一年时间，小杨的创业激情越来越高涨，但是小杨却深深陷入缺乏创业机会的苦恼，这就好像缺少一个引爆创业激情的按钮和引子。

这种情况一直持续到了大二，让小杨痛苦难受了好长一段时间。不过，在持续不懈的思考发掘中，小杨发现自己创业的机会就在身边，并且一直就在眼前，那就是语言翻译交易。在外语学习和实习实践过程中，小杨发现社会上对语言翻译的需求量很大，政府机关、企事业单位和个人经常通过公开方式或者私人关系，寻找外语专业老师或者学生进行翻译工作。而这种情况有两个很大的缺陷：一是信息不对称，需求单位和外语专业人才信息交换不通畅，效率低下；二是关系不稳定，这种翻译关系往往是短暂的、非连续性的，双方的权益都很难得到保障。鉴于此，结合高速发展的互联网经济，小杨萌发了做互联网翻译平台的创业点子，欲做国内“互联网+翻译”第一人。

找到了创业点子，小杨立刻投身创业实践。他结合在大公司的实习经验，召集了一批高校的外语系学生和留学生，并简单制作了一个网上翻译交易平台，开始做翻译。这次创业主要是搜集社会上发布的翻译需求，通过自身的翻译团队或者找寻高校外语系学生对接进行翻译工作，形成一个相对通畅和快速的翻译通道。在不懈努力下，小杨的这个项目拿到了国家级大学生创业项目合同书。但是创业并不像想象的那样一帆风顺，其中的困难和艰险让小杨措手不及，仅仅是网上翻译交易平台在全国外语高校推广就几乎花费了2万元。最终，因为资金不足，推广力度不够大，难以颠覆传统翻译交易体系，又加之管理比较混乱，虽百般努力，这次创业仍未能逃脱失败的命运。

第一次创业失败，带给小杨不小的打击。但是他的创业激情没有被磨灭，他不服输，并时刻准备着，蛰伏着，等待着新的时机。他始终认为“互联网+翻译”这个创业机遇具有突破性，大有前途，失败的主要原因是资源不足、个人管理能力不足和市场开拓太差。小杨深入总结前一次的失败教训，并和熟悉的成功创业人士和投资人交流探讨，在翻译资源、发展指导和人际关系上都获得了大量指导和帮助。经过近一年的沉淀和积累，小杨找到了志同道合的朋友重组团队，弥补了在创业管理、网络建设和市场推广等方面的薄弱环节。同时，小杨积极寻求创业投资，以填补创业初期资金的不足。拿到投资后，小杨整合之前积累的高校师生、海外华人留学生、社会翻译者等资源，冲出校园，成功创建面向全社会的翻译交易平台。目前小杨的翻译交易平台运转良好，为全球有翻译需求的企事业单位、个人与翻译者们提供专业的平台服务。越来越多的企事业单位、个人更习惯于登录小杨的平台发布翻译需求，也吸引了大量翻译者、翻译工作室和翻译公司进驻平台寻求翻译机会和工作，逐步形成了良性循环，形成了“互联网+翻译”的新格局。

小杨认为他的成功不是偶然的，而是个人与无数相关因素互动的结果。创业对于小杨来说，不是为了赚钱，也并不是为了成为成功人士，而是找到了激发自己热情和斗志的事情，这个事情更是能够充实自己内心、值得自己献出整个青春并且对社会有意义。在小杨看来，选择“互联网+翻译”并创业成功，是因为他做了自己“懂”的事情，从而实现了自己和很多前辈们的“互联网+翻译”梦想。

小杨的创业之路既有幸运又有波折，但是成功的背后，是流淌在血液中那股熊熊燃烧的激情之火，勇往直前的不服输闯劲及不懈努力。

（资料来源：编者依据网络资料改写）

**案例启示：**

小杨创业由失败到成功，有困难、有曲折，但是总体上顺利。小杨失败后没有气馁，没有否定自我，更没有否定自己的创业点子。而是总结不足，重新规划，挖掘潜力，坚定地从跌倒的地方站起来。小杨最终重新出发，实现了成功创业，实现了自己的梦想，找到了自我满足和幸福感。

创业者首次创业成功的概率很低，大部分创业者都是经历了多次创业才成功，如马云等互联网大咖。小杨能够第二次创业就成功确实很幸运，不过我们要看到其背后的努力付出与辛勤汗水。因此创业过程中，不要急于求成，而是要更多地积累经验，保持上进心和韧性，坚信失败是成功之母。

同时，要重视团队的力量。一个人的力量是有限的，智慧和精力都是有限的，创业成功的另一个关键就是组建高效互补的团队。小杨在第二次创业时也是意识到了这一点。俗话说“一个好汉三个帮”，“三个臭皮匠，顶个诸葛亮”，在创业过程中，一加一大于二的情形体现得尤为突出。创业团队成员之间彼此互补，相互支持，更能为创业激发活力和动力。

创业的过程实际上也是一种学习过程，每一个创业者都是在实践中不断积累经验和资源，补足短板，提升自我的能力。每一次创业的经历都是一种累积，最终会促使量变达成质变。

大学生创业确实艰难，存在很多困难，如个人能力不足，启动资金短缺，社会经验缺失等，但是，不能因为困难就止步不前。现实中办法总比困难多，机遇也是时刻存在的，关键是你有没有准备好。作为大学生最大的优势就是年轻、有激情和闯劲，多去尝试，即使不成功，也还有重新来过的机会。大学生要相信为梦想去奋斗是最幸福的。

## 3.1　社会创业者与大学生创业者

创业者事实上就是一种角色，一种社会身份，与工人、农民、知识分子等一样，并不是那么神秘和不可触摸的。创业者顾名思义就是从事创业实践的人。具体分析，创业者是具有开拓精神的人，是主导变革的人，是面向未来的人，能够敏锐发现机会和资源，并能够以一定的方式组织和运用，并且创造更多社会财富和价值的人，并且达到自我价值实现与促动社会发展的有机结合。

需要重点指出的是，创业者是一个人，是一个为了改变的人。这种改变应当是积极向上的，最终的目标是追求个人价值和社会需求的结合，达到个人提升与社会进步的双重满足，达成个人幸福与集体幸福的同时满足。对社会发展有贡献的人才能成为创业者。追逐于利润的人，只是金钱的奴隶，不能称为创业者。李开复称“自己的辞职创业是一次‘从心选择’，即‘追随自己的心’，做自己认为有意义的事，那远比名望和良好的经济条件更吸引人。”

创业者分为社会创业者和大学生创业者。

数据统计，2010年至2017年的全国高校毕业生人数基本逐年呈2%~5%的同比增长率，近7年间毕业生人数累计达到了5 706万人。2018年全国高校毕业生人数达到820万人，再创近10年毕业生人数的新高值，就业创业面临复杂严峻的形势。

早在2013年，习近平总书记就勉励大学生要转变择业观念，同时要求有关部门加大对高校毕业生自主创业的支持力度。2015年，李克强总理在政府工作报告中再次强调“大众创业、万众创新”，并提出制定“互联网+”行动计划。这都为大学生投身创业奠定了良好的国家政策基础，也为大学生指明了创业方向。

### 3.1.1 社会创业者的概念

#### 1. 社会创业者

1）国外“社会创业者”的概念

（1）国外相关组织对社会创业者的定义

国外相关组织机构根据各自的经营目的界定相应的社会创业者。维基百科的定义，社会创业者指的是那些认识到社会问题，并通过运用企业家精神以及各种方法来组织、创造、管理一个企业，以达到改变社会的最终目的的人。社会企业学校（SSE）则将社会创业者定义为那些以企业家的方式来追求社会利益或公共利益而不仅仅是企业利润的人，并且，SSE对社会创业者进行了限定，这些社会创业者一般在有道德感的商业部门、政府和公共部门、半官方组织以及志愿和社区组织工作。阿育王（Ashoka）对社会创业者的定义反映了其对这种领袖人物的期望，该组织认为社会创业者是能够运用创造性方法来解决社会最紧迫问题的个人。这些社会创业者在解决社会问题时具有雄心壮志以及持久的毅力，并能为更广范围内的变革提供新的想法。斯科尔基金会（Skoll Foundation）认为，社会创业者是社会变革的行动者，是能够为人类带来福利的改革倡导者。

（2）国外相关学者对社会创业者的定义

国外相关学者则主要从不同的角度来定义社会创业者。20世纪奥地利的成长经济学家约瑟夫·熊彼特（Joseph Schumpeter）则将这些社会创业者描述为：重大的经济进步所需要的“创造性的破坏”的来源。美国著名管理学家彼得·德鲁克（Peter Drucker）认为社会创业者“改变了社会绩效的容量”，社会创业者会对社会产生强烈而又深远的影响。美国斯坦福大学格雷戈里·蒂斯教授（Gregory Dees）认为社会创业者是那些社会部门充当改革推动者角色的人。博斯基（Boschee）则认为社会创业者是不以营利为主的管理者，他们在关注市场的同时，没有忘记自己的使命，他们在某种程度上平衡了道德义务和营利动机，而这种平衡是一切活动的中心和灵魂。汤普森、艾维和里斯等人则将社会创业者定义为那些能够意识到某些活动是国家福利体系不能满足需要的人物，这些社会创业者能够集中必需的资源（如人力、志愿者、资金以及建筑等）来改变现状。

2）国内“社会创业者”的概念

（1）国内相关组织对社会创业者的定义

阿拉善生态协会（SEE）表示“社会创业者”是对“创业者”内容的丰富，应更多扮演“育花园丁”的角色。社会创业者的目标之一是在社会事业中发扬企业家素质，在资源获取、资金使用等方面有所创新。爱德基金会认为，社会企业并不是非营利组织（non-Profit Organization，NPO），不是为了解决资金来源渠道而去发展的一种组织形式，而是跟“社会创新”息息相关的东西。社会创业者要从社会需求出发，发现社会问题，然后，能够用创新的方法解决问题的人。

社会创业者应该比非营利组织领导人有更长远的目标，具有更宏观性、整体性的影响力量，也更注重发展性地解决问题。天津鹤童养老服务机构提出“社会创业者不以营利为目的，但必须有企业家的头脑，懂经营、会管理、会造血才行”的说法。社区参与行动组织还提出“社会创业者”的三个特征：以解决社会问题为唯一使命；以整合各种社会资源完成使命；改变人的思想。

（2）国内相关学者对社会创业者的定义

浙江大学陈劲、王皓白对社会创业者的定义如下：社会创业者是那些具有正确价值观，能够将伟大而具有前瞻性的愿景与现实问题相结合的人，他们对目标群体负有高度的责任感，并在社会、经济和政治等环境下持续通过社会创业来创造社会价值。他们在物质资源和制度资源稀缺的情况下，为了实现自己的社会目标，不断发掘新机会，不断进行适应、学习和创新。南开大学国际商学院王仕鑫、廖云贵认为社会创业者具有以下基本内涵：①肩负社会使命，以创造和维护社会价值为驱动因素；②识别和不懈追求能够服务于社会使命的机会；③进行持续创新、不断适应和学习；④行为不受当前所掌握资源的限制；⑤体现对所服务人群或社区以及资源提供者高度负责的态度。

综上所述，尽管目前对社会创业者的概念仍没有一个统一的界定，但其本质的内涵却基本是一样的，这些社会创业者通过企业的形式来改善社会问题。与商业企业家相比，他们追求的并非利润，而是将企业家精神和创造力投入到社会问题的解决上。社会责任感促使他们长期关注社会金字塔的底端，进而，他们看到了新的市场机会，并且真正着手去实现。

### 2. 成功社会创业者的特质

1）社会创业者应具备的品质特征

美国学者戴维·伯恩斯坦（David Bornstein）指出：成功的社会创业者是那些矢志不渝地实现一种对于他们来说意义重大的目标的人们。根据伯恩斯坦的理解和归纳，成功的社会创业者具有六种很明显的品质特征：

①乐于自我纠正。这既需要有冷静的头脑，又需要谦卑和勇气。

②乐于分享荣誉。他们与人分享的荣誉越多，就有越多的人愿意帮助他们。

③乐于自我突破。现实和理想之间的较大差距，使得社会创业者必须超越他们领域的正统观念去看待事物，从而能够发现解决社会问题的方法和手段。

④乐于超越边界。社会创业者一些创新的配置方法，将人们的想法、经验、技能和资源组合在一起，去创造新的社会合成物。

⑤乐于默默无闻地工作。他们得到承认时，往往都是在他们默默无闻地工作了多年之后。

⑥强大的道德推动力。道德的推动力可以鼓励他们，帮助他们做他们需要做的事情，从而使社会不断发展。

2）社会创业者应具备的能力和技能

英国学者查尔斯·里德比特（Charles Leadbeater）认为，一个合格的社会创业者必须具备三种能力：

①创业能力。社会创业者能发现那些未被充分利用的、被闲置的资源来解决那些未被满足的社会需求。

②创新能力。通过把传统意义上互不相关的做法进行有机结合，社会创业者能创造新的服务、新的产品和新的方法来解决社会问题。

③改变现状的能力。社会创业者能通过发掘自我发展的可能性来改变他们所服务的社区和人群。

查尔斯·里德比特指出，一个成功的社会创业者通常还需要具备以下技能：

①领导力。成功的社会创业者们通常都是雄心勃勃，通过设定一个远大的使命带给企业革新的力量。

②会讲故事的人。社会创业者通过故事和寓言来传递他们的价值观和动力源泉，这让他们显得与众不同且更具说服力。

③深谙人事管理。社会创业者认识到，他们的员工、支持者和用户所掌握的知识和想法是组织最重要的资源。

④远见卓识，把握机遇。社会创业者决不会让自己深受计划和战略的束缚，而是切合实际，把握机遇。

⑤建立同盟。成功的社会创业者都善于建立合作网络，他们在社交上都有足够的自信。

## 延伸阅读 3-1 社会创业典范

### 1. 国内社会创业者典范

中国需要社会创业者，而一批中国社会创业者也正在兴起，这些有着激情与理想的社会有识之士奔走于政府与企业间，为解决当下的社会问题积极努力，成为国内社会创业者的典范。

1）"零元企业"董事长朱永新

一个社会创业者的中国样本。朱永新，苏州市副市长，他的另一个重要身份是新教育实验"零元企业"的董事长，新教育实验是一个注册资本为零元的"社会企业"，朱永新是个地地道道的"社会创业者"，一个没有物质投入也没有物质回报的"零元董事长"。当一群企业家为他的社会企业打工，这些经营者一起合力打造了社会企业家中国样本、缔造社会企业家运营模式：社会性组织，志愿者行动，参与式发展，跟踪式服务，项目制运作。他把"心灵的教育"视作他所经营的"社会企业"，成为一个用五年时间影响了100万中小学生的教育家。

2）横店集团创始人徐文荣

为农民追梦的社会创业者。徐文荣是横店集团的创始人，他以高度的政治责任感和强烈的事业心，走出了一条具有横店特色的发展之路。徐文荣带领农民办企业，使横店集团以吸纳4万多名员工的人力需求，解决了横店人均不到半亩地的农村剩余劳动力就业问题。为构建和谐横店，徐文荣把产业结构调整和社区环境建设有机结合，用企业利润反哺农村社会，发展和完善了横店社区的公共设施与社会公益事业，奠定了横店城市化基础。他所创造的社团经济，被经济理论界概括为"横店式共有制""市场型公有制"，称为"中国农民实现小康之路"。徐文荣提出以"共创、共有、共富、共享"为宗旨的横店社团所有制理论，经济学界给予了很高评价。

3）"太阳村"创始人张淑琴

从"丐帮帮主"到社会创业者。1996年5月26日，中国有了第一个为犯罪服刑人员代养未成年子女的民间组织：陕西省回归研究会太阳村，在三原县东周村成立。那一年，张淑琴 47 岁。太阳村无偿为服刑人员子女提供医疗、特殊教育、心理辅导、权益保护及职业培训。为了筹钱，张淑琴从这家企业跑到那个单位，她自嘲为“沿门乞讨”。从 2005年起，张淑琴成立了太阳村的产业部、项目部和发展部，要让产业成为事业的坚实后盾，改变 NGO 对捐款的依赖。太阳村走过十年风雨，实现救助 1000余人，全国已有四个分中心，张淑琴也从一个“丐帮帮主”成长为一个基本能依靠产业自给的社会创业者。

### 2. 国外社会创业者典范

下面给出三个国外成功的社会创业者的典范，他们在市场和政府都失灵的社会领域，凭着决心和创造精神，创造出了非凡成就。

1）彼尔·德雷顿：美国阿育王（Ashoka）组织创始人

1978 年，美国环保署的助理署长，一个名为彼尔·德雷顿的美国人，决定要建立一个组织，去支持全世界顶尖的社会企业家们。这个想法他已经酝酿了15年。阿育王的运作有点像风险投资基金，它从规模尚小而定位准确的投资中寻求高效益。不过，它所寻求的回报并不是利润，而是在教育、环保、乡村开发、扶贫、人权、医疗保健、助残、照顾高危儿童等领域的进步。今天，他建立阿育王作为公众服务的改革者，在亚洲、非洲、美洲和中欧的多个国家运作，援助了1 400名社会企业家，对他们直接资助将近4 000万美元，分析他们的策略，提供“专业”服务，并且凭借阿育王善于精选的盛名为这些社会企业家的事业增添信誉。

2）“魔术师”海伦·汤普森

让废弃医院摇身一变。1982年，密尔德梅医院（Mildmay Mission Hospital）是一家面临被废弃命运的维多利亚时代老医院。已在该医院忠心耿耿工作了 30 年的汤普森女士可不这么看，她判断医院完全有理由继续存在下去。汤普森女士以社会企业的模式，将旧式的国家福利传统机构提升转化为现代化的、高效的医护组织。“我一生都在为获得安全感而奋斗，不仅是自己的，也包括其他人的安全感。”密尔德梅能够获得成功，海伦·汤普森的斗志高昂、极富个人魅力和拼劲十足的性格起到了重要的作用。到今天，这儿已成为享有国际声誉的艾滋病护理中心，还把业务拓展到全球多个国家。

3）孟加拉尤努斯博士

“穷人银行”的秘密。格莱珉银行（Grameen Bank）的创办者尤努斯博士因获得诺贝尔和平奖而声名鹊起。但我们应当看到，他并不是慈善家，而是一位富有创新精神的企业家与金融家。1974年蔓延孟加拉的大饥荒使成千上万人因饥饿而死。尤努斯感到震撼的同时，开始以极大的热情投入到对贫困与饥饿的研究中。1983 年，格莱珉银行正式创立，这是一家专门为穷人服务的银行。尤努斯努力帮助这些穷人改变自身条件或周围环境，重新获得贷款的偿还。就是依靠这种与传统银行截然不同的信任哲学，格莱珉银行一直保持低于 1%的坏账率，而其每年发放的贷款规模现在已经超过8亿美元。

（资料来源：编者依据网络资料改写）

### 3.1.2 大学生创业者

大学生创业是一种挑战，对自我的挑战，对自我幸福的追寻，同时更是为社会的发展进步贡献了自己的力量。一直以来，大学生创业者就是创业者群体中的重要组成部分，可能是最重要的部分。随着时间推移和社会发展，大学生创业者越来越多，逐步成为时代创新的有力推动者，为社会发展注入了强劲的动力。

#### 1. 大学生创业者的特点

大学生创业者自身的标签非常显眼，具有鲜明的特色。这与大学生自身和大学环境密切相关。

1）激情

大学生创业者往往具有更为强烈的创业激情，对创业活动的闯劲更足，没有太多对困难和问题的顾虑。大学生创业者特别容易凭借一腔热血迎难而上，往往忽略了前瞻性和预判性，缺乏计划性和策略性，忽略了困难和问题的难度与深度，直到遭受挫折。在这样的情况下，大学生创业者很快会产生挫折感，产生气馁消极的情绪，如果不及时调整，往往造成创业失败。激情好比勇气，但是不能有勇无谋。大学生创业者应该激情与智慧相结合。

2）思维活跃

大学生创业者都是年轻的群体，大脑思维活跃。同时大学生接受了系统的高等教育，能够接触许多高阶知识、先进思想，扎实的知识储备极易引发思维火花，产生创新思想。而且，大学生在高校中容易接触优秀的人和前沿的科学，特别容易产生思维共鸣，引发创新。

3）角色交叉

大学生创业者从字面就可以看出，有两种角色定位：一是学生身份；二是创业者身份。这两种角色看似无关，实际相关，看似互不影响，实际上影响很深。这两种角色交叉既给大学生创业者创造了机会，又限制了大学生创业者的发挥深度与广度。大学生身份让创业者拥有了更多的激情和更高思维活跃度，但是大学生这个角色又限制了创业者的经验认知和思维方式，缺少更为社会化和全面化的思考和行为方式。创业者身份让大学生拥有了更多的可能，对未来的把握更为广远，但是又时刻影响着大学生的课堂学习。因此，要想成为成功的大学生创业者不但要突破自身角色的限制，还要实现角色的有机融合和互补。

4）非全职创业

大学生的主业是学习，需要很多时间。创业也是非常艰辛且消耗精力，这必然会造成与学习时间的冲突。因此，往往有大学生创业者一时冲动休学或者退学创业。这是极为不明智和不可取的，虽然有比尔·盖茨的先例，但这是极少数，大部分成功的创业者都是学习刻苦且成绩优秀，比尔·盖茨也曾说过不建议大学生退学创业。

#### 2. 大学生创业应具备的能力

发展创新创业理念，营造“大众创业、万众创新”的社会环境，培养具备创新创业精神的时代新人，鼓励其参与国家创新创业项目，有助于加快创新型国家的建设步伐。近年来，社会公众对创新创业的传统认知逐渐发生变化，意识到缺乏创新的传统劳动密集型产业难以满足现代化强国建设的实际需求。创新创业政策的保障、创业环境的形成以及人民对创新创业认知的改变为创新创业战略的全面落实提供了良好的“生长土壤”，也促使社会公共资源流向大学生创新创业等相关领域。但是在具体的创业实践活动中，部分大学生创新创业者没有充分利用国家政策与社会资源，且由于自身实力不足、期望过高等原因常常出现创业项目失败的情况。因此，为提升创新创业的成功率，大学生开展创新创业工作要注重培养决策力、创新力与意志力，努力夯实“软实力”根基。

1）决策力

随着创新型国家建设战略的全面落实，大学生创新创业的时机和条件日趋成熟。从技术的角度分析，大数据、互联网、物联网及人工智能等新兴技术的迅猛发展为大学生创新创业项目设计提供了更多的可能性，简化了创新创业的操作流程和实施步骤；从国家政策的角度分析，为吸引更多的社会资源进入大学生创新创业领域，国家提出了“互联网+”创业计划、大学生创业计划等多项举措，并着手构建大学生创新创业的“绿色通道”，通过财政补贴、减免税收等方式为大学生创新创业提供了政策和资金支持；从市场需求的角度分析，供给侧结构性改革在很大程度上改变了人民的消费观念，社会大众更倾向于购买高质量的产品和服务，市场的需求趋向多元化与个性化，这为创业者开辟了新的市场空间，也为大学生创新创业指明了方向。

大学生要对经济保持敏锐的洞察力，在精准把握机遇的同时，也要识别出危机与挑战，提升创新创业决策力。互联网金融协会的调查结果显示，以“互联网+”为核心技术的创新创业项目实施过程中，正确的决策能够有效规避市场风险，减少创业资源与资金的浪费，并引导创新创业思维的转型升级，推动创新创业项目实现预期目标。这里所说的决策力是指要根据市场经济的规律和自身的资源情况来决定创新创业项目是否开展以及具体发展方向。随着信息技术与管理技术的不断发展，精准搜集和分析市场信息能够辅助创新创业者解决市场决策难题，在实践中提升决策的有效性，确保创新创业项目能够盈利。所以说，决策力是大学生创新创业成败的关键，发挥决策力的关键性作用，做出正确的决策能够有效提升创业项目的成功率。

2）创新力

市场开放程度的扩大为新兴产业的融资提供了便利，越来越多的投资商也更倾向于将资金和资源投向新兴产业。这种做法虽然改善了创业项目融资困难的情况，但也打破了市场良性竞争的平衡。一些公司和企业多以“烧钱”为竞争手段来提升自身品牌的影响力，导致缺乏足够的资金对产品和服务进行有效的创新。以“滴滴”“快的”的补贴大战为例，“滴滴”和“快的”公司为了争夺商务租车的市场份额，通过给予用户双向补贴的方式抢占租车市场，致使多家小型商务租车公司倒闭，最终“滴滴”和“快的”公司垄断了商务租车市场，阻碍了我国租车行业的长远发展。所以，创新创业项目要想获得长期的生存和发展，应该更加重视品牌的持续创新，将创新置于企业发展的首位，而不是借助烧钱等手段来达到争夺市场的目的。将创新理念融入传统行业和高科技行业中能够提高生产效益。从生产效益层面上来说，创新力决定着产品和服务能否满足消费者日益变化的消费需求。创新力不仅能够为大学生创业者提供多元化的创业思路，还能够将其作为发展优势吸引社会资源和资金。大学生创业者要适应激烈的市场竞争环境，就应积极响应建设创新型国家的发展战略，在全民创新创业的发展浪潮中提升创新力，借助创新立足和发展。首先，在开展创新创业工作中，大学生创业者要精准把握市场的发展行情，预测创新创业领域的发展趋势，找准项目开发的市场定位，从容应对复杂多变的市场环境。其次，大学生创业者应以满足多元化的市场需求为工作核心开展创新创业活动，逐步完善产业的管理和服务体系，提升自身产品和服务的市场影响力，夯实产品的市场基础。最后，大学生创业者应提升对创新创业市场的感应能力，把握消费者不断变化的消费心理，拓展产品和服务的受众范围，强化消费者对产品和服务的认同感。

3）意志力

意志力决定了创新企业能否在严峻的市场环境中长期发展。大学生创业面临着异常复杂的市场局面，他们既要在多样化的市场中甄别出各种潜在的危机，也要处理好资金来源、市场竞争等多种难题，不断增加的压力会逐步消耗工作的热情，导致其难以抵抗外界压力而放弃。在这样的情况下，大学生创业者要加大对自我意志力的培养，保持长期、持续的动力来开展创新创业工作，在坚持不放弃的理念支撑下使创新创业从梦想变为现实。有关调查数据显示，当前我国中小型企业的平均寿命仅为 3.5 年，远低于美、日等发达国家的 6.7 年，其中创新创业公司的成功率只有 30%，多数创业者无法适应创新创业工作的压力。这一数据充分说明了创新创业公司难以实现长期发展。面对竞争激烈的市场环境，以大学生为主的创业者开展创新创业工作如果仅仅依靠短时间的激情和优势，一旦企业失去政策庇护和资金支持，就会丧失支撑自己长期坚持的意志力，他们的创业公司最终也会被大型企业吞并或破产倒闭。提高大学生创新创业成功率，需要增强大学生创新创业的意志力。实现创新创业工作的可持续发展，要着重培养大学生创业者的自信心和意志力，引导带领企业坚定走下去的信心和毅力，在面对市场同类企业的挑战和市场环境的复杂多变时，能够在困难中不断前行，化解企业面临的行业危机。具体而言，大学生一是要强化创业动机，创业动机是大学生开展创新创业工作的刚性需求，只有在创业过程中逐步实现目标才能够增强工作动力，将创业动机内化为坚韧的毅力。二是要培养兴趣激发意志力，兴趣与意志力具有相互促进的内在联系，开展创新创业活动要激发对工作的兴趣，将创业兴趣当作抵抗外界压力的有力武器，塑造坚韧不拔的精神和气魄，以昂扬的姿态应对挑战与挫折。三是要学会分解创新创业目标。多数大学生创业者产生放弃的念头是因为他们认为创新创业工作目标的实现是非常困难的，凭借自身的能力、经验难以获得成功。意志力薄弱的大学生创业者，需要学会将整体目标分解为阶段性目标，通过实现阶段性目标来获取成功的喜悦，提升自信心与意志力。

我国未来的发展需要大量具备强大决策力、创新力、意志力的大学生创业者助力完善现代化经济建设体系，共同构筑国家发展的蓝图。面对复杂多变的市场环境，大学生创业者要增强自身创新创业“软实力”，勇敢迎接挑战，牢牢把握机遇，在创新创业的社会浪潮中为自己赢得一片空间。

### 3. 大学生创业者的优势

大学生创业者具有其独特的优势，是其发展的有效促动力，是我国“大众创业、万众创新”的活力军。

1）知识技能优势

通过长期的学习，尤其经历高校的学习和锻炼，大学生创业者大都具备了扎实深厚的知识技能储备，综合素质也处于社会的较高水平。相对来说，大学生创业者无论是在知识、专业技能，还是在综合能力和创新意识等方面都有着较大的优势。同时，在进入互联网智能时代的现在，大学生创业者普遍熟悉和理解互联网技术，并有着高度的应用和创新水平，这更是时代性的知识技能优势。

2）适应能力强

大学生创业者相对于其他创业群体而言，无论是在体力、精力、生活压力，还是社会适应能力方面都体现了一定的优势。大学生创业者年轻、富有激情和活力，能够积极主动地尝试陌生事务，生活负担相对较轻，对于困难更是无知无畏，敢于争锋，因而可以更加从容地应对创业挑战。再加之，大学生创业者群体本身对于新事物、新发展的理解和接受能力更强，因而对于适应当前日新月异的社会变化有积极促进作用。

3）创新意识强

大学生创业者作为尚未步入社会的纯真青年，尚未被社会经历所束缚，较之传统思维相对固化的创业群体，对于新鲜事物、科技新发现、社会新发展的感知度、认知度及适应能力都是不可同日而语的，拥有更为迅速的思维反应能力和进一步的变革创新能力。互联网智能时代就是传统行业与创新思维高度融合的时代，就是传统行业与互联网高度结合的时代，因此大学生有能力、有可能让传统行业迸发出新的行业活力，创新传统行业发展模式。

4）国家高度重视

国家高度重视大学生创业，国家领导人多次鼓励大学生创业，强调大学生创业对国家和民族发展的重要性。国家和各地方政府部门也都出台多项支持和鼓励大学生创业的优惠政策，涉及融资、开业、税收、创业培训、创业指导等内容。对打算创业的大学生来说，了解这些政策，才能走好创业的第一步。

5）高校资源丰富

当今，各高校都高度重视大学生创业，为大学生创业提供了各种资源支持。首先，各高校基本建立了高效的创业教育课程体系。高校所能提供的创业教育资源极其丰富，大部分高校都具有相对完备的工商管理、法律、经济及其他技术等专业，高校不仅能够在学生本专业方向提供一定的资源供应，而且可以进行相对全面的创业指导、创业教育。这为大学生创业提供了全面的基础知识，打牢了知识技能储备。其次，各高校普遍建立了就业指导、职业辅导和创业引导一体化的就业创业指导体系，甚至成立创业学院，充分利用学校内就业创业导师和校外创业导师资源，积极开展大学生就业创业活动，形成了以创业课程、创业赛事和创业实践为平台的创业指导模式。再次，各高校高度重视创业类赛事，鼓励大学生组建创业团队，并提供强大支持力度。最后，各高校积极为大学生创业提供物质资源支持，帮助大学生创业落地落实，如高校大学生创业孵化基地建设等。

**4. 大学生创业者的劣势**

大学生创业者面临不少困难，其主要表现在以下7点。

①传统就业择业观尚未完全被打破，国内尚未形成良好的大学生创业氛围，大学生创业环境尚未成熟。中国的传统观念是安分守己，家长们期盼自己的孩子大学毕业之后找一份体面安

稳的工作。在这样的家庭观念影响下，很多大学毕业生会选择深造或者考取公务员和事业单位，抑或到大企业就业。同时，受传统观念影响，时至今日仍有很多人尚未正确理解“创业”。由于长久地将自身放在一个被动的局面内，很多人将创业视为“找不到工作”的无奈之举。因为人们对创业存在明显偏见，很多大学生在提出创业时或多或少会遭遇家庭成员的阻挠。此外，创业需要大量资金投入，还需要承担必要的投资风险，因此很多人都对创业持有排斥或是冷漠心理。创业的高风险性，也促使大学生不愿让自己和家庭承担风险，也不愿拿未来做赌注。这种客观现实切实在一定程度上大大挫伤了大学生的创业积极性，造成大量大学生安于现状，甚至对创业者持嘲讽态度，乐于看别人失败，进而造成本有创业想法的大学生被逼安于现状。这使得创业的大学生人数少之又少，不仅严重阻碍了大学生的创业意识提升，更影响了大学生的创业精神和创业能力的发展。

②缺乏完善的创业教育理论和课程。首先，现在国内没有完整的、成体系的创业教育理论和课程规划，大多是参考国外理论，明显存在“水土不服”的情况。这种情况还可能持续一段时间，必然会造成整个社会创业行动的迟滞，包括大学生创业者。其次，虽然现阶段很多高校高度重视大学生创业教育，已经充分地认识到了大学生创业能力培养的重要性。然而却因为现实资源缺乏和客观环境限制，不少学校没有能力将这项工作落到实处。部分高校的创业教育属于“纸上谈兵”，即使落实了相关的知识教育课程和内容，但由于缺乏针对性、必要的创业基础设施，所能够取得的教育效果也极为有限。最后，很多学校的创业教育的专业性、持续性和指导性都有待加强。如果是靠开展几次创业讲座来替代系统性的创业教育，且很多负责主讲的教师并不是专业人士，也没有相关的创业实践经验，这些教师在从事大学生创业能力培养教育的过程中，往往浮于理论表面，很难涉及创业教育的内涵和实质，更无法指导和帮助大学生解决创业过程中面临的、迫切想要解决的问题。

③创业资源不足。大学生创业者创业过程中，首要面对的就是创业资源的搜集，尤其是创业资金的获取。但是现实情况是，大学生创业者开发外部资源的能力不足，能够获取资源支持的渠道太少。大学生尚无有效持续的个人独立收入，大部分经济都来源于家庭。大学生人际关系简单，主要局限于大学教师和同学，都不是资源充足之人，难以获得大量资金支持，更别说办公场地等硬件资源。风险投资市场对大学生创业缺乏信心，支持力度往往不够。在此情况下，现阶段大学生创业融资渠道单一，大多通过国家助学贷款和学校部分支持，这种相对紧缺的创业资金往往难以保障创业需求，在资金周转不畅时，没有回旋的余地，最终导致创业失败。

④大学生创业者在创业过程中容易盲目跟风，创业目标和方向不明晰，缺乏独到之处和竞争力。在创业的激情下，一些没有完全做好各种准备的大学生创业者盲目跟风，不顾真实需求和实际发展，纷纷效仿学校创业成功者的先例，投身在同一个创业领域，造成无序竞争。抑或是盲目效仿现在社会上比较流行的商业模式，不具有创新性，难以与成熟企业进行竞争。加之高校在开展创新创业教育和实践的初期，为了尽快形成学校内部创新创业的良好氛围，缺乏严格的管理、指导和筛选，为创业大学生大开方便之门，造成许多不成熟的创业行为在学校的扶持下付诸实践。在这双重盲目中，最终导致大量初创实践失败，既打击了大学生创业者的信心，又妨碍真正好的创业项目落地，更造成高校创业环境的恶化。

⑤大学生在创业过程中往往只看到眼前利益，追求短期效益，缺乏前瞻性，没有长远创业规划，因而在创业的道路上越走越窄。许多在校大学生在自主创业过程中容易把客户定位为本校大学生。然而，即使在本校同一个领域的大学生创业者都不在少数，势必会形成大量竞争。更为可怕的是，校外企业也会加入到这场竞争中分一杯羹。学校这块蛋糕本来就小，加上许多初创团队共同来分食这一块蛋糕，利润少之又少，往往造成创业者的集体落败。因此，大学生创业者在创业初期不要急功近利，定位不要仅局限于校园，应把目光放长远。选取一个合适的长期目标和创业项目，长期地坚持下去。

⑥大学生创业者创业经验缺乏。大学生创业者长期处于相对简单的学校环境专心学习，与相对复杂的社会环境存在一定的脱节，这必然导致其社会经验的严重缺乏。同时，在实际创业过程中，大学生创业者大都缺乏管理经验、市场推广经验和风险把控经验等，对各种经营数据的敏感度不高，对法律法规了解不足，对扶持大学生自主创业方面的相关政策了解不足等。如果大学生创业方向是高科技类，则还需面临攻克技术难关、设置技术屏障、防止技术流失等问题。在这样的经验劣势下，面对激烈的市场竞争，往往失败得莫名其妙。

⑦大学生创业者综合能力不足。创业者不仅要有激情、想法，还要有强悍的综合能力。

前面提到创业者需要具备许多能力，而且对能力要求很高，大学生创业因为自身所处环境往往导致能力欠缺，尤其是领导管理能力。在真实创业过程中，大学生创业者需要面临各种各样的问题，如企业管理、资源发掘、产品研发、人事安排、营销策略和市场推广等，然而大学生实际能力有待提高，运用水平更大大欠缺，尚不足以应对这些复杂的问题。另外，大学生创业者对创业环境认知和把握能力不足，往往造成定位不准确。大学生创业者能够认识到创业环境因素的重要性，但是缺乏环境信息的搜集能力，以及敏锐发现创业环境改变的能力，进而无法充分利用创业环境为自己创造有利条件。

### 5. 大学生创业策略

了解了大学生创业的特点和优劣势，那么大学生创业者的创业策略就清晰可见了。

1）革新传统的就业观和创业观

观念是行为和实践的先导。因此，大学生创业者首先要更新自身的就业观，树立正确的创业观，正确地认识创业、重视创业，坚定自身创业想法。要充分意识到创新创业对自身提升的重要性，对国家、社会和民族发展的重要性，要在创业中实现自我价值和社会价值，做一个优秀的、幸福的人。

2）强化知识和经验积累

大学生创业者要充分利用学校和社会资源，通过课程学习、创业讲座，去企业学习，与成功人士交流等不断积累创业知识，获得创业的感性认识和宝贵的创业经验。通过参加创业竞赛、企业实习实践、社会调研，充分利用学校的大学生创业孵化基地，累积社会经验和创业经验。

3）注意资源发掘与整合

大学生创业者资源获取渠道比较匮乏，更应该强化资源发掘和深化整合。首先，应当充分利用国家政策和学校支持，获取初始资金、办公地点和税收优惠等资源。其次，应当充分发掘教师、同学资源和竞赛资源（创业导师、竞赛评委大都是企业家等成功人士），获取和整合软硬件资源。

4）强化综合能力提升

综合能力是大学生创业者创业成功的关键。无非有两个渠道：一是通过知识学习和与人交流学习，获取能力本身。二是投身于各种实践活动，在其中锻炼自己的综合能力，提升运用能力的水平。

5）注意未来导向、做好长期规划

创业是一个面向未来的行动，谁能把控好未来，谁就能获得更好、更持久的成功。无数闻名的大企业都证明这一点。因此，大学生创业者一定要目光长远，去引导未来趋势，而不是随波逐流。

## 3.2 创业团队

团队创业已经成为最常见的创业模式。越来越多的新企业通常都是由两个或两个以上创始人或合伙人组成的创业团队创办的。从创业时效看，无论是成功率还是新创企业的绩效表现，团队创业都要比个人创业好很多。越来越多的大学生创业者也都根据自身特长和能力与同学或朋友组建创业团队，以期更好地进行创业实践，实现自身价值。

成功的创业团队在高效合作的机制下，可以有效提高工作效率，获得更加丰富的创业资源，形成高质量的创业决策，实现创业风险的共同承担。但是，如何组建成功的创业团队，使团队以幸福为导向，实现有价值的成功创业，则是每个创业团队都要深入思考的问题。

其次，企业成长过程中创业团队精神能否得到有效传承将直接影响企业的可持续发展。在现实中，有些企业是由单个创业者创立且拥有的，然而大多数企业是由两人或两人以上共同创立并拥有的，创业团队的重要意义不仅在于团队创业的普遍性，而且在于创业团队影响企业的绩效。

### 3.2.1 创业团队的定义

#### 1. 创业团队概念的研究

目前，国内外关于创业团队的研究主要集中在创业团队的理论构建、创业团队的形成过程和影响因素以及创业绩效等问题上。但是关于创业团队的人员构成以及创业团队的概念界定，理论界目前尚未有一个权威的定论。

Kamm认为，创业团队是基于共同的愿景和兴趣，联合创立企业的两个或两个以上的个体。

Cooper则认为，创业团队要比一般的团队具备更多的知识储备和内涵，并且团队成员之间还具备开创事业的共同承诺。

王冰在总结前人研究的基础上将创业团队定义为，在创业起步或者企业创业期（3~5年）内加入的，并且对团队或企业的决策有直接影响力的，着眼于团队或企业未来的一群人所组成的团队。

Ensley和Carland提出了创业团队的三大必备要素：①一群人共同创立了企业；②该团队拥有

创业期的财务权益；③这群人能够影响企业的战略决策计划。

2. 创业团队的形成及其影响因素

早期研究创业团队的学者们大都认为，大多数创业团队的形成都是自发性的，这些团队成员之间彼此非常熟悉，并且具有非常相似的价值观。在创业初期，他们大多依靠的是人际关系、并以志同道合的人作为自己的合作伙伴，而从个人能力角度出发考虑的却不多。在这样的创业团队中，成员之间大多具有良好的互信关系，具有共同的或相似的经历，具有高度的情感一致性和团队凝聚力。但随着团队规模的扩大及人员的扩充，团队成员间便出现了异质性。

Lechler认为，创业团队形成的一个重要原因是资源互补的需要，并且团队优秀的社会沟通能力也是创业团队成功的重要影响因素.

Ucbasaran指出，团队自身的一些异质性因素，例如团队成员的年龄、任期等会对创业团队成员的吸引与离开产生影响。

3. 创业团队的定义

创业团队是指由两个或两个以上具有一定利益关系的，彼此间通过分享认知和合作行动以共同承担创建新企业责任的，处在新创企业高层主管位置的人共同组建形成的有效工作群体。这是狭义上的定义。从广义上讲，创业团队不仅包括狭义创业团队，还包括与创业过程有关的各种利益相关者，如风险投资家、专家顾问等团队优势。创业团队的特征如图3-1所示。

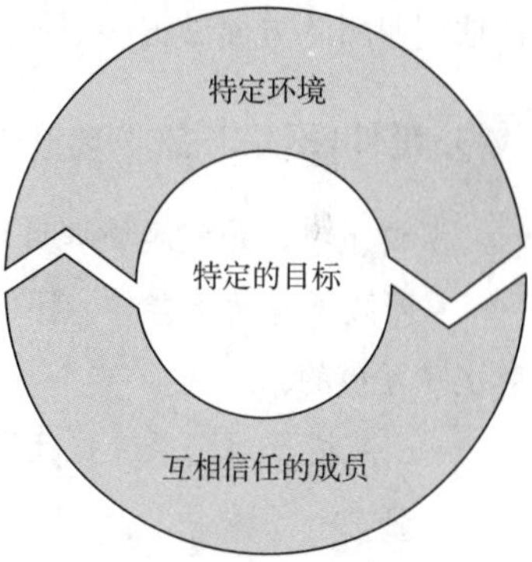

图 3-1　创业团队的特征

另外，创业团队还有几种常见定义：

（1）经过生成创意和实践创意阶段后决定共同创业并成立企业的一群人。

（2）包括当企业成立时对企业有执掌功能的人或是在营运前两年加入的成员，不包括对公司没有所有权的成员。

（3）由那些全身参与企业创建过程、共同分享创业苦乐、全心实现企业成长的成员构成，不包括律师、会计师等部分参与企业创建的外部专家。

（4）由两个或两个以上的人正式组建并共同分享新企业所有权的群体。

（5）不仅是创建新企业的群体，还要对新企业具有共同承诺，对战略选择有直接影响。

### 3.2.2　创业团队的重要性

有个故事这样说道：在非洲的草原上如果见到羚羊在奔逃，那一定是狮子来了；如果见到狮子在躲避，那就是象群发怒了；如果见到成百上千的狮子和大象集体逃命的壮观景象，那是什么来了呢？行军蚁。

行军蚁生活在亚马孙河流域，喜欢群体生活，一般一个群体就有一二百万只，它们属于迁移类的蚂蚁，没有固定的住所，习惯于在行动中发现猎物。

行军蚁集体捕食猎物的时候，它们出发时排成密集及规则的纵队，而有些军蚁采取广阔的横队前进。它们一离开宿营地，就分支再分支，包抄并围攻猎物。

主力部队前进时，前卫线上和两翼是长着巨颚的兵蚁，中间是工蚁。大军前进时如汹涌的潮水。有人看见过15 m宽的军蚁队列，猎物立即会被淹没掉……

从上边这个故事可以看出，创业关注的核心并不是个体创业者，而是卓有成效的创业团队。新创企业既可能只为某个创始人或其亲友提供了就业机会，也可能是一个具有较高发展潜力的公司，而两者之间的主要差别就在于是否存在一支高质量的创业团队。没有团队的创业也许并不一定会失败，但要创建一个没有团队而具有高成长性的企业却极其困难。

可以说，创业团队是一种特殊群体，其工作绩效大于所有成员独立工作绩效之和，是高层管理团队基础和最初组织形式，对创业成功起着举足轻重的作用，是新企业通向成功的桥梁。

创业团队优势具有机会识别能力较强、机会开发能力较强、机会利用能力较强等优势，事实上，风险投资家非常重视创业团队。因为，创业团队是管理风险的源泉，风险投资商往往在评估创业团队方面做很多工作，一旦发现创业团队有问题，风险投资家会拒绝投资。

## 延伸阅读 3-2 “团队”与“组织群体”的异同

所谓组织，是实现管理目标、完成管理任务和承担管理职能的机构。

• 团队不等同于群体，团队中成员所做的贡献是互补的；而群体中成员之间的工作在很大程度上是互换的。

• 团队成员对是否完成团队目标一起承担成败责任并承担个人责任，而群体成员只承担个人成败责任。

• 团队的绩效评估以团队整体表现为依据，而群体的绩效评估则以个人表现为依据。

• 团队的目标实现需要成员间彼此协调且相互依存，而群体的目标实现却不需要成员间的相互依存。

• 团队较之群体在信息共享、角色定位、参与决策等方面也进了一步。

团队与组织群体的比较如图3–2所示。

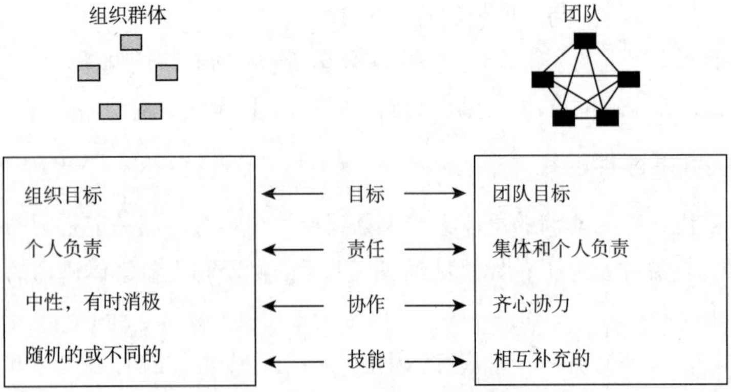


图 3–2　团队与组织群体的比较

（资料来源：编者依据网络资料改写）

### 3.2.3　创业团队的组建

创业团队的构成多种多样，但经过对比分析后，主要由初始合伙人团队（受教育程度、创业经历、产业经验、社会网络关系等）、核心员工（猎头公司、人才市场、媒体广告、熟人介绍等）、董事会（提供指导、增加资信等）和专业顾问（顾问委员会、投资者和贷款方、咨询师等）构成。创业团队成员选择的一种平衡方法是，在知识、技能和经验方面主要关注互补性，在个人特征和动机方面则考虑相似性。组建创业团队时，建议遵照以下步骤：

（1）同企业业界人士、专家、目标客户讨论，探讨企业发展领域。

（2）列出包括创业者在内所有候选团队成员所最擅长的业务。

（3）根据所选项目特点和企业组织形式来确定创业团队规模。

（4）运用比较优势理论来确定团队成员。

（5）将企业的主要活动分配给所有的团队成员。

（6）为每一项主要活动设定范围并为负责人设定目标。

与此同时，业界还把创业团队按照角色划分为栽培者、资源探索者、协调者、塑形者、监控者、团队工作者、贯彻者、完成者以及专家九种团队角色。九种团队角色及其描述，如表3-1所示。

**表 3-1　九种团队角色及其描述**

| 团队角色 | 角色描述 |
| --- | --- |
| 栽培者 | 解决难题，富有创造力和想象力，不墨守成规 |
| 资源探索者 | 外向、热情、健谈，发掘机会，增进联系 |
| 协调者 | 成熟、自信，是称职的主事人，阐明目标，促使决策的制定，分工合理 |
| 塑形者 | 激发人，充满活力，在压力下成长，有克服困难的动力和勇气 |
| 监控者 | 冷静，有战略眼光与识别力，对选择进行比较并做出正确选择 |
| 团队工作者 | 协作温和，感觉敏锐、老练，建设性的，善于倾听，防止摩擦，平息争端 |
| 贯彻者 | 纪律性强，值得信赖，有保守倾向，办事高效利索，把想法变为实际行动 |
| 完成者 | 勤勤恳恳，尽职尽责，积极投入，找出差错与遗漏，准时完成任务 |
| 专家 | 目标专一，自我鞭策，甘于奉献，提供专门的知识与经验 |

**延伸阅读 3-3**　你最想成为C*O？

- CAO首席行政官
- CBO首席品牌官
- CCO首席文化官
- CEO首席执行官
- CFO财务总监
- CHO首席人事官
- CIO首席信息官

- CRO首席研究官
- CKO首席知识官
- CMO首席市场官
- CNO首席谈判官
- CTO首席技术官
- CLO首席法律官
- COO首席运营官
- CPO首席公关官
- CQO首席质量官
- CSO首席战略官
- CUO客户总监

（资料来源：编者依据网络资料摘录）

### 3.2.4 创业团队的演变

新企业创建伊始就拥有一支成功稳定的创业团队是不现实的，创业团队还具有动态渐进的演变属性。创业团队的生命周期将从出生、成长逐渐演变到成熟、衰老和死亡。

出生：凝聚力和有效性都是低水平，团队成员具有大量不确定性。

成长：团队成员彼此学习，愿意分享认知，并采取协作性行动，团队凝聚力和有效性都将得到提高。

成熟：成功的团队组织实现了既定的战略目标，具有高度的凝聚力和高度的有效性，是团队最理想的阶段。

衰老：依据“团队记忆”采取相应的行动，团队也就渐渐地陷入一种群体思维陷阱，并形成某种“组织惰性”。

死亡：有效性的损失战胜对团队凝聚力的过度管理，团队开始逐渐解体。

创业团队在建设中，可以分为形成时期、规范时期、震荡时期、凝聚时期、收获时期和调整时期。创业团队建设各阶段的特征与重点如表3–2所示。

**表 3–2 创业团队建设各阶段特征**

| 阶　段 | 特征与重点 |
|---|---|
| 形成时期 | 初步形成创业团队的内部框架、建立创业团队与外界的初步联系 |
| 规范时期 | 通过设定标准、交流想法、阐明愿景、明确职责等方式建立必要规范 |
| 震荡时期 | 隐藏问题暴露，公开讨论、解决冲突、促进沟通、改善关系等方法的运用 |
| 凝聚时期 | 形成有力的团队文化，更广泛的授权与更清晰的权责划分 |
| 收获时期 | 关注如何提高团队效率和效益，把全部精力用于应对各种挑战，形成成果 |
| 调整时期 | 对团队实行整顿，其中一个重要内容是优化团队规范 |

创业团队在不断壮大过程中，其创业精神也将从集体精神、分享认知、共担风险、协作进取四个维度得到动态延续。创业团队的创业精神动态延续，如表3–3所示。

**表 3–3　创业团队的创业精神动态延续**

| 项　　目 | 创业团队创业精神强化 | 创业团队创业精神退化 |
|---|---|---|
| 对待风险的态度 | 创业团队的成功源于风险承担 | 创业团队的成功源于对风险的回避 |
| 预期与成效的关系 | 创业预期超过创业成效 | 创业成效超过创业预期 |
| 功能与形式的关系 | 团队功能重于团队形式 | 团队形式胜于团队功能 |
| 对待问题的态度 | 视问题为机会 | 视机会为问题 |
| 创业关注的重点 | 创业行为的原因和内容 | 做事的方式和过去是由谁完成的 |
| 团队与企业的关系 | 创业团队驱使企业发展 | 企业驱使创业团队发展 |
| 创业团队作用方式 | 团队协作和积极的组织承诺 | 由群体思维陷阱所引发的组织惯性，心理契约关系破裂所引发的违背性行为 |
| 对创新的支持 | 支持创业团队的价值创造 | 权力左右创业决策 |

### 3.2.5　创业团队的组建策略分析

创业团队需具备有核心、有目标、有分工和协作、有文化四个要素。

#### 1. 有核心

当团队运作时代来临，主管的角色已经越来越重要，主管是整个团队的核心和灵魂。

主管的团队角色与职责如下。

（1）舵手：带领团队成员，描绘出团队未来的愿景，并分享意见、产生共识，制订出具体的中、短期目标，拟订实施的计划。

（2）精神领袖：依据团队成员的个性，尊重其差异性，建立互信互助的团队文化，使团队运作能顺利进行并完成公司任务。

（3）教练：对团队成员进行分工，能够激励团队成员成长，并提供教练式的指导活动。

团队领导者应具备的核心素质如下。

（1）智慧：有敏锐的思考力和洞察力。

（2）包容：有我为人人的心胸。

（3）活力：个人精力充沛，有行动的冲劲。

（4）激励：有调动和鼓励他人的能力，其富有感染力的热情，能够使组织的潜能发挥到极致。

#### 2. 有目标

人类因梦想而伟大，团队更是这样。每个人都有梦想，有效的团队领导人应能找出团队所有人员的共同目标，并与团队成员达成共识，以吸引成员不懈地朝向目标迈进。没有方向、有方向、有共同愿景的团队作用分别如图3–3~图3–5所示。

#### 3. 有分工和协作

高效团队存在的基础是团队成员有明确的分工和职责，成员之间的技能要有互补性，团队内部要取长补短，创造高效团队，就像西游团队一样。其分工与协作如图3–6所示。

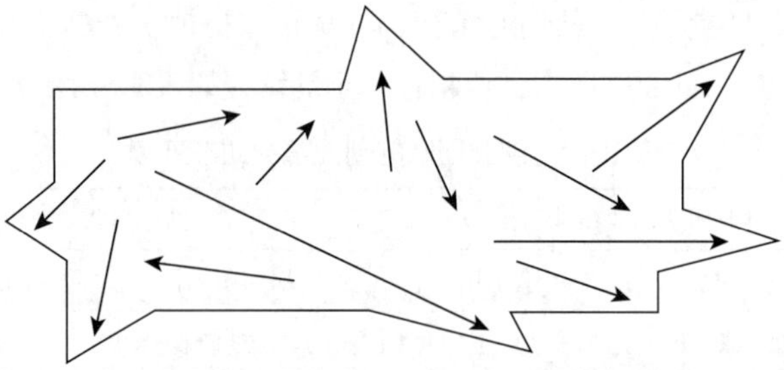

图 3-3 没有方向而整体行动不一致的团体

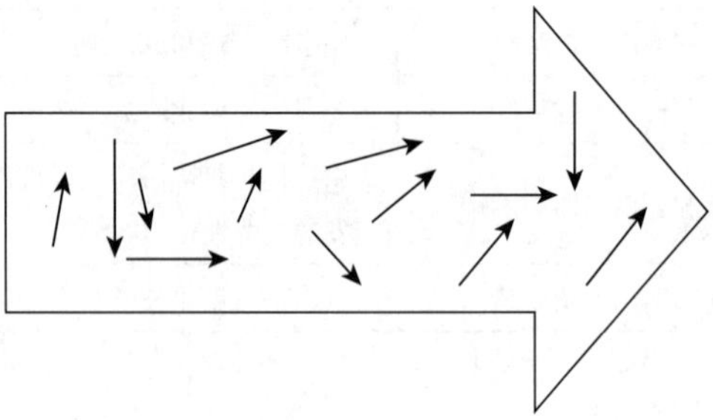

图 3-4 团队有方向但整体行动不一致的团体

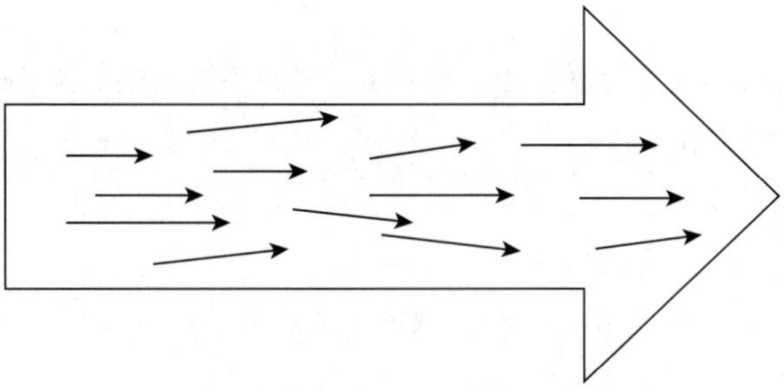

图 3-5 有共同愿景、整体行动一致的团体

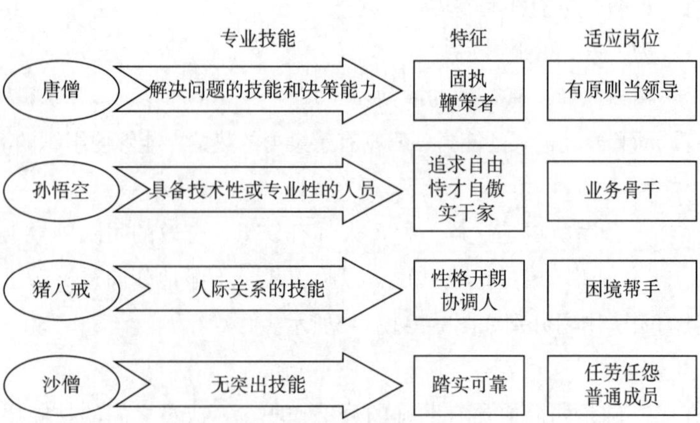


图 3-6 西游团队的分工与协作

4. 有文化

团队文化是指团队成员在相互合作的过程中，为实现各自的人生价值，并为完成团队共同目标而形成的一种意识文化和行为准则。团队文化是团队发展的内在动力和基石。

### 3.2.6　创业团队的管理技巧和策略

管理就是通过管人达到理事的目的，是通过调动团队的力量去完成企业的目标。管理的核心是调动他人的力量，但主管者往往不能突破这个瓶颈，勤劳有余，策略不足。在创业初期由于是初创团队，其稳定性还非常差，因此需要更多的技巧和策略。

创业团队在创业初期应建立责、权、利统一的团队管理机制。团队创业管理规则的制定，要有前瞻性和可操作性，要遵循先粗后细、由近及远、逐步细化、逐次到位的原则。这样有利于维持管理规则的相对稳定，而规则的稳定有利于团队的稳定。

（1）治理层面规则。主要解决剩余索取权和剩余控制权问题。治理层面的规则大致可以分为合伙关系与雇佣关系。在合伙关系下大家都是老板，大家说了算；而在雇佣关系下只有一个老板，一个人说了算。除了利益分配机制和争端解决机制，还必须建立进入机制和退出机制。没有出入口的游戏规则是不完整的，因此要约定以后创业者退出的条件和约束，以及股权的转让、增股等问题。

（2）文化层面管理规则。主要解决企业的价值认同问题。企业章程和用工合同解决的是经济契约问题，但作为管理规则它们还是很不完备的。经济契约不完备的地方要由文化契约来弥补。它包括“公理”和“天条”。所谓“公理”，就是团队内部不证自明的东西，它构成团队成员共同的终极行为依据。所谓“天条”，就是团队内部任何人都碰不得的东西，它对所有团队成员都构成一种约束。

（3）管理层面规则。主要解决指挥管理权问题。管理层面的规则最基本的有三条：①平等原则，制度面前人人平等，不能有例外现象；②服从原则，下级服从上级，行动要听指挥；③等级原则，不能随意越级指挥，也不能随意越级请示。这三条原则是秩序的源泉，而秩序是效率的源泉。当然，仅有这三条原则是不够的，但它们是最基本的，是建立其他管理制度的基础。

结合每一个创业团队的发展阶段，在具体的管理技巧和策略上，我们还有如下建议：

创业初期，新团队还在组建期，团队具有的特征如下：对团队目标和个人目标不了解；团队成员彼此陌生，互相猜忌；团队成员对团队规则不熟悉，对组织没有信心；人员流动性大；团队绩效成长较快等。

因此，建议管理者在组建期的主要工作如下。

（1）组建队伍：按照市场需要进行定编和进行人员招聘。

（2）定目标：宣布你对团队的期望，与成员一起建立团队愿景。

（3）指方向：提供团队明确的工作方向和策略。

（4）讲文化：培训团队成员了解团队文化并提供团队所需的信息，让大家信任你。

（5）定核心和分工：明确团队的核心和根据个人特点进行工作分工。

（6）树信心：对团队成员多鼓励少批评，建立团队信心。

一定时间后，新团队处于第二阶段——磨合期，团队具有的特征如下：团队绩效快速增长；成员冲突、彼此敌对；信息不通、出现混乱；权威没有建立，对领导不满等。

因此，建议管理者在第二阶段的主要工作为：

（1）带队伍。在团队里面充当教练角色，对团队成员进行传帮带，帮助其成长，以德服人。

（2）及时处理冲突。最重要的是快速处理冲突，安抚人心，以事带人。

（3）信息流动。建立工作规范和工作流程，使团队内信息流动起来。

（4）透明决策。调整领导角色，鼓励团队成员参与决策，使团队成员对决策承担责任。

（5）活动组织。多组织一些活动，让团队成员互相了解、互相信任。

随着企业的发展，新团队已逐步趋于稳定，其团队具有的特征如下：稳定期团队的绩效趋于比较稳定的成长；人际关系由敌对走向合作；团队的工作文化和工作方式已经得到团队成员认可，工作效率逐步提高；团队成员工作技能提升等。

因此，建议管理者在稳定期主要工作为：

（1）鼓励竞争。通过挑战性的任务培养团队成员成长，鼓励团队成员良性竞争。

（2）放权。通过放权，鼓励团队成员承担更多的责任并不断进行创新。

（3）提效率。通过优化规范和流程不断提高团队的效率。

### 3.2.7 创业团队的社会责任

社会责任是指一个组织对社会应负的责任。一个组织应以一种有利于社会的方式进行经营和管理。企业的社会责任要求企业必须超越把利润作为唯一目标的传统理念，强调在生产过程中对人的价值的关注，强调对消费者、对环境、对社会的贡献。社会责任包括企业环境保护、安全生产、社会道德以及公共利益等方面，由经济责任、持续发展责任、法律责任和道德责任等构成。这里不仅指企业责任，还有其他的社会责任。企业社会责任的内容——金字塔模型，如图 3-7所示。

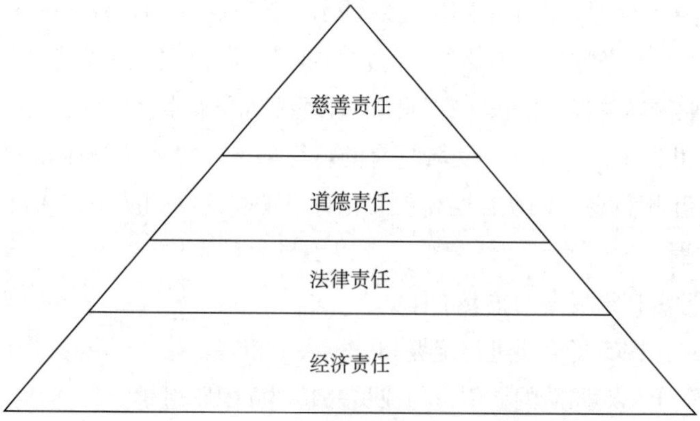


图 3-7　企业社会责任的内容——金字塔模型

通常而言，处于初创期的创业团队难在教育、扶贫、环保、节能、儿童、医疗、就业等方面履行社会责任。那是否它们就没有社会责任呢？答案是：有。

第一，就创业企业生存的基础而言，创业企业要生存就必然追逐利润。创业团队经营企业的重点在于追求效益，以最少的成本获取最大的利润，同时向国家缴纳税赋，为巩固国防、为社会建设、为丰富和满足民众生活提供保障。因此，创造最大的经济效益，是创业团队首要的社会责任。

第二，从创业企业内部管理来说，创业团队还要注重创业企业内部员工在分配上的公平合理，注重对员工的培训和教育。要按规定给员工办理各种保险，要保证员工的各种合理的福利。社会就业扩大、员工素质的提高、员工收入的不断增长是社会稳定的重要基础，也是创业企业对社会稳定做出的重要贡献。

第三，就创业企业和外部的关系而言，在创业企业利益和社会利益发生冲突时，创业团队宁可牺牲自己的利益也要保护社会的利益。有的创业企业的经营活动和社会责任具有密切的关系，在追逐利润的同时更要注重社会道德。

随着“80后”“90后”创业人士涌现，年轻一代对创业最重要的变化就是他们对精神层面的追求更为纯粹，社会责任成为他们构建新的商业模式时主动考虑的重要组成部分。未来十年，中国最好的企业家都会以“社会企业家”的形态出现。因此，社会责任并不只是创业成功的企业才有，处在初期的创业团队同样有这样的责任。

### 3.2.8　大学生创业团队

#### 1. 团队精神与大学生创业

1）团队精神对大学生创新创业教育开展的重要作用

（1）为大学生创新创业教育开展注入了新动力

当前我国部分大学生的价值观发生偏差，忽视团队意识的培养和与人沟通交流的重要性，导致团队精神与沟通能力不足，在创新创业道路上不断遭遇挫折与困难。一项调查数据显示，高校毕业生走上创新创业道路后创办公司维持时间一般不超过三年，其中缺乏团队精神和合作意识是导致其失败的重要因素。这也从侧面反映出当前高校创新创业教育的缺失。培育良好的团队合作意识，营造和谐融洽的团队氛围，对创新创业活动的顺利开展、社会和谐局面的维护、国民经济的健康发展具有深远影响。

（2）在创新创业文化建设中起到了推进作用

深化高校创新创业文化建设，主要目的是为大学生的健康成长营造良好环境，充分激发和释放大学生的创新创业潜能，更好实现高校文化育人的功能。团队精神的培育与高校创新创业文化具有根本一致性。通过培育团队精神，可以引导大学生树立共同的理想信念与价值追求，并将创新创业教育目标外化为自身的实际行动。此外，团队精神作为一种积极向上的正能量，具有凝聚人心的作用，这对在全社会营造一种理解、认可、鼓励、支持、宽容、帮助大学生开展创新创业实践的文化氛围具有重要的促进作用，有利于增强大学生的创新创业自信心。

2）团队精神视域下大学生创新创业教育思路

（1）围绕创新创业教育共同目标，培育大学生的团队精神

在大学生创新创业教育开展过程中，要尊重学生主体地位和个体化差异，结合实际，有目的，有步骤，分层次推进。一是以培养大学生的创新创业意识为目的，教育他们适应时代变化

需求，转变就业观念，激发释放创新创业热情。二是对具有创新创业意向的部分大学生来讲，要通过专业知识传授与创新创业实践相结合的方式，加强其创新创业技巧能力的训练培养。三是重点关注与扶持有创新创业条件的学生。这部分学生不仅具有创新创业技能，而且还有好的项目，通过指导服务，在政策、资金、场所、市场开拓等方面给予扶持，最终帮助他们实现创新创业的梦想。

与创新创业教育对象的不同层次相适应，团队精神的培育也分为全体式、英才式和实战式三种类型。

①全体式。主要是面向全体学生开设公共基础课程，培养学生的团队意识，使学生在学习中深刻认识和理解团队精神对集体、个人发展的重要意义，自觉培养团队意识。

②英才式。主要是面向具有创新创业意愿的大学生，通过实践性课程的开设、特定场景模拟等使学生切身感受到团队精神在战胜挫折、克服困难面前的强大力量。

③实战式。主要是对已经具备创新创业条件的大学生团队，引导大学生进驻创新创业园或教育实践实习基地，根据不同的创新创业项目，教师进行针对性指导帮助，整合各类资源，培养团队协同意识，共同应对市场竞争中的各种风险挑战。

（2）理论与实践相结合，不断深化创新创业教育实效

一是从理论层面看，在做好理论教学的基础上，要完善理论体系，注重将创新创业团队理论融入创新创业教育全过程，促进大学生转变就业观念，更新教学手段与方法。根据创新团队理论最新解释，团队的建立主要基于以下两方面的因素：因个体能力欠缺或不足，将多人聚集起来可以有效弥补个体不足，提高成功率；为满足具有相同兴趣爱好或目标追求的人与人之间的沟通交流需要，为共同目标而努力。创新创业团队新理论的出现，不仅顺应了时代发展的趋势，更满足了大学生的心理和求知需求，有效提高了创新创业教育的针对性与实效性。二是从实践层面看，实践性作为创新创业教育的突出特点，团队精神的培育和作用发挥离不开创新创业实践活动的开展。在实践活动中，学生实现了理论知识与社会实践的有机结合，同时也从感性认识上升到理性认识，再由理性认识更好地去指导实践。高校作为创新创业教育的主阵地，要充分发挥自身作用，积极组织开展内容丰富的教育活动。要以培养创新意识、创业精神为主体，组织开展各种类型的技能大赛，激发学生创新创业的热情，在活动中不断提高团结合作的精神与协同配合意识。要发挥学生主体地位，以创新创业项目为抓手，教师对学生在项目筛选、包装、孵化等方面进行指导，形成创新创业的合力。要以组建大学生创新专业团队为导向，引导鼓励具有相同目标追求的学生联合起来，集思广益，提高项目科技含量，尽快孵化培育，形成以点带面的辐射带动效应。大学生作为创新创业的主体，要充分发挥主观能动性，增强创新意识，发掘创新潜能，在创新创业实践中全面提高综合素质与能力。同时，还要积极参加学校社团、社会实践、创新创业项目大赛等活动，在与他人合作中培育团队精神，提高创新创业成功率。

3）共享共建，将团队精神培育融于多种教育形式之中

一是将团队精神培养融于高校思想政治教育过程中，充分发挥高校思想政治教育课的主渠道作用，创新教育模式与教育方法，采用案例教学、情景模拟、分组讨论等教学方法激发学生

的学习兴趣，提高课堂教学效率，使学生充分认识团队精神的基本内涵与重要意义。同时，还要充分发挥长期积淀下来的优良的学风、校风等因素的积极作用，对学生团队精神培育、人生目标规划、坚忍不拔性格的养成等产生潜移默化的影响。团队精神是衡量大学生综合素质的重要标志，只有具备较强的团队意识，才能在集体中与他人团结协作，真正发挥团队的强大合力，顺利完成团队承担的任务。二是将团队精神作为开展大学生健康心理教育过程中致力培养的一种重要品质。心理健康教育方法多来源于反反复复的心理实验，具有严谨性、系统性的特征，这种心理健康教育方法对大学生团队精神的培育具有积极推进作用，能够进一步增强他们的社会责任感与使命感。三是将团队精神培育融于校园文化发展中。高校校园文化作为一种积极向上的文化，在学生自我教育、自我发展中具有重要作用。要以团队精神培育为主体，组织开展多种多样的校园文化活动，塑造品牌与特色，充分发挥校园文化的辐射带动作用。

### 2. 大学生创业团队的特点

大学生创业团队是由大学生创业者组成的创业集体，除了具备大学生创业者的特点外，还具有作为一个创业集体的特点。

1）团队成员年轻

大学生创业团队一般本科生居多，硕士研究生次之，博士研究生最少。本科大学生一般在大二、大三开始创业，这时的年龄为19~21岁。年轻的他们有足够的时间去为了创业目标奔波、努力、奋斗。

2）团队充满活力

年轻就是活力的基础。除此之外，大学生创业者普遍具有强烈的创新意识，思维超前，善于突破既有藩篱，接受新鲜事物的能力较强，并且敢于实践、勇于创新，这更使得创业团队能够时刻保持活力。

3）团队成员更新迅速

大学生群体总体来说具有较高的责任心，也具有一定的团队意识。大学生创业团队创业初期，成员基于共同的创业理想而聚集到一起，这时是最具凝聚力的。然而大学生创业团队的人员流失率高也是一种普遍现象，很少有团队能够保持初创成员的统一。这主要受到客观条件影响，大学生创业者受到学业、毕业等情况影响较大，容易脱离团队。同时，如今的大学生个性鲜明，以自我为中心，意志力不够坚定，缺乏吃苦耐劳的精神，容易造成团队内耗。不过这种情况，也使大学生团队及时去芜存菁，持续更换新鲜血液，时刻充满活力。

### 3. 大学生创业团队的优势

大学生创业团队因为成员组成和所处环境而具有不少天然的优势，除了具备大学生创业者的优势外，还具有自己独特的优势，这是促动其快速发展的有效支撑。

1）年轻有激情

大学生创业团队都是由大学生创业者组成的，可以说年轻就是最好的资本，拥有更多的时间去探索。同时，年轻正是最为激情迸发的时段，大学生两者皆备。

2）人力资源丰富

高校学生数量多且都比较优秀，专业门类齐全能够培养多方面的知识技能，有志于创业的大学生数量较多，这是极其重要的人力资源，是大学生创业团队组建最重要的基础。

3）客户群体集中

大学生创业团队拥有最天然且集中的客户群体，本校大学生和教师，而这部分客户应该是最忠诚的客户。这就好比一块根据地，有了坚固的根据地才能更快地发展壮大。

4）社会关注度高

因为国家的重视和政策支持，各地政府和高校都高度重视和支持大学生创业团队的组建和发展。现在，这种情况已经发展为整个社会的普遍关注和赞许，无形中营造了良好的创业环境氛围。

**4. 大学生创业团队的劣势**

大学生创业团队虽然具有较多的优势，但是其劣势还是相当明显的，除了大学生创业者自身具备的劣势外，还另有一些团队劣势，并且形势相当严峻。

1）缺乏核心凝聚力

大学生创业团队的组建基于同学关系，成员都是有共同创业目标和激情的同学。在创业过程中，大学生自身的傲气和平等思想，容易使团队成员之间互不服气、自以为是，造成团队凝聚力欠缺，思想不统一，很容易导致团队的解体与重建，浪费大量的时间和精力。

2）管理能力不足

由于社会经验的先天不足，大学生创业团队在团队管理、企业化管理、市场管理等方面存在严重的能力不足。对于大学生创业团队来说，无论是团队成员分工安排、工作统筹，还是创业资源的使用管理，或是研发项目的阶段性管理，还是客户资源的维护，都因管理经验的不足而举步维艰，导致创业难以为继，只能寻求转型或谋求其他出路。

3）专业知识和技能缺乏

大学生创业团队多是志趣相投的同学组建而成。他们满腔热血，一拍即合，看准一个创业项目就迅速行动。然而却忽视了创业和创业项目所需的专业知识和技能，包括拟从事行业的相关知识，创办企业所需的相关知识。

4）人员结构容易失衡

大学生创业团队成员间大部分是熟悉的同学关系，特别容易使团队成员集中在同一个学院，甚至同一个年级、班级。这样无论在知识、技能，还是经验、能力上都难以实现差异性，专业互补性不强。

5）团队抗压性不强

大学生创业是一条起步艰难且漫长曲折的道路。大学生创业团队成员基本都是激情导向型，他们凭借一腔热血投身创业，往往缺乏对风险的预见能力和抵御风险的能力，对困难认识不足、重视不够，极易受挫，一旦受挫往往灰心丧气，自我否定。

6）团队规章制度建设滞后

大学生创业团队成员都是志趣相投的同学，往往在前期谈感情不谈规则，谈自觉不谈制度，没有明确清晰的分工和职责，更没有完善可执行的规章制度。这样持续下来，极易造成团队成员之间“扯皮”，创业发展陷入团队内部自耗，极大降低团队的发展效能。

#### 5. 大学生创业团队发展策略

清楚了大学生创业的特点和优劣势，那么完善的大学生创业团队的发展策略就显得尤为重要。

1）注重团队共同理念和愿景的培养从而形成统一目标

共同的理念、愿景和统一的目标是形成核心凝聚力的基础，可以有效团结各成员，解决团队成员价值观念和认识不一致的问题，这也是创业成功的意识基础。在一致的思想认识的基础上，创业团队才能基于目标进行合适的创业规划，合理进行成员分工，明确成员创业责任和义务，才能进行下一步的创业行动。同时，在统一的团队目标下，各成员才能够行动一致，形成合力，使创业团队高效运转。因此，大学生创业团队的发展要首先培育团队共同的理念和愿景，统一团队目标，并为之不懈努力。

2）注重人员互补

大学生创业团队组建的起始就要考虑成员之间的知识、经济能力和资源的互补性。不同专业背景的同学会带来不同的解决问题的方法和思路，能够有效开阔创业视野，形成差异性的创新发展。

3）加强团队管理

大学生创业团队由于其成员的特殊性，往往会在自我管理上存在问题，容易造成人浮于事，互相推托，执行落实差等问题。加强团队管理就是要强化团队内部管理，形成合理有序的团队管理制度，提升团队的责任意识，提高团队执行力。同时，要密切注意原始资源的管理。大学生创业团队资源有限，不容浪费，所以对于原始资源的管理很重要，必须形成严格的监管机制。

4）注重科学合理的团队利润分配

大学生创业团队组建初期，由于存在感情制约、管理缺乏、制度缺失和基本无利润等情况，因而根本意识不到利润分配的重要性。随着创业渐入佳境，利润增多，分配问题也就凸显出来。不少团队按照平均分配或者按投资分配的方式进行利润分配，而忽略了成员个体作用发挥的优劣和贡献的大小，以及后续发展资金的储备，极易造成团队成员心理失衡，有能力者期望退伙单干，能力稍差者期望安于现状，不思进取。长此以往，创业团队的效能低下，创业发展势头也会逐步慢下来，极有可能造成创业团队的解散和创业失败。所以，利益分配的合理性和公平性对大学生创业团队的作用至关重要。

5）掌握好专业学习与团队创业之间的平衡关系

一个人的时间和精力是有限的，不可因为创业激情的投入而影响自己大学期间的学习目标，甚至影响学业。要有效安排大学期间的课程学习时间，处理好创业团队活动与大学学业间的关系。很多在校大学生因为创业的激情忽略了大学期间的学习任务目标，导致了大量的课程重修，甚至影响到自己能否顺利毕业。因此，创业团队每个成员需要有足够完成学业的学习时间，只有在保证学业良好的前提下，每一位成员才能在创业道路上走得更远。

6）创建学习型创业团队

学习型创业团队的建设是保障创业团队适应时代发展的要求，提升创新创业能力的必然保障。大学生创业团队首先应制定合理的学习制度，保障每个成员都能够提升学习的意识和自觉性，积极地参与其中，不仅要学好业务知识，还要提升自身能力。其次，应该强化两方面的合作交流：一是团队内部的合作交流，共同研讨所遇到的问题，探索创新思路；二是加强与同行者的合作交流，不断拓展创业的广度和深度。持续学习才能不断提高整个团队的战斗力，这是保证创业成功的重要因素。

### 延伸阅读 3-4 组织应保护揭发者吗？

当你发现你的老板或整个组织正在实施非道德行为的时候，你怎么办？

对组织的忠诚要求你对不道德及违法行为不能视而不见，但是，揭露不道德行为，会使管理者陷入难堪的境地并动摇他们的权力，在这样的组织中，揭露内幕可能意味着一个人的工作或全部生涯面临危险的境地。

对揭发内幕，你的看法如何？假如它威胁到你的职位，你还愿意揭发吗？

### 案例分析 新锐秀导黄喆

黄喆，男，现任成都时代星锐文化传播有限公司总经理。

1. 叛逆期艺术之路

黄喆从小非常调皮，并且有一段时间沉迷于网络游戏，初中开始后文化课成绩直线下降，父母试了很多方法都似乎成效不佳。为了让黄喆戒掉网瘾，同时又能学习一技之长，父母决定让他进行书法和绘画的学习。除了完成学校的基础文化课，每天还要背着画板。虽然压力很大，但他最终还是顺从了父母的意愿，认真学习素描及色彩，渐渐地，黄喆开始喜欢自己是“艺术生”这个标签，他也意外地感受到绘画似乎能够成为他情绪的表达、情感的寄托，并且能把他所见所想的事物通过画笔表现出来，这个过程虽然辛苦但又非常奇妙。凭借他自己的坚持与努力，在艺考时他如愿考取了某学院戏剧影视美术设计系戏美专业。

2. 成功不会辜负每一份付出

进入大学后，黄喆就像刚一个新生儿一样，对大学里的一切都充满好奇，在大学期间报名参加了学生会、大学生艺术团模特队，认识了很多其他专业的朋友和老师，不仅顺利完成自己的专业学习，还锻炼了综合能力。在老师和同学们对他的鼓励和认可下，他凭借1.90 m的身高和艺术气质，在大二时选修服装表演专业作为自己的第二专业。起初的喜欢没多久就成为现实的忙碌，本来戏剧影视美术的课程就已经非常饱和，而且是美术设计类的学习，但第二专业是表演类学习，专业跨度之大、难度之高、要求之苛刻，这些都是黄喆未曾想到的。选修双专业后的他感觉到，别的同学能拥有那么多空闲时间，而他自己几乎每天都是从早到晚在上课或者训练，也曾想过放弃，甚至父母在此时也曾质疑他的选择，到底第二专业的学习会不会影响他的主专业？会不会连大学基本的课业要求都完成不了？

在一片质疑声中黄喆硬是坚持了下来，从大一的专注到大二的忙碌，再到大三的初见成效，到大四时黄喆已经成长为一名影视美术功底扎实、设计能力突出、T台表现专业、具备多项比赛经验实力的影视美术设计师及服装表演者。黄喆在四年的学习和训练过程中不断进取，不懈努力，不仅外形更加时尚健硕，内在也更加充实丰富。他深刻地体会到，两个专业虽然属于台前与幕后的两种方向，但在成功的道路上前进的方向是一样的，付诸努力的行动也是一样的。

大学几年的学习和生活，给黄喆带来的不仅仅是学业的进步，更多的是综合能力的提升，正是因为这个多样化的平台，开拓了他丰富的人生视角，也为他毕业后的创业打下了基础。

### 3. 创业阶段的坎坷

毕业时黄喆家人一致认为他应该回老家兰州发展。从一开始黄喆就是抵触的，因为在他看来，毕业走入社会的男人不应该一辈子坐在办公室安安分分地干着日复一日的重复动作，那样的话，大学所学习的专业知识和积累的丰富艺术能力也许再也没有可发挥的空间，年轻人应该趁自己年轻时多走出去闯一闯。

于是，他跟家人有了一个“两年之约”，他想在成都凭着自己的努力做自己喜欢的事业，两年后看成果如何，如果那时候失败了再考虑回家就业。在与父母的不断沟通下，父母看他心意已决，便同意了这个“两年之约”。

毕业刚走出校门黄喆找到的是一份传媒公司的工作，虽然是第一份工作，但对于有着四年在校学习和丰富社会实践经验的黄喆来说如鱼得水，无论是公司还是客户都对他赞赏有加。经过一段时间的锻炼后，黄喆并没有沉浸在安稳平顺的工作中，他开始不断反思自己，并且向自己发问，这是否就是自己最终的选择？最终发自内心的回答告诉他，这并不是他想要的事业，他还需要再次踏上选择和进取的道路。在这样的决定下，黄喆开始了他的第一次创业，听取了家人和朋友的建议开办了一家舞蹈培训班，生平头一次的创业让他做任何事都充满了未知和迷茫，很多决定分不清是对还是错，创业的过程基本都是自己去摸索，去实践。大学里忙碌的学习让黄喆在创业期间也保持了很好的工作状态和习惯，每天早出晚归，自己拟定各种规章制度、员工守则，自己编写教学教案、课程表，自己负责市场营销及招生工作……每天晚上不仅要忙到很晚，而且常常会因为各种事情失眠，等到突然发现自己竟然长出了几根白发，才意识到创业原来是这么不容易。

黄喆本以为自己付出就能获得回报，但对于初次创业的他来讲，资金不够、规模不大、没有专业的销售和招生人员等各种因素，都成了他创业路上没有预料到的“拦路虎”。一年左右时，培训班就没有再盈利了，此时又一个选择题摆在了黄喆面前，是继续还是放弃？

深思熟虑之后，黄喆总结了自己的不足，本来舞蹈就不是他的强项，仅仅因为利润预期而选择的行业离他自己擅长的领域真的还是有很大距离的，也导致了他对行业认知不足、后续无力。他决定放弃这个苦心经营一年的培训班，重拾自己擅长的领域，从头再来。

一次偶然的机会黄喆看到某培训机构在招聘少儿模特教师，凭借在大学第二专业服装表演优异的成绩，一节试课后，即刻被录用。课程安排为一天9小时，每个小时带一个班级，中间没有休息时间，超乎寻常的工作量让他每天晚上下课后回到家就瘫在床上。虽然工作真的很累但他却异常喜欢这份工作。

而且通过模特课程的教学，黄喆总结教学经验，认识到儿童模特课程与成人模特课程的差别，总结出对于儿童来说，培养他们对T 台展示的兴趣、童真、敢于展示自己才更加重要。他的每节课都严格要求自己的教学质量，做到不仅对孩子们负责，还尽力让每个孩子都能接受自己和这门全新的课程，最终让家长也对自己认可。但是就在他自己觉得这份工作得心应手之时，公司的经营却变得困难，甚至拖欠了黄喆三个月的工资，又一次的打击对于黄喆来说，无疑使他对未来人生都开始怀疑了。很长一段时间他不急于再找工作，而是冷静下来思考并对自己的未来人生进行规划，深度剖析自己到底喜欢什么擅长什么，做什么既能持之以恒又可以成为自己未来的事业。还是听父母的话回老家工作呢？

4. 打工不如自己干！

自己创业做自己喜欢的事情，做自己拿手的事情。

伴随着困难与阻力，开始了第二次创业。黄喆成立了成都时代星锐文化传播有限公司，主要经营包括：公关活动策划、演员经纪人服务、商业演出等。因为这些业务不仅是自己喜爱的，更是这些年来积累经验后自己擅长的行业，从公司创办开始业务就做得比较顺利。因为是擅长的领域，在外出的业务洽谈、活动策划、表演编排以及后期的维护和跟进方面，黄喆不仅表现出了极大的工作热情，更是展示沟通力强、综合能力强、实践能力强的诸多特点。他的客户源源不断，不仅有了很多客户朋友，更是获得了很多行业的认可及支持，拿到了多家长期合作的大客户，其中不乏像万达这样的高端客户。

这个过程既艰辛又宝贵，最初的公司就只有黄喆一个光杆司令，发展到现在公司已经有员工20多人，年营业额高达百万元。创业的背后饱含着黄喆的毅力与恒心，所以他给自己定了一个长期目标：①自己喜欢的事情一定要坚持下去；②发展出自己的行业优势，做别人做不了的，做跟别人不一样的创新行业；③用自己的专业精神打动客户，获得行业认同。

5. 创业心得

曾经创业失败的经历，让黄喆体会到更多的社会感悟，不仅获取了很多书本上学不到的经验教训，更有了比以前坚韧的创业精神。黄喆带领着公司的员工，共发展共进退，在四川各大活动现场经常能看到他忙碌的身影。作为一名幕后工作者，他把每次活动都做到极致，不仅让客户满意也让自己满意，不留人生遗憾。每次活动现场把最完美的效果呈现给观众是黄喆的工作宗旨，每一次幕后比台前多付出几倍的努力，很多次活动过程都忘记吃饭，回到家已凌晨，但他坦言这就是他喜欢的职业。公司的利润一年比一年多，而且规模也一年比一年大。他认为当初选择喜欢的大学是正确的，选择喜欢的专业是正确的，毕业后选择自我创业也是正确的。他并不认为目前是他最成功的时候，在创业这条路上，他还有更多知识要学，还有更值得的风景去领略，未来一定会更好。

案例启示：

从黄喆的创业过程中，我们可以看到：

在大学期间一定要确定自己喜欢和擅长的事情，并且努力将这份喜好专注到能够当作一份事业的程度。不要把上大学的目的定义为拿毕业证、学位证，毕业后一心只依靠家里人生活的话，那大学你又学到了什么呢？我们一直讲青年要自强自立，首先就要从择业、就业能力开始。

创业初期要有敢想、敢做、敢吃苦的精神，不要去做与同类行业过于类似的项目，争取做出自己的行业特色。

创业初期给自己制定一个两年目标，如果两年中的创业一直是无利润并亏本，这时就要慎重考虑是否要另寻出路，因为时间是最可贵的。

（资料来源：编者依据网络资料改写）

## 小　结

本章主要探讨了创业者和创业团队，成为一名创业者或者组建一个创业团队比较容易，但是成功需要经历磨炼和考验。知识学习是重要的一环，是创业成功的基础，但是切忌纸上谈兵，应积极投身实践，从实践中摸索经验，印证知识，探索发现成功路径。

创业者是人与创业机会的有机结合，创业者要注重自身能力培养、提升和预期效果的达成。

创业团队是团队与创业机会的有机结合，创业团队的组建和发展过程要注重独特性、多样性和层次性。

创业是综合性、差异性很强的实践活动，每个创业实践都是系统工程，但又各具特色，风格各异，正如每个人的幸福都是如此甜蜜，但是幸福的内容却又是千差万别的。

## 思 考 题

1. 如何寻找创业机遇？
2. 如何提升创业者应具有的素质和能力？
3. 如何带领一支创业团队走向成功？
4. 如何构建团队的契约纽带？
5. 创新型人才的内涵与特征有哪些？
6. 结合当前时代发展，谈谈如何理解企业家精神？
7. “团队”与“组织群体”有什么不同？
8. 创业团队的生命周期包含哪些过程？
9. 创业团队组建需要具备的四要素有哪些？
10. 创业团队的管理技巧和策略有哪些？

# 第4章　商业机会

## 本章导读

本章由三节组成，内容包括创业机会识别、商业模式设计、商业风险评估与规避。

第一节阐述了创业机会的定义、创业机会的特征、创业机会的来源、识别商业机会的方法；第二节阐述了商业模式的概念、商业模式的定义、商业模式的架构、“互联网+”商业模式、成功的商业模式、商业模式的设计步骤等内容；第三节阐述了创业风险、创业风险类别、创业风险识别过程、创业风险识别方法以及来自创业者团队的风险等内容。

## 学习目标

学习完本章后，应该达到以下目标：

◆ 了解创业机会的特征及主要类型，掌握识别创业机会的方法。

◆ 理解识别创业机会的评价标准及评价方法。

◆ 理解由创业机会开发成为商业模式的基本路径和商业模式的概念、构成和形成过程，掌握商业模式设计的思路和方法。

◆ 了解创业风险的特征及主要类型，掌握创业风险管理的流程、方法和策略。

◆ 掌握商业画布的使用，掌握商业模式创新的逻辑与策略。

## 导入案例

### 时尚设计师吕宫子

吕宫子（艺名，原名吕晓贵），GZTstudio 宫泽堂培训机构 CEO 创始人。成功举办全国个人 500 人化妆造型公开课达 20 余场。

他自2013年从大学毕业之后又进修于 MAKEUP FOR EVER ACADEMY，以优异的成绩毕业后进入化妆行业就业，获得了以下成果：担任 ZFC 彩妆品牌成都代言人及特邀导师、历届上海国际样片造型师、CHANEL 成都特邀造型师、中国十佳化妆造型师、重庆及成都化妆联盟发起人、中韩美妆形象大使；与《ELLE》《WFD》《BOOS》《1626》《时尚先生》《时尚健康》《薇薇新娘》等媒体合作；与黄贯中（BEYOND乐队）、郁可唯、郭采洁、谭维维、江映蓉等艺人合作。

#### 1. 平凡人生与化妆专业的奇妙邂逅

吕晓贵从小生活在古城西安，在这座历史文化积淀深厚的北方城市长大的他文雅安静，小学就跟随西安美院的老师学习美术，具备深厚的美术功底，也为他在以后的艺术探索之路奠定了坚实的基础。

在他看来，他的艺术之路纯属偶然。到现在他还清晰地记得，读三年级的时候，有一天美术课老师让同学们随意作画，那时的他对绘画没什么概念，而且见识得也少，就随手画了一个玉米，他今天还记得那时的美术本比A4纸尺寸还小一半，家里也没有专用的蜡笔、水彩笔之类的东西。但恰好那天同桌带着水彩笔，吕晓贵就借来一用，自己凭着想象画了一个快要把本子撑满了的大玉米。时间已过去20年，虽然其他记忆都渐渐模糊，但他始终记得把画交给老师时，老师满满的赞美和表扬，并且让他脸红羞涩……吕晓贵从小学习并不出众，甚至没有因为学习受到过表扬，有时语文、数学成绩加起来都不及格，而这突如其来的表扬就如同久旱时天空中的一声响雷，让吕晓贵欣喜若狂并且明晰了一些方向。

他有着天生爱表现的特质。从那次老师的鼓励之后，吕晓贵非常期盼每周的美术课，也只有上美术课时他自己的天性才能被解放，并且寻找到存在感，而他自己也格外努力，练习得越多，画得也越好。

在家长和老师发现了他的艺术潜力时，不仅没有压抑，反而还提供空间，让他任意发挥。学校里的美术活动及黑板报都交给他来完成，而他父亲也将他送入西安美院的专业老师处进行更加系统和完善的艺术学习。于是，吕晓贵就更加用功地学习和探索艺术的深层次。

在高考后选择学校时，吕晓贵也曾有很多选择，但他通过多方面的考虑和调研，毫不犹豫地选择了学习戏剧影视美术。努力之后终于被喜欢的学校录取，开始了更高层次的艺术学习。

### 2. 人生总会有一点遗憾

大学的学习固然有所收获，但也有遗憾。从迫不及待地踏入大学而后又虚度光阴，吕晓贵感触颇深。读大学的时候总觉得不喜欢这个老师不喜欢那个老师，每次上课点到后就走，如今想起来他真是后悔不已。在学校的时候总觉得这个不用学、那个以后用不到，而当真正踏入社会的时候，需要从最简单的基础发型修剪开始，才发觉学校里教的基础知识要么都忘记了，要么就是当时不认真，没有学透彻。

还记得刚出来工作的时候，艺人需要戴假发，让吕晓贵帮助修剪一下，此时的吕晓贵手足无措，不单因为技术不过硬心里充满了胆怯，也因为那顶假发很贵，如果因为自己的技术不过关而剪毁了，那么他一个月工资就没有了。内心沉重地考量了一番，他还是硬着头皮剪下了第一剪，就这样用自己所学的知识一剪一剪地做造型，过程漫长且慎重，足足修了两个小时才达到一个较好的效果。他坦言那顶发套幸好是用来拍照，不用放大细节，所以没有出什么大问题，而且打了发蜡发胶之后拍照效果还不错，但吕晓贵的内心却是沉重、复杂的，之前在学校上发型课的时候，因为他认为将来自己又不是洗剪吹的理发师，为什么要学剪头发，就没有好好上课，以至于现在要背负这么大的心理压力来面对自己步入社会后真正的工作，现在想起来还很后悔。

2018年5月，吕晓贵意识到自己的知识储备明显不足，坚定地停课并且花两万多元的学费去进修服装设计。很多年没有摸过缝纫机，但他还是对服装有无限向往和激情，而且因为大学里服装设计制作的基础知识还没有忘记，虽然手是生了点，但因为市面上总是找不到他自己需要而又有设计感、有质感的专业服装，对艺术追求完美的他就只能亲自制作。创作对于他来说就是一种享受，总是整节课都不会走神，他感受到更多的灵感和知识如流水般淌进自己的血液和思想中去。他说工作的时候他的状态最投入、最饱满。

对于吕晓贵的专业化妆造型，他在对待自己的强项方面总有一股傲娇和强势，甚至有一种非我莫属的拼劲，不允许自己落后和不完美，所以他对自己专业的标准不仅高于身边的朋友，甚至还要高于化妆行业的某些要求和标准，用“严苛”的艺术标准来形容他一点都不为过。就在刚刚毕业，吕晓贵整整失眠了2个月，以至于要靠医生给他 开助眠药来睡觉，比较早熟的他对于自己的未来有太多要求和想法，也存在太多不解和彷徨。出身贫寒却让自己包裹着坚强的外衣，父母的辛苦让他分外努力，而这种感觉只会在毕业的时候有。吕晓贵又是一个略带孤僻的人，每天想着如何找工作，做什么工作……压力太大就更加睡不着。后来，他意识到等待和焦虑解决不了问题，主动出击才是解决问题的最好办法。

一次偶然的机会，吕晓贵得到一家工作室的面试，整理好各种资料就去面试，他从出校门就没有正式从业过，但当时也不知道自己哪来那么大的勇气就直接面试化妆师。按照惯例，化妆师应该先从基本的助理开始做起，并且需要一个阶段的学习和熟悉流程之后才能真正胜任，但吕晓贵经过简短的交流和理念沟通之后，对方确定了一个时间段让他尽快完成样片。吕晓贵内心如波浪翻滚，“样片”对于一个没有工作经验的人来说应该怎么做？

好在他艺术理念比较开阔，胆子大，马上回学校翻阅各种资料。用几天时间完成了 3 个造型，拍完样片的时候他还在想用人单位会不会满意呢？结果努力没有白费，递上样片的第二天就接到了录用电话。意料之外又似乎是情理之中，吕晓贵自此真正踏入了化妆师这个行业。

### 3. 创业之路

在做了化妆造型师之后，吕晓贵在工作上遇到很多困难和不易，任职的那家工作室也因为股东原因解散。后来他就去其他公司就职，但由于各种原因不断离职。在最后的一份工作中，吕晓贵已做到了总监，但公司还是因为运营不好倒闭了，甚至还拖欠了工资。他休息了半个月，正在此时，之前一起工作的很多同行都询问能不能跟着吕晓贵学习专业知识，或者推荐别的学员来学习。

这如同开启了吕晓贵一扇新行业的大门，“做化妆专业培训”的思想在他的脑子里一直打转。几经思考，在对市场精准调研和对受众学生的需求进行详细了解之后，吕晓贵决定创业了。

刚开始吕晓贵自己一个人完成了前期的场地、策划、文案等工作，并且做了前期的宣传资料，开始投放广告。准备开始开门营业时，有三个朋友提出能否一起加入并且投入更多的资金扩大规模。吕晓贵经过深思熟虑，从公司今后的发展和影响力出发，推翻了之前已经确定的很多东西，考虑到人多力量大的优势，跟朋友们重新筹备并完善，4 个人筹集了几十万元，选位置、做装修、做策划等，为了预算，甚至自己动手完成一些不属于自己专业的工作。这个起步的过程虽然艰辛但却充实真切，让他学习到了更多专业以外的综合知识。

还记得他带的第一批学生只有 4 个人，因为缺少培训经验，所以课程规划上还有很多不足，生怕学生没有学到东西。但通过摸索和总结，不断调整教学模式和内容，渐渐地，学生的好评越来越多，这给予了吕晓贵力量和勇气，而且吕晓贵也成了业内小有名气的“吕宫子”。学生人数越来越多，“GZTstudio 宫泽堂”培训计划在西南地区也越来越有名气。

但凡事总有意外，就在公司走上坡路的期间，吕晓贵盲目投资了一个摄影基地，结果亏损了 45 万元，这笔钱对于起步不久的创业团队来说，是经过了多少努力和汗水才积攒起来的，就这样打了水漂，那种郁闷和懊恼可想而知。更糟糕的事接踵而来，工作室因为某些原因必须要换地方，这接二连三的问题都需要资金。窘迫的吕晓贵此时只能硬着头皮向家里要了一部分资金，重新找了一个具有工业风格的创意园区，在里面找到一个独院扎根。这一次的重创让他更加谨慎和客观，懂得了创业不仅要大刀阔斧，还必须审时度势。

目前公司有来自全国各省的学生，省份基本上都能布满中国的版图，每年开展全国巡回讲座，每场有300~500人的公开课在2017 年就达到了20余场，而“吕宫子”的名气在国内平面造型圈也越来越大，他很庆幸自己一直在坚持。

吕晓贵常常对自己说：人生最宝贵的是生命、时间，人生最好的导师是自己。他经常想起一句话：你是什么样的人，你身边就是什么样的人。这句话一直在他心里激励着他，向着更好的生活、更好的圈子努力和进取，并且他也常对学生说：“人往高处走水往低处流，所以要好好珍惜当下，努力将来。”

4. 创业心得

1）懊悔过去

对于吕晓贵来说，最抱歉的是他曾经的各位老师，当自己真的站到老师的位子上才知道生活的不易，教案、资料、课程开发的难度。一切背后的努力都是常人不能察觉的，遇到钻牛角尖的学生也要耐心地教育。有句话说：你知道我做了什么，却不知道我经历了什么。当你的努力和用心都不曾被发现和理解的时候，心中对老师充满了懊悔。他总在思考用什么样的方式去引导学生才不会觉得枯燥，多了一份对职业的担当。每次公司在做回访的时候都是全国各地学生对他的称赞，这一点让他倍感欣慰。

他还学会“尊重”他人、尊重自己，他常给学生说不要去评价你身边的任何一个人，因为我们没有去评论别人的资格，每个人都同样平等，每个人身上都有值得学习的地方，做到勇于接纳和理解，这样你才会理解成功的人为什么成功。他教导学生努力去听各种老师的课，再去寻找自己，做独一无二的自己。

2）自己的未来

未来总是给予努力的人很多惊喜，他是一个只要自己觉得对的事情就会努力去做的人，那么在这种情况下，身边的人也会和你一样，包括员工。他常常跟员工说不要问为什么，任何东西只看结果，因为只有经历的人才知道，这一笔财富只有努力做的人才会得到。

吕晓贵未来想做的事情很多，但要做真实的自己，做一个不忘初心的自己。未来要回报母校，回报父母……办一场自己的个人彩妆发布会也是他多年来的梦想，当初创业的梦想是两年，结果在第三年实现了，办发布会的梦想已经有几年了，总有一天会实现。未来需要自己不断去努力、去创造，人生没有捷径。

3）未来的你们

未来的新鲜血液一定要不忘初衷，满怀感恩！这句话可能在普通人看来很一般，当你经历无数风雨洗礼，你才会理解这句话的深刻含义，请善待万物。

（资料来源：编者依据网络资料改写）

**案例启示：**

通过吕晓贵的案例，我们可以看到：

感同身受地去体会在校期间老师的良苦用心。也许在学校的学习期间同学们有所怠慢和松懈，但老师的高标准严要求依然是为同学们奠定坚实基础的第一步。吕晓贵明显地形成了两种鲜明的心态，从在校的漠然到出校门后自己换位思考后的理解与感动，这也是他作为创业者的成长。

不要停止学习的步伐。创业是一项漫长和艰辛的历程，而不断地学习和充实自己是对创业的实力补充。在校期间的知识不足以支撑创业的各项要求，而适时地坚持学习，才是对于青年创业者的最基本要求。

面对创业局面僵持不下之时，及时寻求学校、家长与朋友的帮助，这并不是意味着妥协与失败。对于青年创业者，创业的过程中会面对很多问题，而很多问题不一定依靠一己之力就能解决，适时地寻求支持，甚至是能够听取他人的意见，也是走向成功的关键。创业不是一意孤行，创业更应该携手同行。

## 4.1　创业机会识别

### 4.1.1　创业机会的内涵与定义

纽约大学教授柯兹纳指出，创业机会是未明确市场需求或未充分使用的资源或能力，它不同于有利可图的商业机会，其特点是发现甚至创造新的手段—目的。手段—目的理论认为，顾客在购买产品和服务时，其出发点是实现一定的价值，为了实现这一价值需要取得一定的利益，为了实现这一利益需要购买一定的产品和服务；从而形成了一个手段—目的链，即产品属性—产品利益—个人价值关系来实现创业收益，促进“产品、服务、原材料或组织方式”有极大的革新和效率的提高，且具有持续创造超额经济利润或者价值的潜力。创业机会一般是狭义的机会，是创业者有产业知识和能力可以利用的，同时也是竞争者不积极、不知道、被隔离而不能利用的，可以合作利用的机会。广义的机会要有产品差异来源和市场需求，产品差异来源于异质的资源。机会中存在低度利用的资源和整合资源产生新产品新服务的可能，未完全利用的差异性资源和未满足的市场需求构成了机会，不一定是创业机会，它可能是对既有竞争者、创业者、潜在进入者开放的机会。创业的根本目的是满足顾客需求，即创业机会。

任何一个成功的公司或者企业，都源于一个创业点子。而创业点子的提出，建立在创业者发现创业机会之上。“创业研究之父”蒂蒙斯教授认为，创业机会指的是尚未明确的市场需求或者未能得到充分利用的资源及能力。也有其他学者认为，创业机会是指在新的市场背景（包括技术、经济、政治、社会、人口等）、新的产品或者两者关系的形成过程中，通过创造性地整合资源来满足市场需求并传递价值，是一个不断被发现或创造的动态发展过程。

### 4.1.2　创业机会的特征

创业机会的特征是商业投资价值的潜在机会的标志。那些能够描述创业机会的独特标志，才是创业者真正应该把握的创业机会本质。机会的特征是影响创业者是否对之进行评价的基本因素。

创业机会的特征包括：

1. 客观性和偶然性

创业机会是客观的，无论创业者是否意识到，它都会客观地存在于一定的市场环境之中；创业机会又是偶然的，它并不是每时每刻都显露，它的发现具有一定偶然性，关键是创业者要努力寻找，从市场环境变化的必然规律中预测和寻找创业机会。

2. 时效性和不确定性

创业机会具有时效性。如果不能及时捕捉，就会丧失机会。创业机会还具有不确定性。在一定范围内，创业机会随着环境的变化而产生，并随着时间的推移而减弱或消失，甚至演变为威胁，创业机会利用的结果难以预料。

3. 均等性和差异性

创业机会在一定范围内对同类新企业是均等的，但不同新企业对同一创业机会的认识会有差别。由于创业者的素质和能力不同，利用同一创业机会获益的可能性和大小也会产生差异。另外，对一类新企业来说是创业机会的环境变化，对于其他新企业则可能构成环境威胁。创业机会与商业机会之间并不存在鲜明的界限，创业机会强调独有的价值或者利润创造，具有创新性、变革性。

在创业过程中，我们无须刻意去区分创业机会与商业机会，也并非只有把握创业机会才能创业，很多创业机会往往源于某个或某些具有巨大价值创造潜力的商业机会。商业机会的层次包括可能的、可行的和可实现的，是递进的关系。可能的商业机会在市场中寻找，可行的商业机会匹配于资源整合能力，可实现的商业机会，主要是和你的团队优劣有关。是否是好的创业机会，主要看产品好不好、市场大不大、团队配合不配合和收益可观不可观。

### 4.1.3　创业机会来源

机会起源于改变。上游供应商、厂商内部、竞争者内部、下游顾客和渠道商的因素改变，技术因素、方式方法的改变都可能产生机会。上游供应商的要素改变产生差异性新组件、新原料，可产生新产品；技术进步，产生了新技术、设备，可改善企业运营。下游需求改变，可以产生新需求。市场中，不是任何改变形成的机会都能成为创业机会。因为创业机会是多个因素共同构成的，一组因素包含产生新要素的上游因素改变，产生新需求的下游因素改变，以及产生互补厂商的因素，共同形成了创业机会。

1. 市场约束变革视角的机会

创业机会大都产生于不断变化的市场环境，环境变了，市场需求、市场结构必然发生变化。这种变化主要来自于产业结构的变动、消费结构的升级、城市化的加速、消费观念与价值观的变化、政府政策的变化、人口结构的变化、居民收入水平的提高、全球化趋势等方面。创业者要重点关注以下方面：

1）政策变化

政府利用经济、法律和行政手段调节市场是为了弥补市场不足，促进市场经济发展。每次政策的变革和后续政策的出台，都会催生众多的创业机会。例如，政府放松某一行业的进入门槛，就使部分创业者利用自身掌握的资源优势顺利地进入该行业，抢占商机；政府一系列创业优惠政策的颁布，为创业者减少市场进入障碍；还有定价制度改革、企业产权改制、金融领域市场化等政策的预见性，为创业者经营提供了决策前提，有利于形成先行优势。

2）环境资源变化

环境（宏观和微观）变化是创业机会的重要来源。在这个“唯一能够确定的就是不确定性”的复杂动态商业环境中，蕴藏着“变化”的机会。环境包括政策环境和资源环境。例如产业结构调整、技术变革、土地制约、生态制约以及能源供应的紧缺引发的变化等。

3）新消费升级

企业存在的根本目的是为顾客创造价值，成功的创业者总能敏锐地感知社会大众的需求变化，并能够从中捕捉到市场机会。一方面消费潮流的变化，出现了市场机会；另一方面根据消费者的心理，通过产品和服务的创新，引导需求并满足需求，可以创造一个全新的市场。顾客想要解决的问题、生活中的“痛点”、新的消费升级，这些都将催生新的创业机会。另外，新型服务发展将促进第三产业的发展，它的发展为创业者尤其中小企业的创业者提供了广阔的空间。

4）产业与企业变革

随着改革深入，民营中小企业除了涉足制造业、商贸餐饮服务业、房地产等传统业务领域外，将逐步涉及战略新型产业、互联网产业、与工业 4.0 和中国制造 2025相关的有更多创业机会的产业领域；同时，国有企业的战略重组、传统产业+互联网、互联网+平台企业对产业生态的重构，以及企业管理变革，都会产生很多创业机会。在互联网和全球化的时代，成功整合全球产业智慧的企业才能更成功。

5）竞争催生

在市场竞争过程中，如果能够针对竞争对手的不足，将自己的优势充分发挥出来或者采取差异化的产品或者服务方案，为顾客提供更具价值的产品或者服务，就找到了竞争中“缝隙”的创业机会。另外，市场限制对企业是威胁，如果采取逆向思维，突破限制，可能也是一种商业机会。

**2. 新技术、新产品与新运营视角的机会**

技术变革创造了新产品、新服务和新业态，更好地满足了顾客需求，同时也带来了创业机会。创业者需重点关注以下情况：

1）新产品与新技术应用

创新科技应用可能改变人们的工作和生活方式，创造新的产品，产生新的创业或商业机会。每一个发明创造，每一次技术革命，通常都会带来具有变革性、超额价值的新产品和新服务，能更好地满足顾客的需求，伴随而来的则是创业机会。一方面创新变革者凭借积累的技术优势、创新能力，发现和创造创业机会；另一方面即使不是变革者，只要善于发现机会，同样可以抓住创业机会成为受益者。如通信技术的发展、互联网的出现，改变了人们工作、生活、交友的方式，带来了互联网平台的创业机会。创业机会是上游出现新要素与下游顾客需求改变产生新需求类型形成的机会，同时是竞争者不积极利用，创业者有知识与能力能够利用的机会。Shane研究了一项实验室的新技术产生后，创业者的先前知识与创业机会之间的关系，得出以下结论：一项新技术产生后，存在一系列应用的市场机会，但它们是不明显的；机会的发现是相对于人所拥有的特殊（不同）时空知识；创业者将只发现与他先前的产业特殊知识有关的机会，并且没有积极地寻找他们；此项技术与创业者的先前产业特殊知识是互补的；潜在创业者关于市场的先前知识，影响他们发现应进入哪个市场以利用新技术。

2）产业变革与新商业模式运用

新工业革命、新技术革命的影响、互联网等新一代信息技术的应用，涌现了“四新经济”，即“新技术、新产业、新业态、新模式”的经济形态。在新一代信息技术革命、新工业革命以及制造业与服务业融合发展的背景下，以市场需求为根本导向，以技术创新、应用创新、商业模式创新为内核的且相互融合的新型经济形态以及对资源的整合，出现大量的创业机会。创业者为上游供应商提供零组件需求，为下游目标顾客提供满足其需要的产品。创业者也可以从服务上游与下游中获得利润。产业结构洞从另一方面揭露出，创业与差异化的本质就是做出新企业的新价值活动与新产品，填补产业链中的一个结构洞，即填补一个空白的或未填满的市场，一个市场空隙，符合“在市场空白处创业”的商业逻辑。

### 4.1.4 创业机会识别过程

#### 1. 机会搜寻

创业者对整个经济系统中可能的创意展开搜索，如果创业者意识到某一创意可能是潜在的商业机会，具有潜在的发展价值，就进入机会识别的下一阶段。

#### 2. 机会筛选

相对整体意义上的机会识别过程，这里的机会识别应当是狭义上的识别，即从创意中筛选合适的机会。通过对整体的市场环境，以及一般的行业分析来判断该机会是否在广泛意义上属于有利的商业机会；同时，考察这一机会对于特定的创业者和投资者来说是否有价值。

#### 3. 机会评价

考察的内容主要是各项财务指标、创业团队构成等，创业者通过评价决定是否正式组建企业吸引投资。在机会识别初始阶段，创业者可以非正式地调查市场的需求，确定所需的资源，直到断定这个机会值得考虑或是进一步深入开发；在机会开发的后期，这种评价变得较为规范，并且主要集中于考察这些资源的特定组合是否能够创造出足够的商业价值。

#### 4. 机会识别条件

第一，要能够发现价值。即获取高价值的商业信息，而这种信息往往是他人难以接触到的。这主要是从信息获取渠道及个人创业愿望两个方面来理解的。第二，要能够分析价值。即分析出商业信息的价值所在并做出准确的判断与决策。当然，影响信息分析能力的因素有创业者个人或者团队的智力结构与先前经验、创新思维能力、创业者是否拥有乐观的心态、创业者是否具备敏锐的洞察力等。两者缺一不可，如果能够发现价值信息却不会分析、处理和运用，所获信息产生不了商业价值；如果只具备强大的信息分析与处理能力，而没有价值信息来源，也无济于事。

### 4.1.5 机会识别影响因素

阿里集团马云说："创业者首先要有一个梦想，这很重要，如果没有梦，为做而做，是做不好的。"创业机会识别需要创业者拥有先前产业特殊经验知识，具备远见与洞察能力、信息获取与分析能力、环境变化及技术发展趋势预测能力、模仿与创新能力、社会关系建立与保护能力、行业或者创业领域知识与经验储备能力等多维能力。

**1. 先前产业特殊经验知识对创业机会发现的影响**

先前经验是决定个人认知能力、创业技能的重要因素之一，因为大多数创业者的创业能力都是基于先前经验而不断成长的。创业者运用产业特殊知识，特别是产业环境知识，可以发现相同产业或相关产业的创业机会。产业环境知识包含上游供应商的要素、下游顾客的需求、竞争者行为、互补厂商、已有的相关产业知识、资源整合的创意、创新与创造。在特定产业中的先前经验有助于创业者识别出创业机会，个体在特定领域的经验和知识存量越多，就越容易发现并把握该领域内的创业机会，从而实施成功创业。

**2. 社会关系网络对创业机会发现的影响**

创业机会包含创造的创业机会和发现的创业机会。创业者的社会关系网规模、"弱连接"的范围、网络结构洞制约着创业者发现创业机会。创业者的社会关系网络包括政府、金融机构、高校、支持机构、商业合作伙伴、朋友、家庭、同事等。

1）"弱连接"范围与创业机会发现

创业者的社会关系网，可以按关系的"强连接"和"弱连接"来分。Hansen指出，网络的弱连接范围大，有助于取得信息与发现创业机会，"强连接"关系有利于知识等深度资源的取得。潜在创业者的大范围"弱连接"社会关系有助于信息的取得与创业机会的发现。"强连接"基于信任与情感联系，能够促使信息有效地传递，使创业者更好地获得信息，从而更容易将所获信息转化为可能的创业机会；"连接"虽然表现出松散性、缺乏信任或者情感基础，但是因为其分布范围较广，比"强连接"更能充当跨越其社会界限的桥梁，超出"强连接"群体范畴，去获得来自不同群体、不同网络而又难以得到的高价值信息和相关资源，从而拓展创业者的信息获取渠道，丰富创业者的信息获取量，大大增强创业机会的识别可能性。

2）网络结构洞与创业机会发现

若一个有潜在需求的下游网络和一个有潜在资源的上游网络没有相互连接，则存在网络结构洞。若只有创业者在中间连接，则他填补和独占了这个结构洞。创业者的关系网填补了越多结构洞，则发现创业机会的可能性越大。若上游出现了下游可以利用的资源，或者下游出现了上游的资源可以服务的需求，创业者在结构洞位置，则它可以实现和独家利用这个创业机会。比尔·盖茨也是填补了网络结构洞，使微软发现和利用了一个成长机会。另外，创业者拥有的社会资本对创业机会的识别也产生一定影响。社会资本通常与人力资本、财务资本相提并论，对创业活动产生的影响也越来越大，备受创业研究与实践者关注。有关研究发现，社会关系网络是个体识别创业机会的主要来源。同时，创业者的资源禀赋也会影响创业机会的识别。

3）创新/创造性对创业机会发现的影响

创业的本质就是创新/创造。创造性地整合资源产生价值。创业机会来自获得产品有价值（对目标细分市场顾客有价值）、有差异的属性（相比于竞争者的产品属性），即提高产品服务性价比。创业机会的识别过程也要求创造新的价值，最终形成新的产品、新的服务、新的原材料，以及新的组织方式，是一个不断反复的创造性思维过程。当创业者创造性地想出了解决既有产品或服务的问题时，可以用提高性价比的方法，形成了新的创意/创新，也发现了创业机会；Google 创业者想出了一个方法改善现有搜索引擎的搜索效果，在设计了新搜索引擎并测试成功后，他们最终创造出了一个创业机会。如果缺乏一定的创新/创造思维能力，即使获取了高价值信息甚至明确了客户的新需求，也很难把握好创业机会。

4）跨地区/跨国商业观察对创业机会发现的影响

当地区之间、国家之间存在商业模式差异、产品种类与价格差异、技术差异时，旅行和观察会发现创业机会的新型商业模式运用。

5）创业环境对创业机会发现的影响

创业环境会对创业机会的识别产生巨大影响。创业环境是创业过程中多种因素的组合，包括宏观经济政策与制度、产业结构、人口环境、技术环境、自然环境、市场环境、创业价值观等。例如，创业型经济发展的政策倾向、人们生活方式的改变、市场竞争环境的公平性，都会对创业机会的识别产生较大程度的影响，甚至影响创业者的创业积极性。

6）机会消失的影响

随着竞争厂商的增多，机会会逐渐消失。所以，机会是时间轴上的一个变量，不是任何时候都有的。一个创业者要抓住某一市场机会，其机会窗口应是敞开的而不是关闭的，并且它必须保持敞开足够长的时间以便被加以利用。一个好的机会是诱人的、持久的、适时的，它被固化在一种产品（服务）中，这种产品（服务）为它的用户创造或添加了价值。在创业过程中，是否有抓住一个创业机会的足够时间？这取决于技术的能力和竞争对手的动向等因素。所以，创业机会通常也是一个不断移动的目标。随着企业进入，细分市场趋近饱和成熟，产业（创业）的机会窗口就关闭了。

### 4.1.6 识别创业机会的方法与技巧

#### 1. 识别方法

创业机会识别方法通常有四种，即市场调研发现机会、系统分析发现机会、问题导向发现机会与创新变革获得机会。

1）市场调研发现机会

通过与顾客、供应商、代理商等沟通，获取一手资料与信息，了解现在发生了什么，以及未来将要发生什么。针对自己的某个特定想法，获取市场调研数据来发现可能的创业机会。

2）系统分析发现机会

在市场经济发展日渐成熟的现状下，那种“野蛮生长”方式、处处是顾客与商机（市场不饱和）的时代已经过去了，更多的企业往往是在“夹缝中求生存，变化中寻商机”。因此，绝大多数创业机会需要通过系统的分析才能够得以发现，从企业的宏观环境（政治、社会、法律、技术、人口等）与微观环境（细分市场、顾客、竞争对手、供应商等）的变化中寻找新的顾客需求和商机，这是识别精准创业机会最常用、最有效的方法。

3）问题导向发现机会

问题导向是指创业机会识别源于一个组织或者个人面临的某个问题或者明确的需求，这可能是创业机会识别最快速、最精准、最有效的方法，因为创业的根本目的是为顾客创造新的价值，解决顾客面临的问题。在这个过程中，常用的方法就是不断与顾客沟通，不断汲取顾客的建议，基于顾客的需求创造性地推出新的产品或者服务。

4）创新变革获得机会

通过创新变革获得创业机会的方式在高新技术、互联网行业中最为常见。这种创业机会识别过程中，通常是针对目前明确的或者未来潜在的市场需求，探索相应的新技术、新方法、新知识或新模式，或是利用已有的某项技术发明、商业创意/创新来实现新的商业价值，一旦获得成功，创业者凭借其具有变革性、超额价值的新产品或者新服务，很容易在市场中处于压倒性的主导地位。创新变革的方式难度更大，风险系数也更高。

2. 识别技巧

识别创业机会的路径通常是掌握信息、善于观察、总结他人的成功经验和失败的教训及把控市场竞争等方面情况。具体技巧是：

1）从变化中寻求机会

环境的变化会给各行各业带来良机，通过这些变化，就会发现新的前景。这些变化可能包括：产业结构的变化、科学技术的进步、政府管制的放松、经济体制的变革、价值观与生活形态的变化、人口结构的变化。

2）从“低科技”中把握机会

随着科技的发展，开发高科技领域是时下热门的课题，但创业机会并不只属于高科技领域。在运输、金融、保健、饮食、流通这些“低科技领域”也有机会，关键在于开发。

3）盯住顾客的需要找机会

机会不能从全部顾客身上去找，因为共同需要容易认识，基本上已很难再找到突破口。而实际上每个人的需求都是有差异的，如果时常关注某群体的日常生活和工作，就会从中发现某类机会。

4）追求“负面”寻机会

追求“负面”，就是着眼于那些大家“苦恼的事”和“困扰的事”。因为是苦恼、是困扰，人们总是迫切希望解决，如果能提供解决的办法，实际上就是找到了机会。

## 案例分析 4-1 勇往直前的苏畅

苏畅，男，现任山西省太原市“叁月文化艺术有限公司”法人兼总经理。

山西太原，历史名城，杏花村的美酒香气四溢，醇正的醋香也令人陶醉。苏畅就出生在这样一个山美水美、人杰地灵的地方。2014 年 9 月，他如愿考上大学，成为一名大学生。这时的他一脸茫然，发现大学生的课余生活丰富多彩，自己一时不知如何选择才能使自己的四年大学生活不虚度。学院党委书记说：“大一有创新创业意识，大二有创新创业规划，大三有创新创业行动，大四有创新创业成果。”这一席话改变了这个小伙子的职业生涯，给他的大学生活，乃至人生指明了方向。

### 1. 牛刀小试，惨淡收场

2015 年，苏畅开始慢慢有了创业的想法。当时也不知道具体该干些什么，就是想自己出来做点事情，让自己的生活更加多彩一些，使自己的经验更加丰富一些。当时他发现很多同学已经在开始赚钱了，方式多种多样：有开网店的，有代购的，有摆摊的，也有做兼职的，等等。当时的苏畅，想法也还不是特别成熟，就是开一家店，具体开什么店也没有决定好，最后遇到一位和他有同样想法的同学，二人一拍即合，准备“搏一搏”。二人开始调查市场，做什么比较赚钱，转来转去也没有什么经验和结果，最后发现在大学附近如果做餐饮可能会有市场，毕竟有这么多学生要吃东西。二人在决定好做餐饮以后，问题又摆在了面前，做什么样的餐饮：小吃？烤鱼？面食？ 想来想去拿不定主意，最后发现四川的火锅可能市场会比较大，两人开始着手投资火锅生意。

最开始两人只是想做一个外卖火锅，不需要投资多少钱，还能积累很多实战经验。后来越聊理想越大，干脆摒弃了外卖火锅，直接就租一个商铺，开一家实体火锅店，这样一到周末或者节假日，生意就能越做越好，钱也就越来越多了。但是理想和现实差异总是那么大，开业的前两个月借着刚刚开业的东风每天还有几桌人来吃饭，但来的基本都是自己的朋友，过来“支援”自己。但是光靠亲戚朋友来吃饭，怎么能够赚钱，生意怎么能做大？慢慢地，朋友来得也少了，这两人的感觉也由原来的生机勃勃变成了老气横秋，再加上周围其他火锅店、烧烤店、汤锅店等的挤压，生意越做越惨淡，每天都在亏钱。最后，一年时间没有到，火锅店就关门了。

通过开火锅店这个人生第一次正式创业，使得苏畅从一个乐观主义者变成了一个悲观主义者。以前的苏畅做事情之前总想着会成功，想着最好的结果，发展会越来越好。但是火锅店的失败让他总结了一条经验：做什么事情之前要先想到最坏的结果，并且这个最坏的结果你能否负担得起，能否拯救，在过程中尽可能想到会出现的问题，不要一开始就往好的方面想。火锅店的失败也让他总结出了几条经验：①考察市场尤为重要；②创业团队的默契性尤为重要；③员工的职业素养和职业道德尤为重要；④眼高手低造成的后果尤为可怕，要脚踏实地一点一点来。

### 2. 积累经验，再接再厉

火锅店的经历对苏畅的打击很大，他一度放弃了创业的想法，只想做一个“两耳不闻窗外事，一心只读圣贤书”的“乖学生”。但是不甘于平庸的苏畅，骨子里就流淌着不服输的血液，他心底还压抑着一股气，除了学校的生活以外他总觉得还差点什么，还是想干点事情。他感觉现在是“互联网+”这种大数据的信息化时代，而他有一个好朋友在重庆大学，学的是计算机工程专业，两个人经常会聊一些观点看法，比如现在这个社会他们作为在校大学生适合做些什么、毕业以后做些什么等话题。聊到兴起时，苏畅专门跑去了重庆，面对面和朋友交流，两人又开始设计一个更大的行动——公众号。两人商议从公众号入手，借助公众号的宣传平台，成为两人以后做任何事情的有力保障。由朋友负责设计，苏畅负责商业投资宣传，两人把公众号的市场内容定位在了高校的大学生身上，就这样他又开始二次创业。其实在国内好多学校已经开始了这种公众号的发展，主要就是从自己学校入手，做一个专属学校的公众号。经过考察，他们做出了一个适合四川传媒的公众号，其中有一个非常接地气的版块称为脱单社区，做好以后他还专程回学校做演讲宣传，通过很多老师的检阅后得到了较高的评价和认可。这个公众号目的不是挣钱，是为了积累实战经验，但是创业就需要挣钱，所以这个公众号就是他整个大计划中的一小部分。

### 3. 认清方向，抓住机遇，超越自我

转眼三年的理论学习生涯结束了，大四就要在外顶岗实习，这个时候的苏畅已经不再是当年的稚嫩男孩，经历了几次创业，他已经积累了比较丰富的经验。看着同学们陆陆续续走上了递简历、面试、实习生的找工作路程，苏畅犹豫了，他不愿意这样碌碌无为地过下去，那股拼劲还在他的身体里澎湃着。心动不如行动，他通过找人以及自己的努力，代理到了“花作”这个品牌，成为代理商以后，虽然不同于普通的创业，但是自己进货，在线上和线下寻找买家，还承包了一家实体形象店，这跟自己创业也没有什么两样。在他卖“花作”这个产品的过程中发现，除了线下零售批发，剩下的就是微商淘宝之类，说白了就是低价买进高价卖出来赚取差价，感觉他自己就是一个中间商，而且越发感觉自己不管卖得如何好，钱挣得如何多，自己只是小头，老板才是大头，自己只不过是在帮别人卖产品。

做了一段时间“花作”后，苏畅不满足于自己只做一个赚差价的中间商，自己马上就要毕业了，为什么不自己开一间公司呢？自己给自己当老板，赚来的钱也都是自己的，想到这里，苏畅整个心里都是热血沸腾的，生机和活力又充斥在自己的血液里。但是，困难也摆在了面前，自己开公司做什么呢？继续做餐饮还是做一些熟人的项目，再或者专门成立一家公司让父亲来掌舵？

思考了一段时间后，在他姐姐的启发下，苏畅决定开一家文化艺术公司，因为开一家文化艺术公司跟自己的专业相对口，轻车熟路懂行情，在自己的亲戚家人看来也是一个高雅的活儿。接下来他就注册了“叁月文化艺术有限公司”，名字起得也挺有创意，为什么叫叁月呢，因为他是三月出生的，苏畅说过：他希望自己的第一家公司像一个刚出生的孩子一样，要让这个孩子一点一点地通过自己培养长大。

公司一天一天步入正轨，业务也一天比一天成熟，客户也在不断积累，这全得益于苏畅初期做的努力，他带领自己的团队基本跑遍了太原市需要包装设计的所有公司，还涉及婚庆派对之类的。处处碰壁，处处遭拒，处处受气，但是只要有恒心，总会遇到有这方面需求的公司。发展了一段时间后，公司虽然在业务范围内越来越成熟，但是似乎遇到了瓶颈，营业额到达了

一定的高度以后就开始保持不动或者下滑。这也就是说公司的技术水平、内部的管理等如果没有一个好的改善的话，比如寻找别的出路以拓宽业务，那公司可能会面临两个结果：如果发展好的话还是这个老样子，如果发展不好的话早晚被淘汰。毕竟同行之间的竞争也越来越激烈，不只拼质量，还在拼价格。那如何对公司进行改制，拓宽公司的路子呢？苏畅绞尽了脑汁。

这时候他发现自己接触的东西还是太少了，没有办法找到发展的空间。在公司正常运营阶段，他做出了一个决定，自己要去大公司继续实习，边感受大企业的文化，边接触更加有资历的人。一是拓宽自己的眼界和思路，二是积累自己的客户资源。公司交给合伙人打理，自己经过一番努力，去了山西省投资集团实习。

到了这个大企业的苏畅感受到外面的世界多么精彩，自己没做的事，甚至没见过没听过的事实在太多了。在这里大多是比自己年长有阅历的员工，他们对待事情的态度与自己是截然不同的，他们的经验也是自己所没有的，在接触到这些人后自己也学到了很多东西。他们做事情的严谨程度如果不亲身接触是感受不到的。因为在这里，苏畅深深地感受到：人家的团队才是真正的团队，每个人都在发挥着自己最擅长的东西。

因为是投资集团，遇到的企业就会特别多，而且涉及的金额非常大。苏畅跟着这些人在跑市场、做投资的时候也看到很多自己之前看不到的东西。在与他们相处的过程中，慢慢地积累经验，学到了怎么与人交流、谈判，面对一个项目的时候怎么一步一步跟下来、做下来。

在投资公司待了近半年后，苏畅回过头看自己的创业成果才发现，原来自己这个创业其实就是空壳子，没有内涵，想做大很难，因为眼界就卡在那里，层次不够。实习结束，苏畅又回到了公司，把自己的所学都运用到了自己的公司，有了新的理念、新的思路，公司业绩也迅速提升，平均每个季度利润流水大概在 20 万元左右。规模也由开始的几个人变成了固定员工9人、合同制的外聘员工15人。

**4. 创业心得**

创业不只是模仿别人的成功，而是看透别人的失败。苏畅曾有感而发：创业就是要不断地尝试，不要怕失败，三十岁之前不要想着怎么赚钱，要先想怎么做事，怎么学习，怎么积累。还有就是跟对人很重要，跟对一个好的领导者能带领你，能教会你面对事情怎么处理，怎么看待问题。

不要怕实力不够，大象很难踩死蚂蚁，所有人在这个成长的过程中要学会听，真正的高手是听，而不是说。创业对于一个人来说是很难的，一个人的创业能力非常有限，要找一个团队，并且团队要不断地换，不断地更新，什么阶段找什么样的人。

这个二十岁出头的小伙子还经常告诫自己的员工：大家现在很喜欢看成功人士，都在说成功人士有多成功，如果你想创业，你在创业的时候千万不要模仿别人的成功，那样会失败得很快；要看别人失败的原因，看到他失败的原因你要想想自己该怎么做，那样才会爬得快。现在很多人都在抱怨，毕业就是失业，抱怨社会不好，不公平，经济形势不好，赚不到钱，但是回头看看，富人是一天比一天多，成功的人也是在成倍地增长。

（资料来源：编者依据网络资料改写）

案例启示：

1. 具有创新精神和持之以恒的毅力

大学阶段是好点子最多的阶段，苏畅的脑海中随时存在一个疑问，那就是：为什么别人能成功自己却不行呢？归根结底其实就差在一点上：很多人心动了没有行动，行动了没有坚持。但是苏畅不是这样子，他遇到困难就解决困难，而不是逃避困难，有时还硬着头皮坚持做下来，回头看看，其实苏畅做的都是一些很普通的事，之所以他能成功，是因为能坚持做下来的人太少了。

2. 具有理性冒险精神

创业自然存在风险，但是依旧会有很多人去冒险，因为想赚钱，而且创业有成功也有失败。一旦成功，那么之前所有的冒险都是值得的，但是如果失败了，以后能重拾信心继续冒险进行第二次、第三次创业的人寥寥无几，换句话说，大多数创业者没成功不是因为市场容不下自己，而是自己已经没有了当年“打江山”的勇气，别人没做到，苏畅做到了。

3. 具有较为丰富的经验

丰富的经验来自于创业者自己最擅长的某项兴趣爱好或者多年的摸索滚打。只有这样坚持，我们才能足够熟练精通某一领域，才能在某一领域产生各种创新想法，才能不断地探索求知，努力掌握各方面技能，也才能为以后创业打下坚实的基础。拥有丰富的经验，创业方能得心应手。在大学期间，苏畅几次不成功的创业经历给他留下了宝贵的经验教训，而且在自己创业的过程中，苏畅还能去继续当“学徒”，学别人的先进理念和技术来“自强”，都说明了这一点。

## 4.2 商业模式设计

对于商业项目而言，商业模式的设计至关重要，商业模式是创业者创意，商业创意来自于机会的丰富和逻辑化，并有可能最终演变为商业模式。其形成的逻辑是：机会是经由创造性资源组合传递更明确的市场需求的可能性,是未明确的市场需求或者未被利用的资源或者能力。尽管它第一次出现在20世纪50年代，但直到20世纪90年代才开始被广泛使用和传播，已经成为挂在创业者和风险投资者嘴边的一个名词。下面将从商业模式的概念、定义等层面，并结合案例进行深入分析，以探寻最适合个人项目的商业模式。

### 4.2.1 商业模式的概念

商业模式是一个比较新的名词，第一次出现在20世纪50年代，20世纪 90 年代才被广泛使用和传播。什么是商业模式？用最直接的话来说：商业模式就是公司通过什么途径或方式来赚钱。但如今关于它的定义仍然没有一个权威的版本。目前相对贴切的说法是：商业模式是一种囊括了一系列要素及其关系的概念性工具，用以阐明某个特定实体的商业逻辑。

**延伸阅读 4-1** 腾讯商业模式成功的启发

腾讯起家是靠QQ聊天软件，依靠不断的微创新迭代和对中国本土用户需求的把握，击败了MSN成为国内IM龙头。其实马化腾一开始也找不到盈利模式，一度想以100万元出售 QQ。后来依靠QQ秀赚到第一桶金，继而打开了后续Q币等增值业务空间。然后在庞大用户数的基础上开发游戏（PC端），并成为国内端游市场的老大（40%份额），游戏也成为腾讯收入和利润的最大来源。

简单总结，腾讯的商业模式就是以强大的免费社交软件（QQ、微信）等吸引庞大的用户群（6亿至8亿级别），在此基础上利用增值业务和游戏来实现货币化。其中，社交是腾讯帝国的基石，是腾讯一切商业化的基础。有了这些黏性巨大的用户之后，腾讯可以展开多样形式的变现，在PC端时代，VAS（增值服务）和端游是主要手段。微信成气候之后，腾讯货币化的手段越来越丰富。

（资料来源：编者依据网络资料改写）

### 4.2.2 商业模式的定义

商业模式，是为实现客户价值最大化，把能使企业运行的内外各要素整合起来，形成一个完整的、高效率的、具有独特核心竞争力的运行系统，并通过最优实现形式满足客户需求、实现客户价值，同时使系统达成持续盈利目标的整体解决方案。

商业模式是一个非常宽泛的概念，包括盈利模式、运营模式、B2B模式、B2C模式、广告收益模式等。商业模式是一种简化的商业逻辑，依然需要用一些元素来描述这种逻辑。

在综合了各种概念共性的基础上，本书提出了一个包含十个要素的参考模型。这些要素包括：

（1）价值主张（Value Proposition）：公司通过其产品和服务所能向消费者提供的价值，确认了公司对消费者的实用意义。

（2）消费者目标群体（Target Customer Segments）：公司所瞄准的消费者群体。这些群体具有某些共性，从而使公司能够（针对这些共性）创造价值。定义消费者群体的过程称为市场划分（Market Segmentation）。

（3）分销渠道（Distribution Channels）：公司用来接触消费者的各种途径。它涉及公司的市场和分销策略。

（4）客户关系（Customer Relationships）：公司同其消费者群体之间所建立的联系。人们所说的客户关系管理（Customer Relationship Management）即与此相关。

（5）价值配置（Value Configurations）：资源和活动的配置。

（6）核心能力（Core Capabilities）：公司执行其商业模式所需的能力和资格。

（7）价值链（Value Chain）：为了向客户提供产品和服务的价值，相互之间具有关联性的支持性活动。

（8）成本结构（Cost Structure）：所使用的工具和方法的货币描述。

（9）收入模型（Revenue Model）：公司通过各种收入流（Revenue Flow）创造财富的途径。

（10）裂变模式（Business Name Consumer，BNC）：公司商业模式转变的方式、转变的方向。

## 案例分析 4-2　打败可口可乐

可口可乐是美国梦的代表，中国有些企业也希望能打败可口可乐。过去好几年涌现出许多可乐企业，如非常可乐、纷煌可乐等。但总体来说没有一个做得很成功的。然而，在可口可乐的本土美国，有一家以色列公司Soda Stream把可口可乐打得很难受。

这家企业这样做：弄来一台机器，旁边有个水瓶，还有苏打粉。当需要做汽水的时候，按一个按钮，苏打粉就会和水发生化学反应变成汽水。每个人喝汽水的口味都不一样，有的喜欢柠檬味，有的喜欢草莓味。这台机器里还有浓缩液，能够根据你的需求个性化定制，调成不同的味道。这家公司做得很成功，后来在美国纳斯达克上市了。

这家企业一上市就抢了可口可乐不少份额，可口可乐已经开始关注它了。后来这家企业还做了一个广告，在一面墙上放了许多瓶瓶罐罐，而在另一面则放着它的一台机器。广告词写着：一个家庭5年时间，需要消耗1万多个瓶瓶罐罐。如果你是个环保人士，看着这则广告就会想要买台机器取代瓶子，而不是消耗那么多瓶瓶罐罐污染环境。

后来可口可乐开始研究这则广告，试图找些疏漏。最终可口可乐的人发现，广告上把可口可乐的商标露了出来，这就构成了侵权，属于不正当竞争。于是可口可乐起诉这家企业，结果竟然让这家企业的股票大涨。

原本因为是小企业只在小范围出名，可口可乐这样的大公司一起诉，就成了大家茶余饭后的谈资。后来大家试用了产品，觉得还不错，就更加出名了。

可口可乐只好不起诉了，改成私下收购，然而这家企业不接受收购。这个消息一经传出，企业的名气更大了，股票又是大涨。

（资料来源：编者依据网络资料改写）

**案例启示：**

（1）中国各种饮料（如凉茶）都做得不错，但是唯独可乐做不起来。这是因为中国做的可乐在与可口可乐竞争时，使用的都是一样的商业模式。

一样的商业模式，意味着接触的都是同样的利益相关方。当你还是小企业，用大公司最熟悉、最擅长的套路来竞争是很难赢的。

（2）以色列公司Soda Stream用的是与可口可乐不一样的商业模式。当它卖了它的机器后，它还能够持续卖苏打粉、浓缩液等耗材。

当它的商业模式不一样，意味着接触的利益相关方都与可口可乐不同。原先可口可乐在电视上、渠道上所积累的优势，面对这家小企业，优势也就不存在了。

因为可口可乐的优势是基于自己的商业模式所形成的。当两者商业模式不一样时，优势就无效化了。这也是通过商业模式设计可以达到的效果。

（3）这种商业模式在可乐这个行业，称得上创新，但是放宽到整个商业范围，这种技术在咖啡行业比比皆是。这就是种跨界打击，把其他行业做得非常好的方式应用到本行业。

所以，在研究商业模式时，不妨多看看外面的世界，多借鉴其他行业，多尝试跨界，将竞争对手优势无效化。

### 4.2.3　商业模式架构

商业模式的构建有利于对企业自身和竞争者对商业模式进行改进和优化，以企业战略分析与定位为基础，根据自身的资源配置，结合营销网络进行产业链分析，明确自身战略定位，以企业拥有的核心能力和核心资源为重点，有针对性地围绕企业战略制定和实施企业商业模式，来降低产品成本或延伸产品价值，以谋求较好的价值收入方式，通过良好的营销渠道来营造强有力的商业模式。

商业模式架构包括战略定位、盈利模型、价值链、核心竞争力，是围绕客户价值最大化构成的，如图4–2所示。

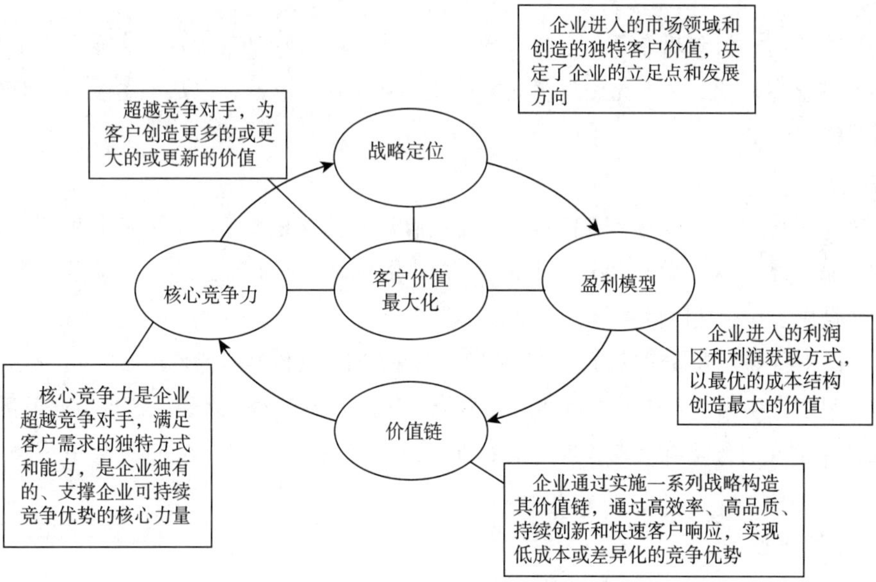


图 4–2　商业模式的架构

## 延伸阅读 4-2　沃尔玛和家乐福

沃尔玛在世界五百强企业中一直居于榜首，2009 年由于能源的升值，壳牌和美孚上升到前两位，沃尔玛屈居世界五百强第三位，全年营收4 056亿美元。家乐福则以营收1 291亿美元，排名22位。

显然，两个跨国超市不在一个数量级上。但是，在中国的市场上，家乐福凭借勇猛而灵活的经营战略却领先于它的老对手——沃尔玛。

1. 定位

沃尔玛：认为越来越多购物者的喜好和习惯是趋同，所以它的门店内大部分商品都是标准化的，很多门店都根据总部采购统一规划好的图纸去摆货架和放置堆头。

家乐福：认为每一个门店周围的顾客群都是独特的，它要做的事情就是去适应这些消费群不同的需求。家乐福的CEO纳德甚至表示：“一个零售分店就是它所处地区的缩影，该分店必须适应当地的文化氛围。”正是这种对购物者需求不同的定位，它们选择了完全不同的模式。

### 2. 利润获取

沃尔玛：连锁扩张，通过高效的供应链创造的成本优势，低价销售大众化产品，扩大销售额，获得超过竞争对手的利润。

家乐福：连锁扩张，将每一个门店作为一个独立运作的盈利中心，通过提供本地化的产品组合和超低价的大众必需品以及收取供货商的合作费用获得利润。

### 3. 营销链

沃尔玛：通过统一采购的模式降低成本并实现连锁经营，实施“中央控制门店执行”体系。

家乐福：采用单店管理的模式，每家店都有其独立的采购和销售体系，店长拥有极大的经营决策权。

与家乐福不同，沃尔玛在开拓全球市场时，更多将权力决策集中，而家乐福则更多地利用本地决策。在沃尔玛配送体系无法发挥效益的现实环境中，家乐福单店“盈采合一”的模式显然更具灵活性。

### 4. 营销

沃尔玛：更多的是从购物者研究出发，怎么推广更受欢迎的产品；如何利用高效的信息和物流系统降低成本，从而做到“天天平价”。它请供应商“省下”品牌推广费用再次“降价”，要求供应商提供市场最低的供货价。

家乐福：对待购物者最敏感的价格，是定期利用DM来宣传“超低价产品”。

沃尔玛则拒绝 DM，它所倡导的“天天平价”让你不会因为今天的促销后悔昨天买的商品。但实际情况却是我们发现有很多城市的消费者不约而同地认为家乐福比“天天平价”的沃尔玛更便宜。

### 5. 核心竞争力

沃尔玛：规模化的供应链运营模式。

家乐福：本土化的分店管理模式。

通过家乐福和沃尔玛的案例，我们可以看到企业之间的差异是从战略定位就开始的，不同的定位导致了不同的产品和服务的提供方式，构造了不同的价值链，从而形成了不同的商业模式和打造了不同的核心竞争力。

（资料来源：编者依据网络资料改写）

## 4.2.4 商业模式画布

商业模式画布通常由一面大黑板或干脆一面墙来呈现，是会议和头脑风暴的工具。这块板子按照一定的顺序被分成九个方格，内容如下。

（1）客户细分：你的目标用户群，一个或多个集合。

客户细分会将客户按照使用者、影响者、推荐者、购买者、决策者进行等级划分。

例如，电商品牌可以对用户进行细分，按照是否对价格敏感，分为敏感型用户和不敏感型用户；还可以按照用户对品牌的态度来划分，一种是通过穿戴名牌来提升自己的形象，另一种不大考虑品牌。通过这样的一个细分，就可以改变单一目录的营销方式，对价格敏感的用户目录强调折价促销，而注重形象的客户则强调潮流和时尚，但没有价格优惠，以免给用户造成廉价货的形象，在产品设计上也可以对用户做针对性的推荐。

又如，尿不湿。

使用者：小孩子。

影响者：应该是竞争对手、隔壁老王阿姨家的孩子。

推荐者：孩子的七大姑八大姨、爷爷奶奶外公外婆，朋友、同事、闺蜜、官方广告。

购买者：实施购买的人，如你们家的男人。

决策者：就是掏钱的人。

因此，要想说服家长给孩子买你们家的尿不湿，分析这些人的心理和行为非常必要。

再如，黄金酒。

使用者：长辈。

影响者：别人家的孩子给长辈买了黄金酒。

推荐者：饮用过的长辈用户口碑相传、官方广告。

购买者：跑腿的人。

决策者：长辈自己或者儿女。

（2）价值主张：客户需要的产品或服务，商业上的痛点。

高尔基曾经说过，“给予比索取更快乐”，所有的产品或者服务都是给用户提供一种价值，然后在创造价值的过程中来实现商业利益，就像人们工作一样，是人们喜欢这个工作，然后顺带着赚钱，如果只是为了赚钱工作，你会活得很痛苦。价值主张告诉消费者为什么选择你而不是选择你的竞争对手，并一开始就把你的产品或者服务清晰明了地传达给消费者。

很多时候，创业者问自己或者团队，做生意做产品是为了什么？大部分人的回答往往是：为了赚钱，为了完成KPI。可能这不是价值主张最佳的表达方式，这种回答更多的是本我主义，不能够将要做的事情的价值和意义准确友好地传达给对方，赚钱是为了更好的生活，为了给消费者或用户带去更好的产品和服务，这个可以理解。但其实对于价值主张更多的是需要从利他主义的角度上去传达，创业者能为用户创造什么价值。

例如，Uber 提供最便捷的出行方式，倡导“零工经济”，拒绝其司机享有正式员工所享有的基本保护和诉求，因而受众欢迎度大大减弱，但是其确有独特的价值主张。Uber是最便捷的出行方式，只需要轻轻一点专车为你服务。你的司机知道你想去的位置，下车后可以直接走人，无须现金支付及找零这些耽误时间的事情。Uber 并没有很直白地表达自己的价值主张，但是却很巧妙地突出了传统出租车的出行缺陷，突出了其便捷服务的价值主张，在我看来良好的用户体验就是其价值主张，就像其广告文案所写的那样，“轻轻一点，专车为您服务”。

又如，王者荣耀的价值主张是为了给玩家创造更多的快乐，让玩家在团队协作和个人技能展示方面找到成就感和满足感，顺带着腾讯就把钱赚了。再如，脑白金的价值主张是帮助消费者（更多的是年长者）能够健康睡眠，润肠通便，拥有健康的体魄和美好的生活状态。史玉柱要是说我做脑白金就是要赚年轻人孝敬父母的钱，那脑白金也不会维持这么多年的高销量。

（3）渠道通路：你和客户如何产生联系，不管是你找到他们还是他们找到你，比如实体店、网店、中介。

确定了价值主张，瞄准了目标用户，执行了关键活动，那接下来就是，要把我们的产品和服务通过什么样的方式和途径触达到一线用户的面前，并说服他们为之买单呢？同时还需要评估哪些渠道最有效，投入产出比比较高，就是通常所说的ROI。

例如，很多外卖平台会在公司大楼下面发传单，也许你们就是他们平台的目标用户，他们通过这样的一个渠道来触达自己的目标用户。如果你的产品进行地推，在各大安卓市场进行分发，上架App Store，这些都算你们产品触达用户的一个渠道。

又如，梳子，作为一家梳子的生产厂家，可以批发、零售、直销、代理，不同的途径会有不同的销售效果和成本消耗。

再如，橙子，随着微信的普及，对于农产品和农民来说的确是一个福音。微信朋友圈中对你最有吸引力的莫过于吃喝玩乐。当年在QQ群里大力推广的安溪铁观音茶叶广告已经慢慢地被微信里某个朋友家土生土长的纯天然无污染的苹果、橙子、桃子、猕猴桃所替代。没错，微信朋友圈已经成了橙子等农产品的主要传播途径，微信一再建议用户不要这么刷屏卖商品，可这不能遏制住吃货们的心。

（4）客户关系：客户接触到你的产品后，你们之间应建立怎样的关系，一锤子买卖抑或长期合作。

客户使用了你的产品，享受了你的服务，接下来你可能考虑更多的就是：他们可不可以经常享用我们的产品和服务？可不可以为我们的产品和服务持续买单呢？如果有这样的考虑，那恭喜客户，产品的主人还是想赚点钱的，他会持续为你提供产品和服务。客户关系是一个不断加强与客户交流，不断了解顾客需求，并不断对产品及服务进行改进和提高以满足顾客需求的过程。

关于客户关系，人们接触最多的就是互联网产品的会员系统、理发店的年费会员、婚纱影楼的不同等级的拍摄服务和赠送摄影产品、商家的会员卡、银行的各种理财产品、移动联通运营商的移动套餐等，说也说不尽，看也看不完。他们唯一的目的就是想留住你，这就是客户关系所能够把组织企业和用户进行长期绑定的最佳方式。

例如：小米手机有个米粉论坛，互联网的会员系统、理发店的年费会员、星巴克的会员卡，这些都属于客户关系管理。客户关系管理有两方面的考虑：一个是如何与客户建立联系，例如罗永浩做锤子手机的时候，由于他的个人魅力，就已经与客户建立联系，另一个就是如何与你的客户长期保持联系，只有绑定用户你才能更好地变现。

（5）收入来源：你将怎样从你提供的价值中取得收益。

一个项目如果不赚钱，即使老板愿意干，公司也不一定能撑下去，当然你可能会说有投资，但技资人也不是傻子，他现在投资是希望以后有更丰厚的回报。商业活动的所有行为和活动的最终目的是盈利。

关于收入来源需要考虑以下几个问题。什么样的价值能让用户愿意付费？他们现在付费在买什么？他们是如何支付费用的？他们更愿意如何支付费用？每个收入来源占总收入比例是多少？

互联网盈利模式主要分为流量变现模式、佣金分成模式、增值服务模式、收费服务模式。例如：公益组织表面上看起来是没有盈利的，可事实上，组织方不盈利如何支撑整个组织的运转和开销，所以还是有收入的。以红十字会举例，"该组织总部设在瑞士日内瓦，在全球80多个国家共有约1.3万名员工；资金主要来自于各国政府以及国家红十字会和红新月会的自愿捐赠。宗旨是为战争和武装暴力的受害者提供人道保护和援助"。组织的运转和开销费用还是有政府和其他组织进行赞助的，虽然红十字会为非营利组织，但是依靠政府的其他组织、个人的资金募集也足以维持其正常运转。

（6）核心资源：为了提供并销售这些价值，必须拥有的资源，如资金、技术、人才。

企业自身所拥有的能力和资源，包括技术、系统、人才、知识等，保证企业所有的模块能够正常运转的关键内容。你是拥有很多钱可以烧，还是拥有一流的人才来给你服务，或者说你具有品牌影响力，这些能帮助你提高竞争力的东西都是资源。

如果微信当初没有腾讯多年累积下来的社交经验，没有前期QQ关系链的打通，只是一个小创业公司的话，也不会成就今天的微信神话。

企业自身所拥有的能力和资源。比如：华为拥有强大的技术优势，阿里拥有大量的互联网消费群体，等等。

（7）关键业务：商业运作中必须要从事的具体业务。

关键业务指的是在你进行所有的商业活动过程中需要执行的关键事情，不做这些事情商业活动就进行不下去，做不好，将会被竞争对手吃掉。具体讲，渠道有哪些关键业务，价值主张有哪些关键业务，有这些关键业务企业就能存活下去，如腾讯的关键业务是社交、阿里的关键业务是电商、百度的关键业务是搜索等。

例如，唯品会的关键业务就是奢侈品电子交易、自建仓库、售后服务。这里涉及两个关键要素：买和卖。唯品会拥有嗅觉灵敏的买手团队，负责从商品中挑选受欢迎的品类，同时唯品会的仓储和物流效率极高，由于是特卖模式，其库存周转率极高，而传统电商是长期售卖模式，同时唯品会的物流标准化程度极高。

又如，微信，开发App应用应该是重中之重，打通QQ关系链是微信初期用户得以快速增长的关键，当然微信的克制也应该算是关键活动里被外界不断称赞的。

再如，滴滴的关键业务当然也是App的开发，最关键的活动应该是起初在北京机场附近的地推了，还有和腾讯进行的深度合作。作为微信支付，滴滴是它的合作伙伴，滴滴能够帮助腾讯大幅度提高绑卡量，为腾讯下一步的移动互联网金融和O2O做好铺垫。作为滴滴，微信支付同样是它的合作伙伴，它能够给滴滴带来更多用户流量、客单量和现金流，提高公司估值，进而为滴滴其他类型的租车服务做好铺垫。

（8）重要伙伴：哪些人或机构可以给予战略支持。

谁是我们的重要伙伴？谁是我们的重要供应商？我们正在从合作伙伴那里获取哪些核心资源、合作伙伴都执行哪些关键业务？合作伙伴包括企业核心业务所涉及或者依赖的上下游服务商。

还是以唯品会举例，唯品会有极大的供应商网络，建立合作关系的有400多家品牌商。同时唯品会还和太平洋保险进行合作，推出了“正品担保”服务，为消费者购买商品上保险。

例如，你去车站买车票，推荐给你保险，那保险公司和车站就是合作伙伴。

又如，加盟店，某原料提供商和店铺运营的指导培训企业（应该是同一家）、附近小区、隔壁超市、地面宣传、网上推广，这些相对线下店铺来说不是特别核心的业务完全可以交给合作伙伴去做。

再如，超市，某供货商、第三方支付公司、银行、地产商、政府、入驻商家等均属合作伙伴。

（9）成本结构：需要在哪些项目付出成本。

成本很容易理解，所有的商业活动过程中需要承担的固定成本和隐性成本，总之一句话，需要你花钱的地方都是成本，如电商公司，有场地成本、人力成本、营销成本、仓储成本、物流成本、进货成本等。

例如：游戏公司，有工资成本、服务器运维成本、推广渠道成本、新人培训成本、税收成本、租金物业装修水电费成本、计算机打印机等硬件成本、与合作伙伴的分成成本等。

又如：米粉店，有租金物业装修水电费成本、商铺转让费成本、人力成本、加盟费成本、推广宣传成本，食材成本等，相对游戏公司来说，其成本一般在可控范围之内。

一个有效的商业模式不是九个要素的简单罗列，要素之间存在着有机的联系，我们可以用商业模式画布这一工具来描述。

根据九大要素间的逻辑关系，商业模式的设计可以分四步进行：

第一，价值创造收入：提出价值主张、寻找客户细分、打通渠道通路、建立客户关系。

第二，价值创造需要基础设施：衡量核心资源及能力、设计关键业务、寻找重要伙伴。

第三，基础设施引发成本：确定成本结构。

第四，差额即利润：根据成本结构调整收益方式。值得注意的是，因为客户关系决定于价值主张和渠道特性，核心能力和成本往往是关键业务确定后的结果。

### 4.2.5 “互联网+”商业模式

“互联网+”是互联网与各行各业的智慧融合，与金融结合成智慧金融，与医疗结合成智慧医疗，与旅游结合成智慧旅游等。作为全新的商业模式，揭示其内在的精髓，对于指导“互联网+”的行动方案意义重大。通过大量案例的分析研究，集中其共性应概括成“三为理论”，即“互联为魂，用户为王，数据为源”。

#### 1. 互联为魂

互联网是以信息为纽带的超级大组织，把大量实体系统分散的人、物、事在信息系统聚集起来，从根本上改变人、物、事的组织方式，其作用十分重大。

1）“三互”基因

互联网的基因是“三互”，即“互联、互享、互动”。第一，互联。互联是互联网的灵魂。互联网超越时空，将相关或不相关的实体信息连接起来，在空间上是零距离的，在时间上是零间隔的，大大加快了价值传递。第二，互享。互享是互联网的优势，所有信息在互联网上都可以共享，消除了信息不对称，大大减少了价值损失。第三，互动。互动是互联网的根本，众多来源的信息在互联网上交互作用，就能产生叠加效应，从而实现新的价值创造。从数学模型来考察，互联网将实体系统的“N”，通过互联在信息系统聚集成“1”，由于信息交互创造新的价值，再回到实体系统在“N”中实现，即从“N—1—N”。

互联呈“指数”效应，连接的节点越多，其价值就越大。在实体系统中，节点的价值是加和，在网络系统中，节点的价值是乘方，互联网的价值与节点平方成正比，即从“N+N”到“N2”。从这个意义上讲，互联网既是节点的连接器，更是价值的倍增器。互联网中节点量一旦突破临界点，就具有极其强大的爆发力。

2）生态系统

互联网的基本特征是开放，通过开放集聚众多资源和能力。以往短板理论认为：一个系统中的短板制约系统的总体价值，通过补短板来提高系统的价值。在互联网环境下，将改变为长极理论，长极理论认为：一个系统中的长极应拉长，要将核心能力的优势发挥到最大，短板应通过外包、众包来配置资源和能力，从而实现系统价值最大化。

互联网是大开放的，可以组织强大的生态系统。今后的竞争是生态系统的竞争，产业生态系统包括产业链、要素链、服务链和用户群等。企业构建生态系统，要在互联网上将所有供应商、合作商、分销商、服务商及用户全部互联互通，进而融入跨界资源，通过线上与线下O2O一体化运营，实现生态系统的高效协同，向平台化企业发展。

3）社群组织

社群是网络化环境下的新型组织，是自由人的自由连接，这种社会化的自组织有极强的影响力。企业要充分发挥社群组织的作用，企业内部有管理社群、员工社群等，企业外部有兴趣社群、项目社群等，通过微信相互沟通，实现协同和融合。今后企业有两类员工：一类是在职员工，企业内工作的员工；一类是在线员工，企业外众包的员工。随着社群组织的不断发展，在线员工将大大涌现，成为企业人力资源的重要来源。

### 2. 用户为王

用户主导企业经营已势在必行。供不应求时期，企业以产品为王；供过于求时期，企业以渠道为王；产能过剩较大时期，企业以用户为王。用户为王是企业经营最重大的转变。

1）用户为中心

经营企业要以用户为中心，互联网是实现用户为中心的最好路径，在互联网上企业与用户的距离最近，时间最短，任何时间与地点都能与用户沟通信息，以最快的速度满足用户的需求。以用户为中心就要求企业一切从用户需求出发，而不是从企业自身需求出发，要从“IT”变成“TI”，“I”就是“我”，“T”就是他，“IT”是先我后他，“TI”是先他后我，互联网解决了从“IT”向“TI”的转变。

2）经营用户

企业经营产品与经营用户孰先孰后，在互联网时代应将经营用户放在经营产品之前，首先要将用户经营好，全心全意为用户创造价值。经营用户要着重把握五大环节：第一，用户定位，定位用户是企业经营的首要问题，应在细分市场中明确定位好企业的用户；第二，建立用户群，按照用户定位建立企业的用户群，构建用户群的最好办法是大力发展用户社群，对用户要进行分类，重点服务好“黄金用户”；第三，与用户互动，企业通过与用户互动，发现需求的“痛点”所在，特别要强化用户体验，培养用户的口碑和黏性，做到无互动不商务，无体验不商务；第四，用户创造价值，用户要参与产品的价值创造，企业通过迭代方式，使用户参与产品研发设计和生产经营，以适应产品定制化和服务个性化的用户需求；第五，员工自主经营，为用户创造价值的主体是员工，企业要变革经营组织，建立员工自主经营，直接经营用户，为用户创造价值。上述五条是一个完整的体系，系统地体现了互联网时代企业经营用户的基本方略。

3）精品极致

互联网时代经营产品是最重要的基础，产品经营不好，一切都无从谈起。企业要专注于产品主业，一定要精耕细作，发扬工匠精神，精益求精将产品做到极致。产品从1做到90仅是做像，一般比较容易；产品从90做到100才是做精，但很难做到。现在大部分产品都只能从1做到90，价值较小，而产品的价值中心在90到100之间，从90做到100就能实现精品制胜。企业的业务结构要不断优化升级，业务结构呈现金字塔形，底层是基本业务，中层是增值业务，高层是定制业务；相对应其创造的价值是倒金字塔形，底层价值很小，中层价值较好，高层价值最大。企业仅定位于基本业务，创造价值最小，唯有向增值业务和定制业务优化升级，方可创造全新的价值，其中服务创造了主体价值。

**3. 数据为源**

大数据时代已经到来，互联网应用于众多行业，每时每刻都在产生海量数据，大数据遵循新的摩尔定律，呈现指数级的大爆发增长，标志当今世界已经从IT时代走向DT时代。

1）战略资源

大数据是21世纪的战略资源，也是各行各业宝贵的知识财富。按照恩格斯的理论观点：凡是数学进入的每个领域，其学科就会成熟，从经验走向科学。数据的作用巨大，依据数据可以实现科学决策，精准市场预测，精细经营管理，实施远程监控，进行数据模拟等，数据驱动业务具有极大的商业价值和社会价值。

2）数据开发

数据是亟待开发的大金矿，数据开发要关注四个要点：第一，数据大集中，首先要将分散的孤立的各种数据集聚在一起，建立数据中心，实现数据资源的集中管理；第二，数据库建设，对原始数据要进行分类管理，使其成为有效数据，建立数据仓库；第三，数据的开发利用，根据需求建立数据模型，进而形成数据软件，然后对数据产品进行有效应用；第四，经营数据资产，数据是重要的无形资产，具有交换和使用价值，经营好数据资产将大大提高经营效益，数据经营大有可为。

3）智慧之本

互联产生数据，数据生成智慧，数据是智慧之本。“互联网+”向智慧化发展，数据是运行的基础，没有数据则是无米之炊。云计算为智慧大脑，关键要将各个互联节点的数据集中到云平台上，根据应用之需进行数据计算，同时应用数据软件，通过物联网对移动终端和物理节点实现智慧互动。大数据、云计算、物联网、移动通信是一个体系，“大云物移”构建“互联网+”

智慧化发展的新型基础设施。

“互联为魂，用户为王，数据为源”是在顶级层面的理论概括，以此构建“互联网+”商业模式的基本精髓。

“互联网+”是一场伟大的变革，其变革的深度和广度前所未有，包括观念变革、组织变革、流程变革等，最根本的变革是价值观的创新，一种新文明的变革。当今，“互联网+”是大潮流，在潮流面前任何优势都是脆弱的，唯有拥抱互联网大潮，才能乘势而上，走上大发展的新台阶。

## 延伸阅读 4-3 “互联网+”的六大商业模式

“互联网+”企业四大落地系统（商业模式、管理模式、生产模式、营销模式），其中最核心的就是商业模式的互联网化，即利用互联网精神（平等、开放、协作、分享）来颠覆和重构整个商业价值链，目前来看，主要分为六种商业模式。

### 1. 工具+社群+电商模式

互联网的发展，使信息交流越来越便捷，志同道合的人更容易聚在一起，形成社群。同时，互联网将散落在各地的星星点点的分散需求聚拢在一个平台上，形成新的共同的需求，并形成了规模，解决了重聚的价值。

如今互联网正在催熟新的商业模式即“工具+社群+电商/微商”的混合模式。比如微信最开始就是一个社交工具，先是通过各自工具属性/社交属性/价值内容的核心功能过滤到海量的目标用户，加入了朋友圈点赞与评论等社区功能，继而添加了微信支付、精选商品、电影票、手机话费充值等商业功能。

为什么会出现这种情况？简单来说，工具如同一道锐利的刀锋，它能够满足用户的痛点需求，用来做流量的入口，但它无法有效沉淀粉丝用户。社群是关系属性，用来沉淀流量；商业是交易属性，用来变现流量价值。三者看上去是三张皮，但内在融合的逻辑是一体化的。

### 2. 长尾型商业模式

长尾概念由克里斯·安德森提出，这个概念描述了媒体行业从面向大量用户销售少数拳头产品，到销售庞大数量的利基产品的转变，虽然每种利基产品相对而言只产生小额销售量。但利基产品销售总额可以与传统面向大量用户销售少数拳头产品的销售模式媲美。通过C2B实现大规模个性化定制，核心是“多款少量”。

所以，长尾模式需要低库存成本和强大的平台，并使得利基产品对于兴趣买家来说容易获得，例如ZARA。

### 3. 跨界商业模式

马云曾经说过一句很任性的话，他说，如果银行不改变，那我们就改变银行，于是余额宝就诞生了，余额宝推出半年规模就接近3 000亿元；而雕爷不仅做了牛腩，还做了烤串、下午茶、煎饼，还进军了美甲；小米做了手机，做了电视，做了农业，还要做汽车、智能家居。

互联网为什么能够如此迅速地颠覆传统行业呢？互联网的颠覆实质上就是利用高效率来整合低效率，对传统产业核心要素的再分配，也是生产关系的重构，并以此来提升整体系统效率。互联网企业通过减少中间环节，减少所有渠道不必要的损耗，减少产品从生产到进入用户手中所需要经历的环节来提高效率，降低成本。因此，对于互联网企业来说，只要抓住传统行业价值链条当中的低效或高利润环节，利用互联网工具和互联网思维，重新构建商业价值链就有机会获得成功。

### 4. 免费商业模式

“互联网+”时代是一个“信息过剩”的时代，也是一个“注意力稀缺”的时代，怎样在“无限的信息中”获取“有限的注意力”，便成为“互联网+”时代的核心命题。注意力稀缺导致众多互联网创业者们开始想尽办法去争夺注意力资源，而互联网产品最重要的就是流量，有了流量才能够以此为基础构建自己的商业模式，所以说互联网经济就是以吸引大众注意力为基础，去创造价值，然后转化成盈利。

很多互联网企业都是以免费、好的产品吸引到很多的用户，然后通过新的产品或服务给不同的用户，在此基础上再构建商业模式。比如360安全卫士、QQ用户等。互联网颠覆传统企业的常用打法就是在传统企业用来赚钱的领域免费，从而彻底把传统企业的客户群带走，继而转化成流量，然后再利用延伸价值链或增值服务来实现盈利。

如果有一种商业模式既可以统摄未来的市场，也可以挤垮当前的市场，那就是免费的模式。信息时代的精神领袖克里斯·安德森在《免费：商业的未来》中归纳基于核心服务完全免费的商业模式：一是直接交叉补贴，二是第三方市场，三是免费加收费，四是纯免费。

### 5. O2O商业模式

2012年9月，腾讯CEO马化腾在互联网大会上的演讲中提到，移动互联网的地理位置信息带来了一个崭新的机遇，这个机遇就是 O2O，二维码是线上和线下的关键入口，将后端蕴藏的丰富资源带到前端，O2O和二维码是移动开发者应该具备的基础能力。

O2O（Online to Offline）狭义来理解就是线上交易、线下体验消费的商务模式，主要包括两种场景：一是线上到线下，用户在线上购买或预订服务，再到线下商户实地享受服务，目前这种类型比较多；二是线下到线上，用户通过线下实体店体验并选好商品，然后通过线上下单来购买商品。

广义的O2O就是将互联网思维与传统产业相融合，未来O2O的发展将突破线上和线下的界限，实现线上线下、虚实之间的深度融合，其模式的核心是基于平等、开放、互动、迭代、共享等互联网思维，利用高效率、低成本的互联网信息技术，改造传统产业链中的低效率环节。

1号店联合董事长于刚认为O2O的核心价值是充分利用线上与线下渠道各自优势，让顾客实现全渠道购物。线上的价值就是方便、随时随地，并且品类丰富，不受时间、空间和货架的限制。线下的价值在于商品看得见摸得着，且即时可得。从这个角度看，O2O应该把两个渠道的价值和优势无缝对接起来，让顾客觉得每个渠道都有价值。

### 6. 平台商业模式

平台商业模式的核心是打造足够大的平台，产品更为多元化和多样化，更加重视用户体验和产品的闭环设计。

张瑞敏对平台型企业的理解就是利用互联网平台，企业可以放大，原因有：第一，这个平台是开放的，可以整合全球的各种资源；第二，这个平台可以让所有的用户参与进来，实现企业和用户之间的零距离。在互联网时代，用户的需求变化越来越快，越来越难以捉摸，单靠企业自身所拥有的资源、人才和能力很难快速满足用户的个性化需求，这就要求打开企业的边界，建立一个更大的商业生态网络来满足用户的个性化需求。通过平台以最快的速度汇聚资源，满足用户多元化的个性化需求。所以平台模式的精髓，在于打造一个多方共赢互利的生态圈。

但是对于传统企业而言，不要轻易尝试做平台，尤其是中小企业不应该一味地追求大而全、做大平台，而是应该集中自己的优势资源，发现自身产品或服务的独特性，瞄准目标用户，发掘出用户的“痛点”，设计出针对用户“痛点”的极致产品，围绕产品打造核心用户群，并以此为据点快速地打造一个品牌。

（资料来源：编者依据网络资料改写）

## 案例分析4-3 利乐

早期的利乐在进入中国之初主要业务是销售包装纸和包装设备。但由于利乐设备价格昂贵，一般要数百万元，所以一时难以打开市场。

后来利乐修改了定价。原来是需要一次性付清几百万元买下设备，现在是改用“80/20”的设备投资方案。客户只要付20%的款，就可以安装设备，此后4年，只要每年订购一定量的利乐包装材料，就可以免交其余的设备款。单单修改了一个定价，就让利乐打开了市场，并占据中国90%以上的乳业包装市场。

随着竞争的进一步加剧，企业为了节约成本，拿出财务报表才发现：最大的一块成本支出竟然是利乐的包装材料。当有些企业试图更换包装材料时，却发现无法更换了。因为，利乐通过“条形码灌装机”的专利，使其他品牌的“包装材料”无法在利乐的设备上使用。

那么更换设备呢？成本更加高昂。此时，牛奶成套灌装设备已经涨价到数千万，如果更换全部设备，乳业企业就要面临破产清算的风险。没办法，中国的乳业企业们只能继续使用利乐的包装材料，源源不断地为利乐创造利润。

当然，利乐也给客户提供了很多有价值的增值服务，如“生产过程追踪模型”技术。

“生产过程追踪模型”可以实现产品追溯功能。如果顾客从超市买回去的一盒牛奶出现问题，根据产品所存储的信息，可以将它的生产过程重新检查一遍，就能知道是哪一个环节出了差错，实现了生产过程可视化。

与此同时，生产企业可以快速而准确地界定差错产品的责任环节及产品范围，从而有针对性地召回差错产品。这项技术不仅为企业节约了成本，也以最快的速度消除了产品对消费者的潜在危害。

（资料来源：编者依据网络资料改写）

案例启示：

对于定价，主要是以下几个关键点：

（1）降低一次性投入，大大节约谈判成本。

（2）新产品的定价，如果太高，难以打开市场；如果太低，难以为利益相关者带来收益。“80/20”方案其实也是剃须刀—刀片模式，设备是剃须刀，包装纸是刀片，两者形成一种绑定。所以，应用任何一种商业模式时，需要理解商业模式背后的逻辑。

### 4.2.6 商业模式开发

著名管理学大师彼得·德鲁克说过，当今企业之间的竞争，不是产品之间的竞争，而是商业模式之间的竞争。经济外环境的巨大变化促使经济个体（企业）的商业模式及其管理不断变革和科学优化。

商业模式（Business Model）就是企业如何竞争、如何使用资源、如何构建关系、如何与顾客互动的计划，如图4–3所示。

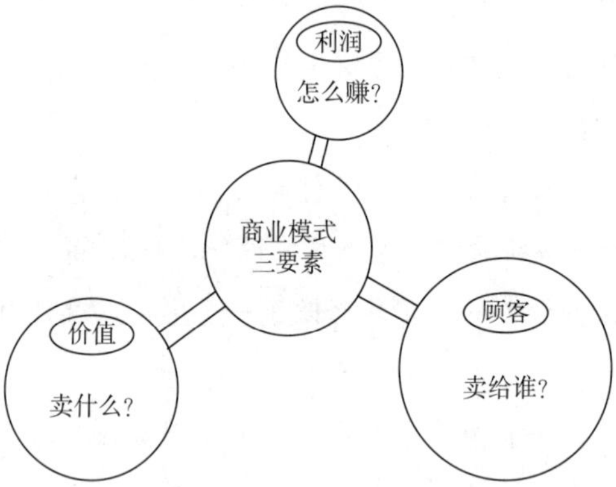


图 4–3 商业模式开发

商业模式的重要性：

（1）商业模式可作为可行性分析的延伸。

（2）商业模式使人们的注意力集中于企业要素如何匹配以及如何构成企业整体上。

（3）商业模式解释了使商业创意具有可行性的参与者群体为何愿意合作的原因。

（4）商业模式向所有的利益相关者（包括员工）阐述了企业的核心逻辑。

### 4.2.7 成功的商业模式

成功的商业模式（见图4–4）具有三个特征。

首先，成功的商业模式要能提供独特价值。有时独特的价值有可能是新的思想，而更多时候，它往往是产品和服务独特性的组合。这种组合可以向客户提供额外的价值，使得客户能用更低的价格获得同样的利益，或用同样的价格获得更多的利益。

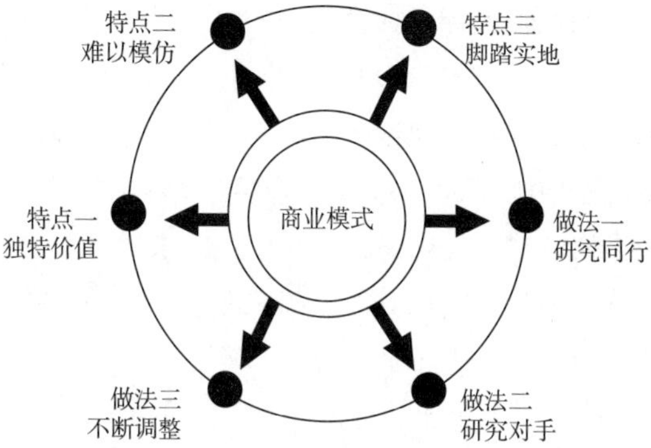


图 4–4 成功的商业模式

其次，商业模式是难以被模仿的。企业通过自己的与众不同（如对客户的悉心照顾、卓越的实施能力等）来提高行业的进入门槛，从而保证利润来源不受侵犯。

最后，成功的商业模式是脚踏实地的。企业要做到量入为出、收支平衡。这个看似简单的道理，要想年复一年、日复一日地做到，却并不容易。现实当中的很多企业，不管是传统企业还是新型企业，对于自己的钱从何处赚来，为什么客户看中自己企业的产品和服务，乃至有多少客户实际上不能为企业带来利润反而在侵蚀企业的收入等关键问题，都不甚了解。

**延伸阅读 4-4** 美国西南航空公司商业模式

1. 顾客——他们是谁?

□ 临近的城市之间提供了几种飞行时间选择。

□ 在相同距离里短途旅行选择乘坐飞机而不是驾驶汽车的家庭。

2. 低成本

□ 提供90% 的全折扣。

□ 关注以降低成本来提高利润而不是提高市场占有率，理解独特的市场细分。

3. 飞行距离短

□ 西南航空没有采用呼叫中心系统，而是点对点飞行。

□ 平均飞行时间仅一小时。

4. 有趣味

□ 典型的服务员这么说：“请注意机舱前面的服务员。她或者将迷失美国或者将是个辛苦的奔跑者。”

（资料来源：编者依据网络资料改写）

**思考：**美国西南航空公司商业模式给我们带来了什么启发?

### 4.2.8 商业模式设计步骤

1. 解决了什么行业问题、谁是你的付费用户

（1）行业分析。为什么选择这个行业，该行业现状及现存哪些行业痛点?

（2）客户消费能力分析。采用理性的销售方法和对客户的选择，要根据客户的消费能力设

计计划，根据自己销售产品的特征选择目标客户，同时在进行客户群定位过程中，要把握好客户群的分析调查工作，这是我们进行准确客户定位的前提。

客户关系管理的一个主要功能是实现这一切所需要的一种能够持续与客户交流的工具。企业的经营需要逐步由“以产品为中心”的模式向“以客户为中心”的模式进行转移。

2. 你给客户带来什么好处

（1）抓住客户的关注点。不同的客户对商品的关注点不一样，需要了解目标客户的特点及需求，并根据市场情况和行业经验揣测并判断客户的关注点。

（2）表明你对客户的价值。每个企业都有各自特定的价值，要让客户感知并认可你的价值。向客户介绍的重点是独特卖点与竞争优势，并说明你的独特与优势可以为客户创造哪些可视性的价值，并找到针对某一问题的共赢的解决方案。

3. 如何让客户知道你

清晰了产品售卖价值、找到了潜在客户位置后，还要建立起与客户的沟通渠道，通过投放广告、搜索引擎优化等方式增加品牌知名度，在经营销售过程中，利用发放折扣、促销优惠等方式吸引潜在客户。

4. 如何将产品送达客户

实体商品利用快递或开设直营门店等方式送达客户，虚拟商品利用邮箱、APP商店等方式送达客户。

5. 你的核心任务是什么

融资：在企业的创办和经营过程中没有持续的现金供给就会出现现金断流，这就产生了融资的需求，资金需求是以经营中的现金为依据的。成功的融资首先要找到正确的融资渠道，规划适宜的融资方式，制订合理的融资计划书。

6. 你还缺少什么

打造优秀的创业团队：人力资源是企业发展的关键要素，成功组建与管理创业团队是成功的创业者需要具备的主要能力之一，必须了解如何组建、发展、凝聚及管理一个成功的团队。

7. 谁能帮你

风险投资：风险投资基金是以一定方式吸纳个人和机构的资金，投向一些不具备上市资格的中小企业及新兴企业，无须风险企业的资产抵押担保，手续相对简单。现在成功的企业，如百度、阿里巴巴等，都是通过风险基金的支持建立发展起来的。

8. 你有多少赚钱的产品

除主体产品外，也要注重其余延伸附加产品价值（企业在保证研发主体产品盈利的同时，还要注重发掘主体产品的延伸价值，如产品专利技术、App内容下载）。

9. 你需要投入多少成本

任何项目从启动到盈利都会有一个潜伏期，需要预测创业所需资金，降低资金成本。在创业初期，启动资金是创业最初投资的主要资金来源。启动资金是创业启动和筹建时可以动用的钱，其中包括固定资产投资、原料首期进货、经营费用及应对不确定费用支出。

# 4.3 商业风险评估与规避

## 4.3.1 创业风险的概述

### 1. 风险的概念

风险是指在一定条件下和一定时期内，由于各种结果发生的不确定性而导致行为主体遭受损失的大小以及这种损失发生可能性的大小，风险以损失发生的大小与损失发生的概率两个指标进行衡量。

### 2. 风险的特征

（1）风险是客观存在的。

（2）风险是相对的、变化着的。

（3）风险是可以识别的，因而也是可以控制的。

（4）风险与收益往往是对等的。

### 3. 创业风险

创业风险是指在企业创业过程中存在的风险，是指由于创业环境的不确定性、创业机会与创业企业的复杂性，创业者、创业团队与创业投资者的能力与实力的有限性，往往有导致创业活动偏离预期目标的可能性。

## 4.3.2 创业风险的类别

### 1. 机会风险

选择创业也就丧失了对其他职业的选择，这就是所谓的机会成本风险。如果创业者认为目前的创业时机成熟，应当把握最佳创业机会立即着手创业。如果觉得目前没有太好的创业机会，且自身对公司经营管理的知识掌握甚少，就可以暂时选择从事相关职业。这样可以通过工作观察所在公司是如何经营运作的，学习所在公司开拓市场和企业高层管理公司的技巧。

### 2. 市场风险

市场风险是指市场主体从事经济活动所需要面临的盈利或亏损的可能性和不确定性。市场容量是市场商业总价值的决定性因素。在制订创业计划时一味根据调查数据进行主观推理可能会错误估计市场需求量。新产品打开市场需要时间和过程，如缺乏广告宣传，被市场接受的时间则更长，会造成销售不畅，产品积压，导致企业资金周转困难。

**延伸阅读4-5** 八佰伴的经营

八佰伴是日本最大的百货公司之一，在20世纪90年代全盛时期，八佰伴在全球16个国家拥有400多家百货公司，以雄霸世界零售业第一把交椅而扬名。

1997年9月，八佰伴宣布破产，向法院申请“公司更生法”保护，当时八佰伴的负债额达到1 613亿日元，是日本战后最大的一宗企业破产案。

在调查中发现，导致八佰伴破产的致命原因有三：

第一，八佰伴低估经营非核心业务的风险，在急速成长过程中，八佰伴逐渐背离了百货和超市的主业，而发展地产、饮食、食品加工和娱乐等辅业。然而，随着金融风暴的冲击，集团的这些辅业变成了负资产，这些辅业都为八佰伴带来了沉重的负担。

第二，八佰伴低估了扩张业务的风险，1990年至1996年短短六年间，八佰伴在中国内地的零售点由零扩展到50多家，在扩展的过程中，它明显低估了扩张业务的风险，加上八佰伴当时遇上国家宏观调控，为了实现集团主席的梦想，只好通过信贷维持扩张。面对比预期差的回报及不断扩大的资金需求，八佰伴最终陷入难以自拔的困境。

第三，八佰伴也低估了开发海外新兴市场的风险。由于日本市场零售业饱和，强大竞争对手林立，八佰伴采取了积极开发海外市场的战略，但却低估了开发新兴市场的风险。1972年，八佰伴将巴西视为第一海外市场，但当时的巴西经济动荡，最后只有惨淡收场。20世纪90年代初，八佰伴开始进军中国市场，甚至将它的总部迁至上海。但由于中国消费者当时还未能完全接受超市和百货公司的销售模式，中国消费力还处于比较低的水平，加上遇到中国宏观调控和国内合资伙伴已核准资金不能如期到位等问题，导致资金回报率不断下落，辛苦经营了十多年的八佰伴终于以清盘结束业务。

（资料来源：编者依据网络资料改写）

**思考：**我们应该在创业中如何避免八佰伴的失败？

### 3. 资金风险

资金风险是指资金不能及时供应而导致创业失败的可能性。对于新创企业资金缺乏的问题十分普遍，资金链的断裂会给企业后续生产营销带来巨大问题。如果创业者不能适时解决资金问题，十分容易导致创业夭折。

### 延伸阅读4-6 天天低价背后的秘密

沃尔玛的“女裤理论”是对“薄利多销”策略的最好解释：女裤的进价8美元，售价12美元，每条毛利4美元，一天卖10条，毛利为40美元。如果售价降到10美元，每条毛利2美元，但一天能卖30条，则毛利为60美元。

那么如何做到“天天低价、薄利多销”呢？

沃尔玛要求，供应商的报价必须是给其他商家的最低价，否则免谈。在此基础上，沃尔玛以进货量巨大、帮助供应商进入世界市场、现金结算等三个理由，要求供应商降价25%。巨大的规模和雄厚的资金实力使沃尔玛在谈判桌上取得了绝对的优势。巨大的规模也使沃尔玛的各项费用和成本在极大程度上被分摊。

进货量巨大、现金结算、帮助供应商进入世界市场都表现出沃尔玛作为购买者身份的强大的议价能力。正所谓“财大气粗”，巨大的规模和雄厚的资金实力使沃尔玛在谈判桌上拥有绝对的优势。这也给予了沃尔玛竞争优势的积极因素和独特能力。在固定成本一定的情况下，生产量越大，单位成本也就越低。巨大的规模分摊了沃尔玛的各项成本和费用，使其单位成本较低，从而为其“天天平价”提供了后盾。这就是所谓的规模经济。

控制成本首先是厉行节约。在沃尔玛中国总部，大家看到的是狭窄的过道和没有任何装修、素面朝天的办公大厅。而沃尔玛国际公司总经理和他的下属们至今还挤在一起办公。其次，沃尔玛注重对商品的优胜劣汰，每家店都要根据不同的地区和人文环境，根据顾客需求的变化，选择销售不同的产品。这项工作的目的在于让货架上的商品永远都是适销的商品。最后是降低仓储成本。

沃尔玛还有一个非常有意思的降低成本的办法，就是它的分店总是一个镇一个镇、一个县一个县地渐次建立，这样可降低运输成本和广告费用，因为新店总是在上一个沃尔玛店附近建立，往往并不需要进行大规模的宣传。

无论从总部的装修还是降低仓储成本，沃尔玛的战略是对成本不断地缩减、缩减、再缩减，这样能够为其带来商品在价格上的竞争优势，进行“天天平价、薄利多销”，进而达到最大的利润。这就反映出波特的价值链理论：企业应该按照成本最小化或者产品差异化的战略来分配资源。

#### 4. 技术风险

技术风险是指在企业技术创新过程中，因技术因素导致创业失败的可能性。技术成功具有不确定性，技术研究从开发到产品化、产业化的过程中，一个技术障碍，都会造成产品的创新失败。企业创新产品的研发失败原因是多种多样的。当企业创新资金的投入达到一个极限，面临枯竭时，合格的产品还没有生产出来，形成成品化模式，这个创新企业就有可能承担失败的风险。另外，创新产品技术前景、技术寿命的不确定性也让依赖技术产品的创业者面临着巨大的技术创新风险，如不能在技术寿命周期内迅速实现产品的工业化、产业化，无法使创业初期的投资回笼取得利润，必然造成创业的夭折。

### 延伸阅读 4-7 摩托罗拉陷入技术迷途

摩托罗拉在中国的市场占有率由1995年60% 以上跌至2007年的12%。20年前，摩托罗拉还一直是引领尖端技术和卓越典范的代表，享有着全球最受尊敬公司之一的尊崇地位。它一度每隔十年便开创一个工业领域，有的十年还开创两个。自成立以来，发明过车载收音机、彩电显像管、全晶体管彩色电视机、半导体微处理器、对讲机、寻呼机、大哥大（蜂窝电话）以及“六西格玛”质量管理体系认证，它先后开创了汽车电子、晶体管彩电、集群通信、半导体、移动通信、手机等多个产业，并长时间在各个领域中找不到对手。

但是这样一家有着显赫历史的企业，在2003年手机品牌竞争力排在第一位，2004 年被诺基亚超过排在了第二位，而到了 2005 年，则又被三星超过排到了第三位。

为了夺得对世界移动通信市场的主动权，并实现在世界任何地方使用无线手机通信，以摩托罗拉为首的美国一些公司在政府的帮助下，于1987年提出新一代卫星移动通信星座系统—— 铱星。铱星系统技术上的先进性在目前的卫星通信系统中处于领先地位。铱星系统卫星之间可通过星际链路直接传送信息，这使得铱星系统用户可以不依赖地面网而直接通信，但这也恰恰造成了系统风险大、成本过高，维护成本相对于地面也高出许多。整个卫星系统的维护费一年就需几亿美元之巨，在商用之初就将自己定位在了“贵族科技”。铱星手机价格每部高达3 000美元，加上高昂的通话费用，它开售的前两个季度，在全球只发展了1万用户，这使得铱星公司前两个季度的亏损即达10亿美元。尽管铱星手机后来降低了收费，但仍未能扭转颓势。

摩托罗拉是一个很重视产品规划的公司，此前摩托罗拉每开发一款新产品，通常先提前数月预测消费趋势。但在快速升级换代的手机行业中，制造商们试图提前数月预测消费者需求是非常困难的。再加上摩托罗拉是一家技术主导型的公司，工程师文化非常浓厚，这种公司通常以自我为中心，唯“技术论”，从而导致摩托罗拉虽然有市场部门专门负责收集消费者需求的信息，但在技术导向型的企业文化里，消费者的需求很难被研发部门真正倾听，研发部门更愿意花费大量精力在那些复杂系统的开发上，从而导致研发与市场需求的脱节。

（资料来源：编者依据网络资料改写）

5. 环境风险

环境风险是指一项高技术产品创新活动由于所处的社会、政治、法律环境变化或由于意外灾害发生而造成失败的可能性。可能性虽小，但也必须做到万无一失，应重视环境风险的分析和预测，把环境风险减到最低限度。

**延伸阅读 4-8** 百年汽车龙头一夕破产

拥有百年历史的通用汽车公司成立于1908年9月，曾是世界上最大的汽车制造企业。

在2008年以前，通用连续77年蝉联全球汽车销量之冠。2009年6月1日，由于经营管理失误以及债务等问题，美国通用汽车公司正式递交破产保护申请。这是美国历史上第四大破产案，也是美国制造业最大的破产案。

金融危机对通用是个“致命伤”，尤其是对北美业务来说。主要通过两个方面表现出来。一个是金融危机本身造成美国汽车市场消费需求减少，销量下滑带来收入下跌、现金流减少。一个是金融危机中，通用汽车最近十年来一直倚仗颇深的通用汽车金融公司（GMAC），让其尝足了苦头。这种依赖“信用”的汽车消费贷款模式，名义上好像通用汽车在北美市场卖掉了好几百万辆车。但由于其采用分期付款方式，卖出的车事实并不能一次性收回购车款。这样，金融危机来临之即，当那些贷款者的信用不再“讲信”的时候，不仅让 GMAC 产生了大量呆账、坏账，也使得通用汽车的营业收入锐减。而且，GMAC 本身也是通用汽车的“利润机器”。尽管这些年来通用汽车连年亏损，但在2007年之前，GMAC每年都会创造数十亿美元的利润。但是，由于GMAC在业务发展过程中，不仅扩大了原来的汽车金融业务，而且还“杀入”房地产消费贷款领域，成为全美五大住房贷款金融机构之一。在次贷所引发的金融机构危机中，GMAC 也受到了极大冲击而不得不依靠政府注资改组为银行控股金融公司，也就更不用说向通用汽车上缴多少利润了。

金融危机来袭、消费者购车支出下降和企业运营成本较高，固然是美国汽车业出现困局的重要原因。但是把目光仅仅集中在金融危机和企业经营层面，则可能忽视产业竞争、政策引导以及社会消费模式等外部宏观因素的助推作用。

一方面，从产业竞争层面看，通用、福特、克莱斯勒三大汽车制造商通过兼并重组曾占据美国汽车市场多半份额。当年这种典型的垄断市场结构，让美国汽车产业在国内市场长期获取丰厚利润，也使它们在技术创新方面“动力”不足，从而在全球市场上的竞争力下降。

另一方面，从政策层面看，较松的产业管理政策是美国汽车业困局的另一教训。美国政府相关机构对汽车产业的管控较松，除安全性能、排放控制等强制性标准外，这些机构对汽车产业发展战略和经营风险等基本上不去干预。实践证明，这样的产业管理政策，能促进市场竞争，却可能难以维护国内产业的健康可持续发展。

此外，从社会层面看，美国社会的过度消费模式与当前美国汽车业困局不无关系。而汽车企业的金融公司通过便利信贷服务为此推波助澜。有的公司为提升销量，甚至推出“零首付、零利率”车贷，致使实际市场需求被严重夸大，结果是汽车产能的急速扩张和产能过剩。当经济“严寒”导致市场萎缩时，过剩产能就成为企业的负担。

（资料来源：编者依据网络资料改写）

### 6. 管理风险

对于创业者而言，不能凭借着自己的个人情绪变化或不切实际的个人偏好而做出决定性的决策。创业企业的迅速发展往往伴随着很多潜在危机，企业组织结构的调整速度无法跟上企业发展的脚步，就会成为企业发展道路上潜在危机的根源。因此，在创业初期创业者就需要建立健全的规章制度，根据企业文化，制定出和企业发展与时俱进的组织结构。

### 延伸阅读 4-9 三鹿集团败于管理失控

2008年12月25日，河北省石家庄市政府举行新闻发布会，通报三鹿集团股份有限公司破产案处理情况。三鹿牌婴幼儿配方奶粉重大食品安全事故发生后，价值高达148.07亿元的三鹿品牌资产灰飞烟灭。

反思三鹿奶粉事件，我们不难发现，造成三鹿悲剧的三聚氰胺只是个导火索，而事件背后的运营风险管理失控才是真正的罪魁祸首。醉心于规模扩张，高层管理人员风险意识淡薄。对于乳业而言，要实现产能的扩张，就要实现奶源的控制。为了不丧失奶源的控制，三鹿在有些时候接受了质量低下的原奶。据了解，三鹿集团在石家庄收奶时对原奶要求比其他企业低。因此，三鹿集团祸起奶粉，也就不足为奇。

另外，三鹿集团大打价格战以提高销售额，以挤压没有话语权的产业链前端环节利润。三鹿从未将公司与上游环节进行有效的利益捆绑，因此，上游企业要想保住利润，就必然会牺牲奶源质量。企业快速增长，管理存在巨大风险。作为与人们生活饮食息息相关的乳制品企业，本应加强奶源建设，充分保证原奶质量，然而在实际执行中，三鹿仍将大部分资源聚焦到了保证原奶供应上。三鹿集团“奶牛+农户”饲养管理模式在执行中存在重大风险，散户奶源比例占到一半，且形式多样，要实现对数百个奶站在原奶生产、收购、运输环节实时监控已是不可能的任务，只能依靠最后一关的严格检查，加强对蛋白质等指标的检测，但如此一来，反而滋生了层出不穷的作弊手段。但是三鹿集团的反舞弊监管不力，企业负责奶源收购的工作人员往往被奶站“搞”定了，这样就形成了行业“潜规则”。不合格的奶制品就在商业腐败中流向市场。

此外，三鹿集团对贴牌生产的合作企业监控不严，产品质量风险巨大。贴牌生产，能迅速带来规模的扩张，可也给三鹿产品质量控制带来了风险。至少在个别贴牌企业的管理上，三鹿的管理并不严格。

危机处理不当导致风险失控，三鹿集团缺乏足够的协调应对危机的能力。在危机发生后，面对外界的质疑和媒体的一再质问，仍不将真实情况公布，引发了媒体的继续深挖曝光和曝光后消费者对其不可恢复的消费信心。

（资料来源：编者依据网络资料改写）

### 4.3.3 创业风险识别过程

创业风险评估是发展和创业活动中依据其中发出的风险信号，在风险事件出现或者出现之前运用各种方法对风险进行评估识别，使企业能够系统地、连续地、全面地认识可能面临的潜在风险。同时，企业还要识别由于外部环境变化的连锁反应可能带来的隐性风险。根据自身条件，调整生产模式，规避风险，降低损失。

识别创业风险的基本途径有：

1. 环境分析

通过对宏观环境和微观环境组成的分析、整理，明确机会与威胁，发现自身的优势和劣势。重点分析环境中的不确定性和变动趋势，由这些变动因素及其相互作用对企业的影响。用内部环境和外部环境的相互作用力找出这些环境可能存在的风险和损失。

2. 财务分析

这是以财务报表这种便于管理人员掌握的资料形式为依据，对企业的固定资产、流动资产等情况进行风险分析，集中反映企业财务状况和经营成果，为发现潜在风险提供有利线索。从财务角度去发现潜在风险，提高风险评估效率。

3. 专家调研

这是一种实效的评估途径。利用相关领域专家的知识能力特长，由企业自身和专家们反复进行评估、回收、整理，最后汇总，对风险的可能性及其后果做出令人较满意的判断和估算。

4. 企业自我剖析

企业领导者做出全面合理的自我审视，在把握企业发展方向和风险预期方面起到重要作用。创业者必须拥有较高的风险意识，同时要加强团队内部的协调合作，认真听取基层员工意见，及时发现企业内部管理中存在的问题和在生产营销中存在的潜在风险。

### 4.3.4 创业风险识别的方法

风险评估就是在识别出风险的基础上结合数据与分析，对风险进行测量，是风险管理中关键的环节。

1. 德尔菲法

德尔菲法又称专家调查法，根据实际情况建立评级表和风险指数，组织专家对风险项目来打分判定风险程度。多位专家们根据企业委托他们分析的风险根据经验做出各自评估，从而综合折中意见结果，再次对评估结果进行修改，从而达到一致。

2. 概算估计法

概算估计法可测出创业各种风险发生的概率及其结果的大小，并作出期望和方差。概率通常有两种：一是客观概率，采用统计方法，用大量实验和数据估算，具体可用累积频率分析法和时间序列预测法。二是主观概率，创业风险事件大多数是在不可能作出准确分析的情况下，很难计算出客观概率，而又必须作出估计的情况下产生的。一般组织有关专家对风险事件的概率作出合理的估计。

3. 风险价值法

风险价值法可将企业的风险大小以一定的货币量表示出来，实现不同风险的比较。主要有参数方法和模拟仿真法两种方法。风险价值是一个概括性数值，能够直接刻画企业具体的风险大小，较之以往以方差来代表企业风险的做法有了很大的改进。

4. 层次分析法

层次分析法是一种定量和定性分析相结合，利用层次分析的递阶层次结构模型，将风险评估总目标进行逐层分解，得到从不同方面衡量风险的多变量准则层的多目标决策方法。每个需要评估的方案按不同的准则彼此对比，构成判断矩阵，求出矩阵最大特征值对应的特征向量，从而得到项目风险大小关系。层次分析法很好地处理定性和定量相结合的问题，将决策者的主观判断与政策经验导入模型，并加以量化处理。

另外，还有一些其他的风险识别方法，如模糊综合评价法、全面风险管理法、敏感分析法、风险调整贴现率法、肯定当量法等。但在企业风险评估的时候，应与企业实际情况相结合，用适合的方法来针对不同的风险评估。当然，用几种不同的分析法来对同一种风险来进行评估，结果更好。

### 4.3.5 来自创业团队的风险

创业团队是由两个具有共同利益关系，共同承担创建新企业责任的人组成的工作团队。创业企业在诞生或成长过程中最主要的力量来源于创业团队。优秀的创业团队能促使企业迅速发展，但其中也蕴含了很大的风险。

1. 团队协作

现在，已经告别了个人英雄主义时代，越来越多的竞争都是团队合作力的竞争。只有团结向上、乐观进取的团队才可以在激烈的竞争中取得最后的胜利。团队合作是否和谐、有利，关乎创业的成败。一旦创业团队的核心成员在一些问题上产生分歧无法达到统一的时候，将会给企业造成强烈冲击，甚至带来严重后果。

2. 人才流失

在现代企业中，高素质的业务员团队是这些企业成长的重要基础。在依靠技术或专利的创业企业中，那些掌握着关键技术的业务骨干人员更是企业的顶梁柱。一个企业如果老是留不住核心业务干部或者管理层人员，会承担很高的失败风险。

**案例分析 4-4　共享充电宝**

继共享专车、共享单车成功吸引数亿美元的资本涌入并获得丰厚回报后，共享充电宝、共享澡堂、共享篮球又纷纷以共享之名开始登堂入室。

2017年5月4日晚间，聚美优品宣布将以3亿人民币（现金）收购共享充电宝企业——深圳街电科技有限公司股权。其明星CEO陈欧更是宣称这是其亲自抓的一个项目，并表示：“聚美优品对该项目的投资无上限，未来3个月内，将继续注入几十亿的资金。”

在充足曝光之后，一个关键问题是：共享充电宝是否能成为下一个共享专车、单车呢？

其实在这波充足曝光之前，共享充电宝这一项目就得到了许多资本的青睐。新京报在2017年4月份的一篇文章中报道：“据公开数据统计，从3月31日到4月10日，10天时间，5 笔融资，超20家机构入局，融资金额逼近3亿元。同时，有投资人透露，至少还有数个新玩家在入场。不完全统计显示，IDG、红点中国、腾讯、金沙江创投、元璟资本和知名个人天使投资人王刚等都已投资了共享充电宝类型的创业公司。”

一个有趣现象是，上述VC机构与此前的共享专车、单车的资本方有着很大的重合性，而他们的竞相涌入，使得共享充电宝很可能在未来又将是一场以资本培育用户习惯的游戏。

（资料来源：编者依据网络资料改写）

**案例启示：**

搭上共享名义的共享充电宝，能否成为下一个共享专车、单车呢？首先，需要明确的是，共享充电宝有没有需求市场？电量需求对于消费者而言，是真实存在的，消费者有电量焦虑。但是，这是否就能得出共享充电宝将能满足用户需求、取得市场成功，成为下一个专车、单车这般的大项目呢？从目前来看，其面临着诸多挑战。其一，消费者使用频率会有多高？其二，电池窘境已经得到了极大改善，技术变革是共享充电宝的死穴。其三，安全问题是考验。

## 小　结

本章共分三节，包括创业机会识别、商业模式设计、商业风险评估与规避。

本章从商业机会的定义入手，重点阐述了如何识别商业机会；本章的重点是商业模式的设计，通过对互联网+商业模式和成功商业模式的介绍，让读者掌握商业模式设计步骤；本章还重点阐述了创业的风险。

## 思 考 题

1. 商业模式包含的要素有哪些？
2. 商业模式的设计步骤是什么？
3. 商业策划书的框架有哪些？
4. 商业风险的分类有哪些？
5. 识别创业风险的基本途径有哪些？

# 第 5 章　商业策划书

## 本章导读

本章共分三节，内容包括商业策划书概述、商业策划书撰写、项目路演展示。

第一节为商业策划书概述，内容包括商业策划书的基本内容，作用、基本逻辑和制作流程；第二节重点阐述商业策划书撰写，包括撰写商业策划书的原则和具体内容；第三节阐述了项目路演的展示。

## 学习目标

学习完本章后，应该能够达成以下目标：

◆ 了解商业策划书的基本概念，理解商业策划书在创业过程中的作用。

◆ 掌握商业策划书的撰写框架，了解每部分的内涵和逻辑。

◆ 尝试撰写商业策划书，并结合商业策划书的内容进行路演等方面的展示。

## 导入案例

### 力争上游的张高杰

张高杰，伊犁艺凯教育培训中心创始人。

山西晋城，这里风景秀丽，历史源远流长，张高杰就出生在这样一个诗意的地方。少年时期的张高杰就是一个爱学习、有拼劲的好学生。在 2011 年的艺考面试中，张高杰凭借自己在中学时代所获得的大批荣誉证书（包括省、市、县级别的一、二等奖，还有一个全国青少年组三等奖）获得了艺考考官的青睐，加上自己出色的表现，如愿以偿获得了艺考合格证。2012 年 9 月，以文化课超出省控线 63 分的成绩考入了大学。

1. 少年入川，如沐春风

入校以后，他发现影视编导系是一个温暖的大家庭，是一个以人的全面发展为目标的大平台，领导和老师充满着教育者的情怀，在课堂上纵横驰骋，课后与同学打成一片。自上而下的凝聚力在影视编导系得到彰显。张高杰踌躇满志，希望自己在大学生活中能闯出一片天地，让自己青春无悔。他不甘平庸，入校后在政治上要求进步，学习成绩也在班里名列前茅，还积极参加系电视台的活动，把专业知识用于实践之中。除此之外，他还积极加入团学组织，担任了学生干部。这锻炼了他的组织、协调、语言表达等综合能力，成为以后创业中不可多得的财富。

### 2. 小荷才露尖尖角

2012 年 11 月中旬，对于张高杰来说具有特殊的意义，他了解到成都时代凯瑞教育文化有限责任公司在招兵买马，这对于刚刚大一的张高杰来说是一份机遇，也是一份挑战：首先，自己人生地不熟，地方语言也听不懂，如果去招生，沟通都困难；其次，这毕竟是第二课堂的锻炼，自己第一课堂还有课程要上，时间上也存在冲突。思虑再三以后，张高杰凭着自己的闯劲还是去面试了。面试很成功，他如愿以偿进了公司。

可是残酷的现实也摆在面前：时间、精力、人际关系，他都没有优势，但是他没有松懈。他利用课余时间，跑遍了全校 22 栋宿舍楼。每到21:00，挨个敲门询问，为有意向报名的学生进行登记，为已考过同学进行答疑。除此之外，还在学校食堂门口和校门口发传单，在小区门口做宣传，虽费心费神，但也招来了许多人的谩骂和白眼。与其他品牌教育机构的“抢人大战”，让这个“初生牛犊”被同行所欺负；因为业绩不高，被老板所“逼迫”。他面对这些困难，都没有退缩，在保证学校第一课堂不耽误的前提下，他就把失败当成了自己的阅历，一次不行就两次，两次不行就三次。只要自己有信心、有恒心，就没有不成功的事。

“功夫不负有心人”这句话用在张高杰身上再合适不过了，作为一个兼职学生，他的业绩竟然超越了公司的许多老员工，得到了领导的赏识，领导破天荒地对他一个尚未毕业的学生说：“欢迎你毕业以后继续来我们公司上班，我们愿意跟你签合同。”

2013 年 6 月，在公司招生团队激烈的竞选中张高杰当选为成都时代凯瑞教育文化有限责任公司驻大学校区经理，并负责组建周边大学团队。俨然，他成了公司驻所在大学城的“霸主”。很多个夜晚，同寝室的室友都已入睡，他还在自己的桌子上借着手机的微光整理报名信息。

灿烂辉煌的成绩确实让人羡慕，但是他并没有停下步伐。同年暑假，才进大学不久的他又回老家开始了编导艺考的培训招生工作，这一干就是四年，也正是有了这样的经历，成了他四年后事业的一个开端。

### 3. 人生需要色彩，色彩靠拼搏点缀

2016 年 6 月毕业后，张高杰回到了老家，继续在老家做“艺考培训”的招生与教学工作，这时的他虽然年轻，可在“艺考培训”这一块已经成为行业老手，因为他已经有了几年的工作经验。创业办艺考培训班的想法渐渐充斥在他的脑海中。

2017 年 5 月，一个偶然的机会他到新疆考察一个月，6 月份应邀到位于北京中国传媒大学西校区的北京中传艺德艺考学校商讨新疆分校的办学有关事宜。考虑到新疆是一个多民族多文化的汇聚点，本地学生外形条件较好。在国家大力推进中华传统文化方面，自治区学生综合素质较高，近些年来新疆走出去的明星比比皆是，这些外在因素更为艺考提供了良好的宣传氛围，同时新疆的艺考市场属于一片未被开垦的处女地，市场潜力巨大，这也更坚定了张高杰到新疆来创业的信念。

2017 年 7 月，张高杰只身来到新疆创业，在伊宁市创办伊犁艺凯教育培训中心，正式成立北京中传艺德艺考学校的新疆分校。

### 4. 前途光明，道路曲折，唯有拼搏

创业之初，培训机构地处新疆西部。但是机遇与挑战并存，一个新理念的注入，需要和传统进行激烈的抗争，沿海地区的艺考在十年前已经如火如荼，但是新疆在近些年才兴起。张高杰所选择的区域在新疆的最西边，这里民风淳朴，风景秀丽，尽管有很好的生源，但是传统的上学观念在这里也根深蒂固，有很多人不认可这种“艺考培训”，认为在学校里好好学习课本上的文化知识才是正经事，传统观念意识和一个新的上学模式形成激烈的矛盾。2017 年 7 月开始，接连几个月的时间，张高杰带领他的团队，跑遍了整个伊犁州县市所有高中。从 2017 年 7月到 9 月三个月的时间，张高杰招生宣传的总里程达到 5 万千米，费尽口舌，电话回访达到 2 000 多条，费尽了种种功夫，受尽了处处白眼，忍受了太多的质疑，张高杰拿出了当学生时做兼职的那份毅力，咬紧牙关不服输，克服重重困难，最终与十五所高中建立招生关系，平均每季度招学生数十名，每季度纯利润 20 万元左右。所招学生入校学习后，张高杰聘请名师，使用先进的设备为学生授课，带领自己的学生冲刺艺考。所有参加艺考的学生均能拿到合格证，拿证率达到了 100%，其中不乏中国传媒大学、四川传媒学院等国内知名院校的合格证，部分学生一人两证，甚至四证、五证。2018 年初，张高杰带领团队凭借优异的成绩与全国许多大学签订合作协议，成为众多大学的优质生源培养基地，也成为央视合作伙伴，学校的学生可以参与中央电视台节目现场录制，真正为学生的“艺术之梦”搭上了桥梁。

但是十五所高中远不是张高杰的目标。他们在接触各级教育主管部门过程中吸取经验，认真学习当地教育局党委书记对他们的指示，细心倾听国家对高中艺考生培养的目标和要求，坚持以建立一所有情怀、有温度的培训学校为准则，帮助更多边疆子女上大学圆梦，这才是这个创业青年一直的初心，一直的梦想。不忘初心、牢记使命。

伊犁艺凯教育培训中心从 9 人起步，到现在注册资金 100 万元，成为新疆规模最大、名师阵容最强的艺考培训班之一。

### 5. 创业心得

创业不只是为了赚钱，最重要的是实现自己的价值。

张高杰曾经多次跟自己的创业伙伴说：“一个人最大的贡献是什么，人生的意义是挣很多钱吗？人应该如何更有意义地活下去？每个人有每个人不同的方式，所以也有多种渠道来实现自己人生的价值。”

他是这么说的也是这么做的。当伊犁师范学院人文分院开设艺术类专业课程时，张高杰主动请缨，利用自己的专业知识水平征服评委，在创业之余正式成为一名大学的外聘专业老师，为目光中充满对知识渴望的孩子送上他们需要的技能。有人说，张高杰已经创业挣钱了，现在又去当外聘老师挣钱，他真是掉到钱眼里了。张高杰每每听到这些都是微微一笑。他通过自己的努力在创业的同时还去教书育人，传递出来的却是一种对知识的崇敬和传道授业解惑的精神，人不能为了钱而生活，更多的应该是社会责任感和使命感。

张高杰用自己的身体力行告诉了千千万万个创业者，创业的含义、创业的本质就是通过创

业把自己的才能和本事展示给大家，报效社会，从而实现自己的最大价值，让自己的人生更加有意义。

（资料来源：编者依据网络资料改写）

案例启示：

1. 国家大力扶持，抓住机遇

我国老百姓对教育的重视程度越来越高，都希望自己的孩子能有一个美好的前程。现如今，国家大力扶植西部的经济，拓宽了整个西部的市场。在这样的环境下，本身就利于创业发展，张高杰作为大学毕业生在创业的时候，可以享受国家很多优惠政策，在这样的大背景、大环境下，抓住机遇，主动出击，取得了胜利，赚取了人生中的第一桶金。

2. 创新精神，有对传统观念和传统行业挑战的信心和欲望

就是这种创新精神成为了张高杰创业的动力源泉，成为他成功创业的精神基础。在传统观念和新型模式相冲突时，他选择了坚持，而且在坚持中努力攻关克服，最终让自己的这种创新精神感染周围环境，得到大家的认可，努力打拼，创造了财富。

3. 较高层次的技术优势

张高杰接受过四年的大学教育，有相对完善的基础知识和人格，在学校里学到了很多理论性的东西，有着较高层次的技术优势。

## 5.1 商业策划书概述

### 5.1.1 商业策划书的基本概念

商业策划书，又称商业计划书。是创业者为了达到融资目标而撰写的一本企业发展说明书。商业策划书的撰写标志着公司正式启动融资工作。创业者做商业策划书的过程，也是帮助自己梳理创业思路、构建商业模式、设计盈利模式的过程。同时也是要设计出一个整体风格简洁、图文美观、传递信息明确的表现形式。商业策划书的读者是投资人、风险基金机构。因此，可以说商业策划书是融资的钥匙、投资的依据。职业投资人看过的商业策划书成百上千，看一份策划书的时间很短，如何设计出精美的商业策划书，吸引投资人的注意力，使之在众多的策划书中脱颖而出，是最需要考虑的问题。

1. 商业策划书的定义

商业策划书是公司、企业或项目单位为了达到招商融资和其他发展目标，在前期对项目进行调研、分析、搜集与整理有关资料的基础上，根据一定的格式和内容的具体要求而编辑整理的一个全面展示公司和项目状况、未来发展潜力与执行策略的书面材料。

商业策划书是一份全方位的项目计划，它从企业内部的人员、制度、管理以及企业的产品、营销、市场等各个方面对即将展开的商业项目进行可行性分析。商业策划书是企业融资成功的重要因素之一，商业策划书还可以使企业有计划地开展商业活动，增加成功的概率。

专业的投资人能在很短的时间内发现计划书是否套用模板，是否用心编撰。商业策划书的质量直接影响投资人对融资企业的看法。

所以，寻求风险投资的企业不要盲目，更不要走捷径去编制商业策划书，应该考虑寻找专业的公司量身定制高质量的、专业的策划书，这才能使得事半功倍。

### 2. 商业策划书的内涵

从格式上说，商业策划书的格式相对固定，在书写时可以根据格式把内容做丰富。但是不同的投资者在看商业策划书时的关注点是不同的，因此针对不同的商业策划书，应该有不同的内涵和定位。

1）初创企业

作为新企业的商业策划书，更多的是为了获得投资者的投资，所以在撰写商业策划书时，要考虑投资方的实际身份，有可能是身边的资源，也有可能是专业的投资公司，因此，商业策划书关系着企业的发展，更是让投资者认识初创企业的重要文件。

2）成熟企业

一般情况下，企业经历初期后，有了一定的经验积累，公司的运营就会更加成熟。这时，企业在制作商业策划书时，面对的客户群体和初创企业不同，投资方可能是更大型的私募股权投资机构或政府等，他们通常对企业的考察更加系统化、全面化。商业策划书是否专业，体现出企业是否能够全面清晰地描述和定位自己的发展，是企业成熟的重要依据。

企业如果计划寻找合作伙伴，那么商业策划书就主要发挥沟通的目的，它作为一种交流方式，能够让阅读者更加清晰、全面地了解企业的意图，进而降低交流成本。

但是在实际过程中也要清晰地认识到，投资或合作不是通过一次交流、一份策划书来完成的，在进行融资时，将会面临一遍又一遍的询问，走一道又一道的程序，这才是考验的开始。面对专业人士的询问、面对合作伙伴的质疑，越充足、越具体的准备就越能更好地应对各方的考验，而准备的过程就是梳理商业策划书的过程。

### 3. 商业策划书的目的

商业策划书是指创业者或企业基于创业的目的，调研、收集创意项目可以满足需求的程度，收集分析所处行业及竞争对手的信息，评估考核自身的创新创业实力，识别重要任务和战略，确定发展方向，制定筹资、经营目标和行动计划以及如何获取盈利效果的活动过程。上述活动的书面呈现形式就是创业项目商业策划书。

因此，商业策划书的目的很简单，它就是创业者手中的武器，提供给投资者和一切对创业者的项目感兴趣的人，向他们展现创业的潜力和价值，说服他们对项目进行投资和支持。因此，一份好的商业策划书，要使人读后，对下列问题非常清楚：公司的商业机会、把握这一机会的进程、所需要的资源、风险和预期回报、采取的行动建议、行业趋势分析。

1）商业策划书的四个基本目标

确定企业机遇的性质和内容；说明企业家计划利用这一机遇所要采取的方法；确定最有可

能决定企业是否成功的因素；确定企业筹集资金的工具。

2）商业策划书帮助企业制定发展方向

商业策划书不是公司的战略方向书，更多的是记录发展路径、描述发展方向，以便给阅读商业策划书的人更全面、更清晰的展示。这个过程会帮助企业全面了解自身发展情况。可以说完成商业策划书的过程，就是探索企业发展战略方向的过程。很多企业在开始撰写商业策划书时并没有清晰的定位，通过撰写的过程逐步找到了发展方向。

如果企业有一定的积累，制定了相对明确的战略路线，通过商业策划书的撰写，也能更清晰、更全面地将企业发展的情况展示给他人，进而让除企业拥有者、管理者之外的人能够给予反馈，帮助企业明确发展方向。

### 4. 商业策划书的作用

商业策划书最大的作用就是帮助创业者或者企业家规划事业蓝图，安排公司的运营，进行招商或者融资。

1）指导工具

商业策划书有效地指导创业活动。商业策划书对于创业者而言非常重要，制定商业策划书是一项非常有价值的活动，如果创业者或企业缺乏商业策划书的有效指导，而只是盲目地“试错学习”，可能会面临巨大损失的风险。商业策划书不仅是创业者开发机会、制定战略以促使新企业生成的重要手段，而且是创业者如何根据自身所处创业环境有效融资的必要过程。对于拥有较高创新性产品的创业者，在是否制定商业策划以及如何选择恰当的制定时机两方面而言，创业者可以通过商业策划书尽早向利益相关者传递合法化信号，合理安排活动顺序，推动投资方等，获取利益相关者的支持与认可，最终促进创业项目尽快被市场接受。

首先，商业策划书可以为客户创造价值：商业策划书可以体现创业者为客户创造价值的观点，以及所进行的市场及行业分析、产品或服务定位和市场营销策略，从而保证其产品或服务能够满足顾客的需要，为顾客创造最大的价值。

其次，商业策划书是外部投资者了解创业项目的重要依据。对外部投资者而言，商业策划书是外部投资者尤其是风险投资者对创业项目进行评估的重要依据，面临资金匮乏问题的创业项目需要通过尽早制定商业策划书来帮助自身获得内外部投资者的支持，从而加速创业进程。风险投资者通过创业项目产品创新性的高低、创业企业所处环境中融资不确定性的高低以及是否制定商业策划书、商业策划书制定时机等对新企业生成做出准确判断。

再次，商业策划书有效回应外部询问。创业者需要通过撰写商业策划书作为一个象征性的行动来应对外部的询问，以使自己的行为获得认同和信任。通过一个计划，创业者可以获得创业项目的潜在投资者、供应商、客户以及员工的参与。商业策划书也代表了一种“认同和信任”，持有商业策划书的创业者可能会被别人看作理解企业成功所需条件的“实干家”，而不是不知道企业创建过程中可能存在潜在缺陷的“梦想家”。因此，创业初期阶段完成商业策划书的撰写可以帮助创业者，使其企业在外部利益相关者看来更合法。

2）沟通工具

商业策划书是良好的沟通工具，以吸引投资者、信贷、战略合作伙伴、政府等利益相关者。

（1）有利于政府了解信息，给予支持

对政府而言，近年来我国社会经济不断转型，先前经济主要以农业、工业和制造业为主体，现如今开始向更具活力与发展潜力的创新、创业型经济转变，提高创业成功率是政府和高校等多方密切关注的问题。制定商业策划书是创业者的一种必备创业技能，在创建新企业的过程中肩负着双重作用：可以描绘参与项目获得企业未来的发展“蓝图”，以及向潜在利益相关者传递合法化信号。

（2）方便企业与外界沟通

商业策划书具有“工具”的属性，它能够方便企业与外界的交流。但是在实际运用中，根据其阅读者、出发点的不同，其发挥的功能也有所侧重。如果把商业策划书作为一个沟通工具，它要能够传达企业发展的实际情况和未来规划，让企业内部的人能够清晰全面地认识到企业现状，让投资方了解企业发展的前景。商业策划书内容简洁、逻辑清晰，能够高度概括各方面的问题，让沟通双方能够明确意图、了解现状，减轻前期压力，增加沟通效率。

再次，可以帮助企业获得融资，从投资方获得资金的支持，这是商业策划书最早也是最基本的功能。从企业角度来说，商业策划书的撰写是为了吸引投资方的注意，从而获得资金上的帮助，所以商业策划书需要有足够的吸引力，让阅读者能够主动看下去，“投其所好”是非常重要的。

3）管理工具

（1）为创业者提供企业运行的管理工具

商业策划书是创业企业的纲领性文件，它不仅从战略的高度指明了企业发展的方向、途径和目标，还细化到企业管理的每一个主要领域，规定了企业具体操作的方式和步骤（典型的商业策划书包括创业计划的业务内容、行业分析、管理团队、生产、市场营销、研发、财务分析、风险控制以及风险投资的退出等内容），商业策划书涉及企业经营管理的各个方面。商业策划书就是指导企业运行的管理工具。

创业者在撰写商业策划书时，要树立这样的理念：“商业策划书不光是为了满足客户的需要、为客户创造价值，也不只是给风险投资家提供超价值回报，它更重要的是指导企业未来管理运行的重要工具。”在撰写时一定要以创业企业的实际情况为基础，将企业的发展战略决策与企业的各项管理规程和任务结合起来，增强商业策划书的可操作性，使之能够真正指导企业运行。撰写商业策划书的过程，是创业者厘清思路的过程，它使创业者愈来愈明确创业项目应该“怎么看”“怎么想”“怎么办”。

（2）对企业进行有效的梳理，便于管理

商业策划书本身所涵盖的内容就是对企业的全面梳理，从主营业务、人力资源、财务管理和发展计划的方面逐一论述，这能够让企业内部的人更系统地了解企业的发展要求和前景。这种梳理不仅能够提升每个员工对企业发展的认识，增加工作效率，也是对内部各环节的检查。

### 5.1.2 商业策划书的基本逻辑

商业策划书要写什么，不是简单地套模板，而是有基本逻辑的。一方面，要认识到为什么投资方会看，投资方希望看什么；另一方面，要考虑想让投资方看到什么，怎样把故事讲清楚，讲故事最后需要落脚到吸引投资，这就需要引导投资方发现你的商机。

#### 1. 商业策划书的重要性

1）商业策划书介绍了你在干什么

企业的主营业务是商业策划书介绍的重要内容，投资方审视一个企业，先看领域，再看主业，因此能够清晰明确地表达清楚自己在干什么很重要。除此之外，对市场的了解也是投资方考察的范围，很多时候创业者关注的是业务方面，考虑如何做专、做精，但是投资方关注的是业务是否有足够的市场，如果这方面自己不清楚，那么很难说服投资方为你投资。

2）商业策划书介绍了你要干什么

商业策划书中会对公司未来发展进行规划，因为企业主营业务会随着企业的发展不断增加，未来要怎么发展是投资方评估企业的重要考量。企业的发展规划不是凭空想象，需要能够结合社会的发展进行科学的分析和预判。成熟的投资方不会停留在对当下项目的思考，有时会通过经验分享和市场、政策的把关来帮助创业者合理规划企业发展战略。

3）商业策划书介绍谁在干

商业策划书中介绍了创业者自身的情况及组建的团队情况。投资方通过了解创业者的背景资料、创业历程来对创业者进行评估，判断创业者的品质、能力是否与投资方需要的匹配，进而更好地把控企业成功的可能性。另一方面，通过对团队的把控，可以了解团队人员结构是否合理、是否有很好的凝聚力，进而评估企业发展的健康程度。

4）商业策划书介绍怎么赚钱

投资人不是慈善家，在评估项目的同时更关注的是回报率。商业策划书介绍财务信息盈利模式，这些数字是企业发展最真实的体现，也是投资人评估的重要指标。财务信息不仅包括当前的情况，也包含对未来的预期和评估。

#### 2. 商业策划书的价值逻辑

价值的核心是企业发展的原点，做什么？为什么？不做什么？为什么？当彻底想清楚价值如何创造，想明白价值如何传递，想通透如何累积价值，就基本理顺了核心价值逻辑。

1）创造

（1）需求维度

深度了解用户，了解他们的需求是什么，用户需求如果具有普遍性，就切入了市场的痛点，即创造价值的基本点。产品准确切入用户需求的痛点，创造用户的价值，这就是价值创造。

（2）产品维度

由于种种原因，还有很多无法满足广大用户消费升级的需求，比如说更高品质的产品、服务等，尤其是在物质文明越来越发达的今天，精神文化消费亟待全面升级。高新技术产品所带来更好的体验，也是创造价值的一个方向。

（3）市场维度

产品和需求大量存在，由于信息不对称造成匹配效率低下，这称为价值错配。如果提供一个产品与需求精准对接，且产生高频交易的市场，并且创造一个非常好的客户体验场景，不仅解决了痛点，也带来了一个新的市场，或者一个更加匹配需求与供给的高效市场。

2）传递

需求、产品以及市场之间需要通过一根线相互传递价值，互联传递的过程中需要明确这三者之间的相互关系、传递过程的效率和成本，这都是成功的重要因素。也就是商业逻辑。价值创造的主体完整，价值传递路线清晰，互联关系明了，相互传递的方向和顺序明确无误，商业模式逻辑就清晰可见了。

3）累积

理清逻辑后，再根据自身实际情况，写出团队、运营数据等相关真实数据。运营数据是个体"单元数据"，即最小化可运行单元的测算数据，这个数据必须是简单可依赖的。在不同阶段，最小化可运行单元都是不同的。例如一家鲜花水果店为一个最小化可运行单元，这家店今年要赚到35万元，经营以核心价值产品去扩展，从而衍生出许多数据。单店数据累积所形成的数据价值，是创造核心价值的一个体现，可以根据大数据运算，提高客户与产品或服务的对接成功率，创造交易机会。还可以应用区块链技术，将这些数据虚拟货币化，累积价值，使公司更有价值。

### 3. 商业逻辑

所有的商业模式，都是基于盈利来考虑的。好的商业模式，就是"干柴烈火"的逻辑，即市场上要有海量的"干柴（刚需）"，而团队拥有可以燎原的"烈火（产品）"。研究商业逻辑的意义在于，判断这是不是个好生意，这样的生意能够持续多久，如何阻止其他进入者。这三个问题分别对应：商业模式、核心竞争力和商业壁垒。

1）模式

创业者最需要了解的就是市场，就是用户。市场的变化是没有规律可循的，所有的市场规律都是事后总结的。所以创业者不能闭门造车，而是要像船长一样，需要不断通过各种方法了解风向（政策），水的流向（行业发展趋势）和水的温度（用户的反应）。然后反向思考：哪一片水域（痛点）是我们的市场？为什么（识别痛点还是痒点）？用什么（产品）可以点燃（营销手段）这片水域？

继续思考，点燃水域（引爆市场）需要前提条件，要深知水的流向（市场发展趋势即用户消费习惯的变化）。同时还要测试风的方向（政策是否支持）和水的流向是否一致，风向和水流一致，就具备了水温升高的环境，水够深（市场空间），风力足（政策力度），也就形成了良好的大市场。

找到大市场后，产品则成了关键。满足目标客户群体的刚性需求，是产品最基本的定义。用户对于产品功能性的需求是前提（我需要），其次是产品外观、颜色、款式、尺码、偏好等外在的追求（我喜欢），“我需要”还是“我喜欢”这都是影响客户购买的重要因素，但不是决定性因素，决定因素是“价格”。对于价格不要误解为价格越便宜越好，而是物超所值，超高性价比。简单说，就是无论产品性能还是外观，用户综合评估价值超过产品的定价，超过心理预期。

产品足够好，利润空间才足够大，即可以取得竞争优势。然而足够的利润空间，不仅是靠一款产品来实现，而是产品所带来的长尾效应决定的。长尾效应会带来很多空间，而每一个空间都是盈利的场景。任何有限的空间内，都不会出现长尾经济。例如苹果模式、迪士尼模式、小米模式，都是具有超长的长尾效应。乔布斯说过：“一切都不是偶然，好产品自己会说话。”好产品自带流量，流量会降低成本，延长收益线，形成良性循环，足够长、足够大甚至形成生态圈，完成商业闭环形态。

2）竞争

俗话说：知己知彼，百战不殆。但往往是知彼易，知己难。这里谈的竞争，不是与对手的竞争，因为能看得见的对手都不可怕，可怕的对手是看不见的，你不知道是谁才最可怕。所以挖掘出自己独有的核心竞争力，才是竞争的王道。产品的核心竞争力是产品独一无二的DNA，可以说是从根本上异于或者优于同类产品的绝杀武器，而不是一个讨喜的功能、一个酷炫的交互、一个优雅的图标能替代的。无论你在做什么样的产品，一定要想好产品核心竞争力，才有可能从现在竞争激烈的互联网市场中脱颖而出。

格力的广告语：“格力，掌握核心科技。”这表明格力认为自己的核心竞争力就是空调的生产核心科技。

京东的核心竞争力是其自建自营的物流体系。在广告中也不停强调，他家的送货员个个都是拼命三郎，送货“快准稳”。虽然京东后来拓展业务，大量第三方商家入驻，很多人还是会选择“京东自营”，这点从商品评论数看得出来。就算大部分自营商品比第三方贵，大家也认了，无非是出于对京东品牌和物流速度的信任。所以，不管电商网站再趋同，在价格没有明显差异化的前提下，京东坚持并将物流体系这个核心竞争力做到极致，这就是京东独有的核心竞争力。

今日头条的宣传语：“你关心的才是头条。”这就是今日头条的核心竞争力。特点是精准推送，个性化阅读。当用户使用微博、QQ等社交账号登录今日头条时，它能5 s内通过算法解读使用者的兴趣，用户每次动作后，10 s更新用户模型，越用越懂用户，从而进行精准的阅读内容推荐。用户就是这样被秒懂的。为什么越来越放不下手机？实在是内容越来越吸引我。表面看今日头条的核心竞争力是精准推送、个性化阅读，而核心价值的背后是头条的大数据收集分析和计算推送技术，才使得内容相对用户来说是高价值的。

拥有自己的核心竞争力，就如同有了定海神针一般，任市场千变万化，而只要抓住根本不动摇，并且持续优化升级，竞争力就可以引导市场，而非随波逐流。当然，除了挖掘出自己的核心竞争力，对于竞争对手的情况，还是需要分析和比较各自的优势，做出优于对方的策略，只有这样才能真正做到“知己知彼，百战不殆”。

3）壁垒

如何创造竞争壁垒？创造竞争壁垒的关键就在于：让你的竞争对手不敢想，也无法跟进你的策略。

（1）品牌壁垒（第一壁垒）

不管哪行哪业，先发夺人都是最有效的手段，先投入的公司可能会获得非常大的先发优势，成为大多数创业者的选择，后期即使有强大的竞争对手进来模仿，先投入者也往往会站稳位置。所以先发优势非常重要，往往只要一个产品在导入期占领市场，被人们认为“这是大家的选择”，就更加容易在后期一直占据第一，第一名往往是第二名价值的10倍以上，是第三名价值的百倍以上。做到第一自然就是品牌，当用户认可了产品，建立了口碑，形成了品牌，品牌就会占据用户的普遍基本认知。例如只要提起吃火锅就会想到“海底捞”；提到剃须刀，第一浮现在脑海中的是“吉列”。因为品牌已经在用户认知中悄悄占领了这个消费品类的制高点。新进入该领域的企业缺乏品牌认可度，难以在短时间内取得客户的信任。

（2）规模壁垒

当规模上大到一定量级后，综合优势就会显现，较大的生产规模有利于降低成本，形成规模成本优势。另外，竞争者一般难以在短期内迅速扩大产能及订单数量，较难突破规模壁垒。富士康就是规模壁垒的典型代表，从游戏机、笔记本式计算机、液晶电视、光驱、数码照相机、投影机，到散热系统及组件、LED光照明、新型界面材料、镁铝合金产品、印制电路板等产品的研发与生产，是全球最大的消费性电子产品研发制造商，也是苹果全球最大的代工企业，同时为小米、三星、索尼等世界知名企业代工。高端制造就是核心竞争力，已经成为世界高科技电子产品代加工龙头，其规模壁垒令竞争者只能望其项背。

（3）技术壁垒

新模式、新套路也许带来的只是一时的胜利。如果想长期具有竞争优势，需要面向所有竞争对手形成技术壁垒，才有差异化优势，让竞争对手望尘莫及。技术壁垒的五个发展阶段。第一阶段，不可能被抄袭。产品存在某种绝对性的保障，致使其技术或模式是不可能被抄袭的。第二阶段，抄袭难度很大。没有绝对保障，但在技术上或模式上的复制门槛高导致无法复制。第三阶段，有一定抄袭难度。在技术上或模式上可以复制，但需要耗费大量成本。第四阶段，抄袭门槛较低。模式和技术都比较清晰，只要组建好团队可以随时抄袭。第五阶段，抄袭无门槛。该产品已经标准化，任何个人都可以轻易复制。这五个阶段也是市场不断扩大、利润不断下降的过程，稀薄的利润已经让后来者无利可图，这就是技术壁垒发展为规模壁垒的过程。

华为的技术布局，包括提供通信技术设备、智能手机技术、5G技术、数据管理技术等，厚积薄发，层出不穷，不仅在国内占据领先位置，在世界也是行业巨头。无论哪个行业，面对直接市场竞争，如果没有专利技术作为后盾支撑，只能以价格战来肉搏，或提高服务质量去血拼，是传统的高成本竞争，短期损害的是利润，长期看则是消亡。金立手机的破产则宣告了以“营销为核心竞争力”的时代已经过去了。可见专利技术的竞争才是企业真正的竞争优势，技术进步越快，市场竞争成本就越低。技术优势的特点是，从后台驱动，不去迎合市场，而是引领市场，不仅提升竞争价值，还确保了商业闭环的完整性和安全性。

### 5.1.3 商业策划书的撰写流程

很多人着手撰写商业策划书都会遇到一个难题——什么样的策划书是好的策划书，什么样的形式是合格的？特别是随着撰写的深入，越来越多的方面铺展开来，需要通盘考虑，着重讲哪一个，省略哪一个，是令人头疼的问题，整个过程会变得没有条理。因此，要整体规划商业策划书的制作流程。

#### 1. 怎样写好商业策划书

任何事业要成功、必先有所规划。因此一份说得清楚、经得起反复讨论的商业策划书，对未来事业的发展以及创业融资工作的进行具有关键性的影响。

不现实的企业规划只会显示出风险企业家在经营方面缺乏足够的经验。即使该企业产品的纯利能达到40%，风险企业家也最好解释一下他将如何对付这一高利润行业所吸引来的竞争者。要避免这种不现实的错误，风险企业家应该做好筹资的准备工作，多了解顾客市场，多收集信息和数据。企业家应该了解，即风险投资公司投资的客体是风险企业而不是产品/服务。那些既不能给投资者以充分的信息，也不能使投资者激动起来的经营计划，其最终结果只能被扔进垃圾箱中。为了确保经营计划能“击中目标”，风险企业家应做到以下几点。

1）关注产品

在商业策划书中，应提供所有与企业产品或服务有关的细节，包括企业所实施的所有调查。这些问题包括：产品正处于什么样的发展阶段？它的独特性怎样？企业分销产品的方法有哪些？谁会使用企业的产品？产品的生产成本是多少？售价是多少？企业发展新的现代化产品的计划是什么？把投资者拉到企业的产品或服务中来，这样投资者就会和风险企业家一样对产品有兴趣。

2）敢于竞争

在商业策划中，风险企业家应细致分析竞争对手的情况。竞争对手是谁？他们的产品是如何工作的？竞争对手的产品与本企业的产品相比，有哪些相同点和不同点？竞争对手所采用的营销策略是什么？要明确每个竞争者的销售额、毛利润、收入以及市场份额，然后再讨论本企业相对于每个竞争者所具有的竞争优势，要向投资者展示顾客偏爱本企业的原因是什么。例如，本企业的产品质量好、送货迅速、定位适中、价格合适等。商业策划书要使它的读者相信，本企业不仅是行业中的有力竞争者，而且将来还会是确定行业标准的领先者。在商业策划书中，企业家还应阐明竞争者给本企业带来的风险以及本企业所采取的对策。

3）了解市场

商业策划要给投资者提供企业对目标市场的深入分析和理解。要细致分析经济、地理、职业以及心理等因素对消费者选择购买本企业产品这一行为的影响，以及各个因素所起的作用。商业策划书中还应包括一个主要的营销计划，计划中应列出本企业打算开展广告、促销以及公共关系活动的地区，明确每一项活动的预算和收益。还应简述一下企业的销售战略：企业是使用外面的销售代表还是使用内部职员？企业是使用转卖商、分销商还是特许商？企业将提供何种类型的销售培训？此外，还应特别关注销售中的细节问题。

4）表明行动的方针

企业的行动计划应该是无懈可击的。商业策划书中应该明确下列问题：企业如何把产品推向市场？如何设计生产线？如何组装产品？企业生产需要哪些原料？企业拥有哪些生产资源，还需要什么生产资源？生产和设备的成本是多少？企业是购买设备还是租赁设备？解释与产品组装、储存以及发送有关的固定成本和变动成本的情况。

5）展示管理队伍

把一个思想转化为一个成功的风险企业，其关键的因素就是要有一支强有力的管理队伍。这支队伍的成员必须有较高的专业技术知识、管理才能和多年工作经验。管理者的职能就是计划、组织、控制和指导公司实现目标的行动。在商业策划书中，应首先描述一下整个管理队伍及其职责，然后再分别介绍每位管理人员的特殊才能、特点和造诣，细致描述每个管理者将对公司所做的贡献。商业策划书中还应明确管理目标以及组织结构图。

6）出色的计划摘要

商业策划书中的计划摘要十分重要。它必须能让读者有兴趣并渴望得到更多的信息，它将给读者留下长久的印象。计划摘要将是风险企业家所写的最后一部分内容，但却是出资者首先要看的内容，它将从计划中摘录出与筹集资金最相干的细节：包括对公司内部的基本情况、公司的能力以及局限性、公司的竞争对手、营销和财务战略、公司的管理队伍等情况的简明而生动的概括。如果公司是一本书，它就是这本书的封面，做得好就可以把投资者吸引住。

### 2. 商业策划书制作的前期准备

1）找准核心主题

整个商业策划书成功的前提就是找准核心主题。没有核心主题，创业机会难以识别，也难找清楚企业发展的方向，甚至会出现“拿了芝麻，放掉西瓜”的情况。特别在初创阶段，很多人对自己的核心主题把握不清晰，随着计划书撰写的深入，往往需要返回来找，甚至出现偏差，背道而驰。例如，做笔记本式计算机，定位是性价比还是功能强，直接决定项目主旨、商业模式、最终客户等。因此在前期准备时，要明确核心主题。

2）确定撰写计划

商业策划书不见得是一个人撰写，通常情况下，需要团队成员各司其职，这就需要进行统一协调。哪些人来写？什么时间写完？每一项怎么写？通过对任务分工和时间节点的把握来推动整个过程。

在整个过程中，还需要协调好每个人的工作量，定期组织讨论。当然，任何计划都不是一成不变的，俗话说“计划没有变化快”，特别是在进度把关方面，需要负责人随机应变，统筹协调。

3）收集、整合资料

在确定团队分工后，首先要进行的是资料收集。很多人错误地认为下载几个商业策划书模板看看即可，甚至有些人拿来主义，直接改一改关键字，这明显是错误的。那么如何收集资料呢？具体要从如下三方面入手：

（1）收集成形的商业策划书

虽然不能复制、粘贴商业策划书，但是对成形商业策划书的学习环节必不可少，特别是近几年成形项目的商业策划书，具有良好的参照价值。在这些计划书中，应该更多地关注与自己项目相关性高的策划书，切实地带到自己的项目中进行模拟、研究和分析，避免无效的空想。通过对相似项目的学习，也能把握和反思自身项目的可行性。

（2）整合自身的内容

商业策划书不仅要描述做什么，也要描述有什么。在开始商业策划书撰写之前，首先要明确自己企业的情况。这句话说来简单，但实际做起来并不轻松。如何专业、客观地评估自己企业的项目和价值，不至于让人感觉“王婆卖瓜，自卖自夸”；如何梳理企业的发展历史，从什么时间开始计算；如何界定企业的发展方向，是否有了成熟的文化等，这些问题都需要提前考虑清楚。

（3）进行知识储备

为了保障实际撰写过程的顺利，健全的知识储备必不可少。具体涉及人力资源、财务、销售等各方各面，例如：

- 权力如何分配？管理结构如何设置？
- 需要哪些部门？每个部门要做什么事情？
- 市场和产品如何匹配？怎样研究市场分布和产品需求的状况？
- 财务状况如何管理？
- 销售路径有哪些？渠道维护如何运作？公关、广告等如何投放？

类似这些问题，不胜枚举，当然，如何聚焦这些问题是需要建立在对成形商业策划书的学习和自身内容整合的基础上，只有做了这些，才能知道自己缺少什么。

### 3. 设计成功的商业策划书

一般来说，商业策划书的格式都是类似的，但是具体到每一份策划需要强调和突出的重点有所不同。怎样设计一份商业策划书依赖于预想的投资类型和计划所应该包含的内容。例如，一个为公司创建所做的商业策划书就有别于一个为了占领新市场的策划书。

尽管有这些差异，商业策划书也具有一些共同的特征。总的来说，它们都应该提供一个清晰的容易为人理解的画面，显示着商业投资的机会和风险。做到这一点并不是一个小任务，必须得很仔细地兼顾内容和形式两个方面。

一份商业策划书总是沿着基本的商业概念逐步完善的。开始，策划书只强调几个关键性的因素，随着分析的深入，新的条目不断被补充；随着新的情况出现，策划书还需要重新评估并加入反映这些新情况的条目。可以想象，项目和结果势必会经过不断协调以使策划书的主旨不会发生错误。在工作中，运用一些技巧是很有帮助的。比如说，一条一条地罗列出自己的观点，突出表现交叉应用的资料，精心排版和使用表格形式等都会起到一定的帮助作用。商业策划书应当简洁明了。人们在阅读一份自己特别感兴趣的商业策划书时，应能立即找到问题及其解决办法。这需要一个相当清晰的结构。并不是纯粹的数据分析便可以使读者信服，但以一种简明的方式，按重要程度给出直接的结论却可以做到这一点。任何被认为可能会引起读者兴趣的主题都应该被全面而简洁的讨论。商业策划书最佳长度为30 页，上下不超出 5 页为好。

鉴于人们在阅读商业策划书时一般不会有作者在旁边回答问题或给予解释，所以应尽量采用通俗的语言以避免产生误解。商业策划书应用事实说话。有时，人们会因为自己本身的狂热，而在描述什么是一个好想法时失去判断能力；当然同时有些东西又的确需要热情渲染。此时应尽可能让自己的语调显得客观，以便读者可以仔细掂量这些说法。像广告一样的计划并不能很好地起到吸引读者的作用，反而会引起别人的逆反心理，引起读者的怀疑、猜测，而使他们无法接受。

过分挑剔自己的作品同样也很危险。考虑到错估和过去的错误导向可能会影响到自己的竞争能力和动机，自己掌握的信息应是最新的并且可以确信完全正确。只有当自己已经采取措施或至少是有办法消除策划书中的缺陷时，才能在作品中提起它。

商业策划书应当做到让外行也能看懂。一些企业家认为他们可以用大量的技术细节、精细的设计方案、完整的分析报告打动读者，但大多数时候并不是这样。只有少量的技术专家参与商业策划书的评估，许多读者都是全然不懂技术的门外汉，他们更欣赏一种简单的解说，也许用一个草图或图片作进一步的说明作用会更好。如果非要加入一些技术细节，可以将其放到附录中去。

商业策划书的写作风格应一致。一份商业策划书，通常由几个人一起完成，但最后的版本应由一个人统一完成，以避免写作风格和分析深度不一致。商业策划书是企业的敲门砖，不仅要以一种风格完成，而且应该看起来很统一、很职业。例如，标题的大小和类型都应该和内容与结构相协调，优美而整洁。恰当地使用图片也会给格式的统一增色不少。

**4．完整的商业策划书**

第一阶段：商业策划书构想细化。

第二阶段：客户调查。

与至少3个本产品/服务的潜在客户建立联系。准备一份一到两页的客户调查纲要。

提供一份调查表和调查方法描述。保证获取足够量的信息，包括潜在客户的数量、他们愿意付的价钱、产品/服务对于客户的经济价值。还应当收集一些定性信息，如购买周期、对于购买决策者来说可能导致他们拒绝本产品/服务的可能障碍、自己的产品为什么能够在目标用户和客户的应用环境中起作用。

第三阶段：文档制作。

市场、目标和战略部分：这是团队商业策划书的第一部分。它应当建立在客户调查和竞争者调查的基础之上，量化市场机会。如何把握这个机会、细化争取目标的战略。附上一些市场预测、客户证明、调查数据、从各种出版物上剪下来的材料、产品描述或者市场营销材料。

操作部分：针对新公司的运作，哪些是达到目标最关键因素？如何在商业策划书中反映这些优势，并且在建立这家公司的重要方面体现这些优势？例如，如何寻求雇员，自己需要什么样的人？如何开发产品、建立一支销售队伍、建立分销伙伴关系、选择合适的地址、创造正面的舆论、保护知识产权以及生产产品？在这个过程中关键的风险是什么？这家新公司如何在长时间里大量生产？简而言之，详细描述这家公司从今天到两年后、五年后以及将来的运作方式。仔细进行财务估算，以透彻把握这家公司如何从收入、销售量、客户以及其他推动因素上取得长足发展。在这个过程中，要全面把握公司的经济状况。

团队部分：团队队员具备在创造这家公司中所需的能力，并说明公司发展过程中主要人员的分工情况。人们常说风险投资家们其实并不是在向“想法”投资，而是向“人”投资。需说明团队中每个成员在公司中所拥有的资产。如果需要外来资金，需说明本团队将出让多少所有权以换取资金。

财务部分：是对公司的完整财务分析，包括对公司的价值评估。必须考虑到所有的可能性。财务分析量化了本公司的收入目标和公司战略。要求详细而精确地考虑实现公司所需的资金。

商业策划书（完全）：完整的商业策划书，需要封面和最终的执行总结。一份下一步的操作方案和一份简短的对关键风险的估计。完整的商业策划书包括上述主要部分：市场和战略、操作、团队以及财务分析，还应包括其他对本策划书面向对象有用的信息和展示，如创业者、潜在的投资人、顾问、潜在的客户和伙伴、雇员甚至配偶和家庭成员。

答辩陈词和反馈。准备10 min的答辩以推销商业机会。这是为了提供第一次（也许是最后一次）机会来向一群投资者推销自己的公司。陈词应当强调公司的关键因素，但这并不是把商业策划书内容用口头方式表达一遍，而是用简洁的市场分析和可靠的数据给投者家留下深刻的印象。准备应答听众对策划书的显著特性提问。

### 5. 商业策划书纲要及说明

第一页是商业策划书的扉页，可将相关信息在此标明。需要再加上一个封面，封面的纸质要坚硬耐磨，尽量使用彩色印刷，这样可以使文件外观更具吸引力，但颜色不要过于耀眼，也可以使用透明塑料作封面。

### 6. 商业策划书的关键

对初创的风险企业来说，商业策划的作用尤为重要。一个酝酿中的项目，往往很模糊，通过制定商业策划书，把理由都写下来，然后再逐条推敲，风险企业家就能对这一项目有更清晰的认识。

对已建的风险企业来说，商业策划书可以为企业的发展定下比较具体的方向和重点，从而使员工了解企业的经营目标，并激励他们为共同的目标而努力。更重要的是，它可以使企业的投资者以及供应商、销售商等了解企业的经营状况和经营目标。说服投资者（原有的或新来的）为企业的进一步发展提供资金。正是基于上述理由，商业策划书将是风险企业家所撰写的商业文件中最主要的一个。

**7. 递交商业策划书前的准备**

创业者一旦完成商业策划书，下一步就是寻找合适的风险投资人。对创业者来讲，合适的风险投资人非常重要。因为好的风险投资人不但能为创业者提供必不可少的创业资本，而且能在将来创业者发生经营困境或资本运作时对创业者提供丰富、有力的专业支持。所以花点时间认真研究风险投资，寻觅合适的投资方将会对创业事业起到决定性的推动作用。创业者在向风险投资人递交商业策划书之前至少应先了解对方以下几方面的情况。

① 风险投资的资本运作实力如何?

② 对方的主要投资领域是什么?

③ 对方可能的投资形式是否符合自己的预期?

④ 对方常用的介入方式是什么?

⑤ 对方的专业人员有无我所在的行业的相关背景和资源?

⑥ 对方的投资回收方式是什么?

⑦ 对方的投资期限要求是什么?

⑧ 对方的投资成功案例是什么?

⑨ 对方在投资银行业务上有什么比较优势?

## 5.2　商业策划书的撰写

### 5.2.1　撰写商业策划书的方法

对于创业者而言，商业策划书的撰写十分重要，企业的商业策划书不仅是企业商业策划的载体，更是现代企业管理的一项基本工具，无论是创建仅有几个人的小型企业，还是在管理一家已经颇具规模的大中型企业，是否拥有合适而翔实的商业策划书，对创业项目或企业的成功发展至关重要。一份优秀的商业策划书，不仅关系到企业是否能够顺利融资，同时还是企业发展的指导工具。投资者每天都会接到许多份商业策划书，策划书的质量和专业性也就成了重中之中。创业者或企业在准备申请风险资金之前，必须撰写一份合格的商业策划书。只有内容翔实、体系完整的商业策划书才能吸引投资商，让他们能看懂并且接受创业者的项目商业运作计划，才能使创业者的融资需求成为现实。

“好的商业策划书是融资成功的一半。”从某种意义上说，商业策划书就是一份创业者创意的推销说明书，它不仅能说明技术优势和市场潜力，企业的发展规划，而且也是一个人的思维方式的反映，是风险投资者特别看重的一份文件。所以，商业策划书的重要性无论怎样强调都不为过，任何创业者都有必要在商业策划书的撰写上下一番功夫，以达到最满意的效果。

### 1. 商业策划书的范围与内容要点

商业策划书是企业收集所处行业及竞争对手的信息并进行分析、评估考核自身实力、识别重要任务和战略、确定发展方向、制定经营目标和行动计划以及突出发展财务绩效的活动过程，并将上述活动过程以书面计划书的形式呈现。

创业商业策划书的范围和主要内容体现于创意项目商业策划书之中。

典型的商业策划书包括创业计划的“天、地、人”系统要素。

在时间顺序上，包括创意起源、创新特点，如何转化为创业项目、如何执行创业项目、风险控制以及风险投资的退出等。

在内容领域上，包括创意内容、需求分析、涉及行业分析、市场分析、社会与经济效益、生产、市场营销、财务分析、创业项目如何运营盈利等。

在人及其活动方面，涉及创业者的初心，主要创业者的世界观、价值观、特长，项目管理团队的构成及分工，行为准则等。

### 2. 商业策划书的撰写理念

概括起来，商业策划书在撰写过程中应遵循的指导思想，包括如下三个主要方面：

① 为客户创造价值；

② 为投资者提供回报；

③ 为创业者提供指导创业企业运行的管理工具。

### 3. 商业策划书的撰写原则

尽管不同的商业策划书可以有不同的撰写方法和风格，但万变不离其宗，总有一些原则可以遵循。撰写商业策划书的原则主要有以下几方面。

1）主题突出，项目展示明确化

商业策划书要清晰撰写，商业策划书要尽可能地使读者明白易懂、语言简洁，没有人愿意在阅读商业策划书时有一头雾水的感觉。商业策划书要简明撰写，如果读者阅读商业策划书时感到厌倦，那么商业策划书就得不到关注和投资。所以，要确保商业策划书只包括读者应该了解的要点，删除不必要的内容。商业策划书要诚实撰写，人们往往会夸大其词，但在编者看来，谨慎言词要比夸大其词更适合。诚实是企业家社会责任的核心价值，不要试图通过夸大其词给读者留下深刻的印象，切忌商业策划书不只是提供给外人看的，它还是本人要遵循的行动计划，如果靠夸大事实来创业，很可能遭受失败。商业策划书还要逻辑性强，如果商业策划书能按照逻辑顺序展开，读者就能更容易地理解商业策划书中的事实和创意，确保商业策划书的每个段落或章节都前后对应。

商业策划书的主要目的是获取投资。因此，在开始撰写商业策划书时，应该避免一些与主题无关的内容，要开门见山地直接切入主题，来展示自己的项目，要清晰地展示自己的创业目标。因为风险投资者不会花费时间阅读一些对他来说没有意义的东西。对于很多初次创业者来说，在撰写商业策划书时这一点应当格外注意。

风险投资公司的 CEO Anthony Tjan调查研究过几百名成功的创业者，发现他们每天都目标明确且充满激情，大部分时间是在实施自己的创意而不是在写自己的创意。从创业的第一天起创业者就必须全心全意。通常大多数的商业策划书没有什么价值，就是因为其中的创意背后缺乏那种全心全意和简单地付诸实施的勇气。除非是发自内心，否则不要去创业。

风险投资家只能在极为有限的时间里快速浏览商业策划书，不可能给予充分的时间来审察和分析，如何在最短的时间里吸引风险投资家的注意力、引发他们继续读下去的兴趣，显然是渴望获得风险投资的创业者的首要任务。

开宗明义简洁有力的论述方式，给人以思维清晰的深刻印象，可以让人一目了然，对商业策划书的内容马上有个大概的了解。如果技术、产品和计划足够优秀，这样的表达方式能够更有效地促进你和投资者的沟通，能更容易抓住投资者的心。

2）观点真实，调查分析客观化

商业策划书虽然是创业者对创业企业发展的一份战略性文件，但它在起步阶段的主要目的还是争取风险投资家的投资，所以它的主要读者是风险投资家。在商业领域，激情是需要的，没有激情的人不是缺乏创造力，就是没有足够的动力把一个创意从空想转变为实业、把一个企业从小到大地发展壮大的艰巨任务。但激情的表达要真诚且有个限度，不需要豪言壮语，需要的是冷静和客观，广告般华丽的计划不仅不能产生强烈的吸引力，反而会适得其反，而使投资者无法接受。撰写商业策划书时的观点必须冷静客观，不偏不倚，既不要掩饰缺陷和不足之处，也不要夸大优势和市场潜力，语调应该尽量显得冷静客观，至于创业计划是否如所说那么有利可图，还要留给投资者去判断。

在撰写商业策划书时创业者应该注意以下几方面。

① 计划书应该披露完整的信息，帮助投资者判断创业计划的发展前景。因此在计划书中不能含有欺骗性或误导性的信息和内容，一切数字要尽量客观、切合实际，不要主观臆断随意估计。

② 在作价值评估、预测分析时应尽量选用行业内公认的方法，应确切说明所采用假设、财务预估方法与会计方法，同时，也应该说明市场需求分析所依据的调查方法与事实证据。总之，一切都要做到有根有据。

③ 在分析机会与威胁时，要有客观、负责的态度。投资者需要的不是报喜不报忧的虚假信息，他们想要了解真实情况，能否本着客观、务实的精神撰写商业策划书也是投资者考察创业者的一个重要标准。

3）语言通俗，内容介绍平实化

首先，商业策划书的撰写风格应该强调通俗易懂，应尽量采用通俗易懂的语言以免产生误解。应避免使用冗长、复杂的句法，句子要尽量简短、有力；描述、分析问题切忌不要太过学术化，商业语言和学术语言有较大差异，并不是所有的风险投资者都接受过专业训练，也并不是每个风险投资者都欣赏学究式的风格。

语言通俗简洁、又不庸俗，有助于清晰地表达，能树立精干务实的形象，也向投资者传达了创业者不是一个只懂得待在象牙塔里的人。如何在过于学术化和平淡之间找到一个中间点，需要一定的技巧和经验，需要向专业人员学习。

投资者一般都是投资及经营管理的行家，但在技术方面未必如此，为了使投资者充分理解创业计划，技术的描述是必要的，但不要过分纠缠于技术细节，大多数情况下投资者需要的只是技术的基本原理和概述，比如一张技术流程图等，如果非要加入一些技术细节，可以把它们放到附录中去；对于必须引用的专业术语及特殊概念则应在附录中给予必要的解释和说明。其次，商业策划书撰写时还要注意保持严谨的作风，体现系统整体、深思熟虑的思维。

4）风格一致，文本叙述规范化

在实践中，商业策划书没有统一的格式，但就每一份商业策划书而言，它必须有自己完整的风格。只有这样才能相对完整地陈述必要的内容，也使计划本身更具有说服力，并体现出专业素质。

商业策划书由多人一起撰写，每个人都会有自己习惯的风格和写作方式，可能会产生风格不协调的问题，导致可读性差。商业策划书是获得风险投资的敲门砖，内容写得好坏直接影响风险投资者对创业者的评价，因此，撰写完成的商业策划书需要一个人从头到尾修改一遍。

重视数据前后一致。数据的准确性是一份严谨策划书的基本要求，它是任何分析、预测、推论的前提，策划书中出现的数据要经得起考验，数据存在缺陷的计划书是不可信的。数据不一致会引起投资者对数据真实性的怀疑，进而也许会诱发对创业者的诚信度、创业计划的可信度的怀疑。所以，商业策划书完成以后，创业者还要着重检查文中各部分相关联的数据是否出现冲突。

5）目标具体，阶段任务清晰、条理化

一份好的商业策划书绝对不是一堆数据和表格拼凑在一起的大杂烩，它脉络分明、线路明确、层次感强，给人印象清晰。

风险投资者总是尽力试图将投资的风险置于自己控制范围之内，大多数风险投资人在与创业者签订投资合同时，会选择分段投资方式，即给每一阶段设定一些目标，如果能够实现，就追加投资，否则将重新考虑与创业者的合作。风险投资者虽然也憧憬超额的投资回报，但他们是理性的，他们也希望创业者能解释自己的项目是如何一步一步达到盈利的目标，每一步的论证都让人信服。因此，创业者设计的商业策划书也应该将这一因素考虑在内，将创业进程划分为几个阶段，每一阶段设定不同的目标，给出企业不同的努力方向，而不是笼统地写出一个最终目标。划分阶段目标也表明创业者对创建的事业的信心。一份能将每一阶段该怎么做、做到什么地步规定得一清二楚的计划书至少说明这些事实：计划的设计者是用了心的；他了解创业计划的各个步骤；知道事业的发展方向和具体操作；知道所面临的困难和克服困难的措施等。

一份成功的商业策划书是创业者知识、智慧、才华的集中展现，创业者必须全身心地投入撰写之中，力争给风险投资家呈现一份令人满意的商业策划书。

6）使用数字和图表

人脑处理视觉输入（如图表和图片等）的速度比处理文字快六万倍，此外，人脑可以同步接收和解读图像元素，而解码语言则需要经过线性、连续的处理过程，因此需要更长时间来处理，请尝试在商业策划中尽可能多地使用数字。

**4. 商业策划书撰写要点**

商业策划书主要包括摘要、管理团队、产品或服务、市场调查分析、市场营销策略、风险分析及财务计划，这几部分在商业策划书的撰写过程中都是缺一不可的，而且，每一部分所承担的作用是不可替代的。商业策划书的撰写分以下几个部分。

1）摘要的撰写

摘要是风险投资者最先看到的部分，是整个商业策划书的高度浓缩以及精华所在。

"摘要部分要能够激发风险投资者的兴趣，投资者才能继续将商业策划书读下去，风险投资者的时间和精力是有限的，不可能将每份商业策划书都逐个看一遍。"浏览摘要部分并且在最短时间内对每个商业策划书进行一个简单的评估，是风险投资者最经常做的事情。如果摘要无法激发其兴趣，投资者可能就不会去读商业策划书的正文部分，即使正文写得再好也于事无补。所以，摘要部分在整个商业策划书的撰写过程中起着至关重要的作用。

（1）清晰的层次结构

策划书每一章的总结就形成了摘要部分，它包含了商业策划书的各个方面，每一部分在摘要中所占比例基本相等。将商业策划书中的重点部分提取出来进行加工制作就形成了摘要的基本内容。摘要的形式有所限制，每方面的描述不要超过三句话。例如，可以只阐述与创业者和项目关系最密切和给人印象最深刻的部分；有时为了压缩内容，精简篇幅，在摘要部分把一些内容合并来写。

不同类型的商业策划书摘要所强调的内容都会有所差别，一般包括以下主要内容：

① 创业者或公司名称和联系方式。

② 创业项目或企业业务范畴和类型。要说明主要的经营范围。

③ 管理团队和管理组织。管理团队是投资者非常重视的方面，一个成功的管理团队能够使企业获得成功。所以，在撰写过程中，要列出有成功经历的管理团队人员，作一个简要的介绍，真实地反映成就，不要过分吹嘘。风险投资中管理团队是最重要的因素，结构合理、成员学历和工作背景良好的团队是事业成功的保证，同时也是风险投资者退出投资、出售企业权益时的招牌。

④ 产品或者服务，以及市场竞争情况。在这里要说明投资项目在行业中的重要地位。

⑤ 财务状况和计划。这里要保证数据的真实可靠性，不要过多地加以修饰。风险投资者一般不是技术专家，但大多是财务专家。

⑥ 投资出路。风险投资者不会作为公司的永久股东，所以，在此要说明在若干年后投资的出路，是实现股票上市，或者由企业管理者赎回等，否则可能得不到投资。

摘要是在主体撰写完成之后进行的，因此需要对主体部分进行精确的浓缩。一般要用尽量精准的语言将商业策划书的内容或者说精华部分展现出来。摘要部分必须准确、清晰、客观描述计划。要让投资者在最短的时间内了解行业以及此商业策划，并对其产生兴趣。摘要的撰写必须控制篇幅，但同时不要降低策划书的逻辑性。而进一步的深入探讨，应该放在策划书的后面部分进行。

摘要需要用最简练的语言说明项目的目的与计划，具体细节并不需要在摘要中显现出来。同时，撰写中还要展示出创业者或企业为什么需要资金以及能用这些资金达到的目的，并且要展示出具有盈利的能力。一个简明清晰的摘要在商业策划书中起着至关重要的作用。

（2）内容高度精练

撰写摘要不是一蹴而就的，而是要站在全局上把握。摘要一定要放在最后完成。在商业策划书的主体撰写完成之后，必须将商业策划书反复阅读，掌握商业策划书的精髓，才能开始商业策划书的摘要撰写。对商业策划书的摘要反复推敲，力求精益求精，趋于完美，争取尽最大努力给风险投资商留下美好、深刻的印象。

2）商业策划书大纲

商业策划书是创业者或企业为了实现未来增长战略所制订的详细计划，主要用于向投资方和风险投资者阐述创业者未来发展战略与实施计划，从而取得投资方或风险投资商支持的一份商业策划报告。针对具体创业项目，投资人希望看到的是什么样的商业策划书？标准商业策划书是怎样协助投资人进行准确及时的投资的？创业者需要知己知彼。

商业策划书中全面展示项目状况、未来发展潜力、执行策略，体现项目的核心竞争力、市场机会、成长性、发展前景、盈利水平、抗风险能力、回报等。同时也是展示自己有实现战略和为投资者带来回报的能力及拥有资源实力的商业策划报告。商业策划书还是项目实施的行动纲领和执行方案，可以使创业者和项目接受者有计划地开展商业活动，增加成功的概率，指导运营的必备工具。

商业策划书的核心是创业者创业项目的大纲。商业策划书给人的第一印象非常重要，如果第一印象不能抓住投资者，就意味着失败了一半。商业策划书的最终目的是说服投资者，支持和投资创业项目，那么在大纲范围内，有条不紊地呈现自己的想法就是创业者必须要做到的事情。所以，当开始撰写商业策划书时，心里必须有大纲。

### 5．撰写商业策划书的六要素

如何才能让投资者注意到自己的商业策划书？为了确保商业策划书能让投资者眼前一亮，顺利获得风险投资商的资金，商业策划书必须注意以下六点。

1）详细介绍产品

在商业策划书中，撰写者应尽量用简单的词语描述每件事。商品及其属性的定义对撰写者来说是非常明确的，但其他人却不一定清楚它们的含义。

2）竞争企业的说明

在商业策划书中，要细致分析竞争对手的情况。竞争对手都是谁？他们的产品是如何工作的？竞争对手的产品与本企业的产品相比，有哪些相同点和不同点？竞争对手所采用的营销策略是什么？要明确每个竞争者的销售额，毛利润、收入以及市场份额，然后再讨论相对于每个竞争者所具有的竞争优势，商业策划书要使投资者相信，你不仅是行业中的有力竞争者，而且将来还会是确定行业标准的领先者。

3）营销计划方案

商业策划书要给投资者提供企业对目标市场的深入分析和理解。要细致分析经济、地理、职业以及心理等因素对消费者选择购买本企业产品这一行为的影响，以及各个因素所起的作用。商业策划书中还应包括一个主要的营销计划，计划中应列出你打算开展广告、促销以及公共关系活动的地区，明确每一项活动的预算和收益。

4）制定执行方案

商业策划书中应该明确下列问题：如何把产品推向市场？如何设计生产线，如何组装产品？生产需要哪些原料？拥有那些生产资源，还需要什么生产资源？生产和设备的成本是多少？企业是购买设备还是租赁设备？解释清楚与产品组装、储存以及发送有关的固定成本和变动成本的情况。

5）管理团队

把一个思想转化为一个成功的风险企业，其关键的因素就是要有一支强有力的管理队伍。这支队伍的成员必须有较高的专业技术知识、管理才能和多年工作经验。管理者的职能就是计划、组织、控制和指导公司实现目标的行动。在商业策划书中，应首先描述整个管理队伍及其职责，然而分别介绍每位管理人员的特殊才能、特点和造诣，细致描述每个管理者将对公司所做的贡献。商业策划书中还应明确管理目标以及组织机构图。

6）精练的计划摘要

商业策划书的计划摘要必须能让投资者得到更多的信息，它将给投资者留下长久的印象。商业策划书中的计划摘要将是撰写的最后一部分内容，但却是投资者首先要看的内容，它将摘录出策划书中与筹集资金相关的细节：包括公司内部的基本情况、公司的能力以及局限性、公司的竞争对手、营销和财务战略、公司的管理队伍等情况的简明而生动的概括。

### 5.2.2　商业策划书撰写的具体内容

商业策划书对那些正在寻求资金的风险企业来说，就是“金钥匙”，决定着投资的成败。对刚开始创业的风险企业来说，商业策划书的作用尤为重要，通过制订商业策划书，把正反理由都书写下来，然后再逐条推敲，会发现原本还在“雏形”的项目已经变得清晰可辨，也更利于风险投资家认识和把握该项目。

商业策划书首先是把计划中要创立的企业推销给了风险投资家。商业策划书的主要目的是筹集资金。因此，商业策划书必须要说明：

① 创办企业的目的？为什么要冒风险，花精力、时间、资源、资金创办风险企业？

② 创办企业所需的资金？为什么需要这么多钱？为什么投资人值得为此注入资金？

#### 1. 封面撰写

商业策划书的封面要包含一些基本信息，包括企业名称、企业联系人、企业联系方式及地址等基本信息，还要包含免责声明、日期和文本编号。

联系方式清晰正确能够保证投资人找到自己，很多人为了美观或者其他想法，把个人信息放在正文中，这势必增加了投资人获得联系方式的难度。当一份商业策划书吸引到投资人后，投资人却不能轻易找到联系人，可能投资的兴致就打消了，更为重要的是，联系人一定要熟知整个计划书，投资方联系到你后能够第一时间反馈和回答提出的问题，这样的效率才会吸引到投资。

除此之外，商业策划书的发放也要尤为慎重，不能像发广告一样随便发布，如果策划书流失，便会面临信息泄露的风险。因此，封面上应注明份数和总数，这样有助于创业者掌握寄送情况。封面背后应该有一份免责声明或保密协议，说明此商业策划书的相关授权阅读情况。

2. 摘要撰写

摘要必须形式完美，叙述清楚流畅。投资人在阅读商业策划书时都喜欢先看前两页的摘要。如果商业策划书的摘要像一份营销单，文字分栏排列，配一些相关的图片，就能更好地吸引投资人的注意力。

在撰写摘要时要注意以下关键元素：

1）问题和解决方案

这些是用来钩住投资人的钩子，最好在第一段就描述清楚。陈述项目的价值定位，要给谁提供什么特别的东西。在这部分不要写缩写词、公司历史以及方案背后用到的技术。

2）市场大小和增长机会

投资者们都在寻找巨大的、处在增长期的市场。用几句话描述一下基本的细分市场、市场大小、增长情况和市场动态：有多少人或多少公司、多少产值、增长速度如何、是什么因素驱动这个细分市场。如果市场渗透率保守估计只有1%的话就不要提了。

3）竞争优势

辨别出持续竞争优势，如独特的优势、成本节约或行业关系。至少，要写出是如何与当前别人的解决方案竞争的。投资者很可能已经看过很多与此方案类似的商业策划书。

4）商业模式

谁是你的客户？产品如何定价？一件产品的成本是多少？目前是否有真实客户？是否正在发展阶段？概括销售和营销策略（直接营销、销售渠道、病毒营销、潜在客户开发等）。列出一些关键数字，如客户量、授权量、产品数量和利润等。

5）执行团队

要记住投资人投资的是人而不是创意。为什么这个团队有能力成功？他们以前做过什么？解释一下每个人的背景、角色、工作过的公司。如果创业导师或顾问有相关的行业经验，也可以在团队介绍里提出来。

因此，团队及合作伙伴十分重要，也必须在商业策划书中展示。

一个企业的核心团队具有足够的能力，能够把握关键业务，并且在面临市场的挑战中有足够应对的能力，这方面至关重要。另外，合作伙伴要能够为企业的发展带来良好的支持，在处理问题与解决问题时能够起到积极的、正面的作用，也是需要认真表述的。因此，在实际撰写过程中，需要从企业的核心团队及合作伙伴的几方面进行详细介绍。

（1）展现核心成员的成功经历

在撰写业务计划时，核心团队的引入应突出企业的人才储备充足，组织结构合理，强调企业具有独立管理、产品设计开发、市场营销等方面的能力。团队成员足以保证企业未来的成长和发展，足以克服未来不可预知的困难。商业策划书中这一部分的重要性不言而喻，投资人在审查企业的时候，管理能力是最重要的因素，如果没有一个专业的管理团队和有效的组织结构，科技成果就不能很好地和资本结合起来创造现实的生产力。企业管理的好坏直接决定着企业的经营风险。高素质的管理人员和良好的组织结构是做好企业管理的重要保证。可以说，没有一个优秀的管理团队，风险投资者就无法获得风险资本，而风险投资者在退出资本市场时也无法以良好的价格出售自己的权益。从某种意义上说，一个好的管理团队是创业品牌。因此，风险投资者将特别重视对管理团队和管理模式的评价。因此，核心团队在商业策划书的撰写过程中不可或缺。

（2）展示团队和合作伙伴的背景

对团队的成员和合作伙伴进行展示，有助于帮助投资者更全面地了解企业关键人物的相关背景，进而对企业的发展进行估算。一般来说，团队不是一一介绍，一般控制在3个主要人物即可。常规的介绍主要从教育背景、工作背景和业绩等几方面进行。

①教育背景。主要介绍团队和合作伙伴的学历背景和专业培训，主要强调其知识结构和其所承担的业务有关联性，若关联性不强则不必介绍。术业有专攻，每个人都有自己擅长的方面，因此不要为了强调职位与能力的匹配，去夸大或者塑造“万能型人才”，增加不要的培训介绍，反而会让人觉得冗长。这也提醒企业，能够在多个学科方面都涉及的交叉学科人才会为企业带来更多的机会。

②工作背景和业绩。主要介绍人员担任哪些职务或有哪些工作业绩。对于团队核心人员，会侧重介绍以往的经历，而对于合作伙伴主要介绍现在的任职。大多数投资人对团队的判断源于对过往工作的总结，曾经担任过什么职位和完成过哪些项目是投资人对能力的主要判断依据，这些信息很大程度上影响了投资人对团队的信任感。作为企业的管理者，主要展示生产管理的特点、员工的管理、员工的激励、财务管理、信息管理等；对于研发人员，主要关心研发能力、研发方向把关、进度推进等。各角色的信息都隐含在任职和业绩中。

6）财务预测和融资

一般需要展示3~5年的收入和花费预测。投资者要知道现在想融资多少，能给他们什么样的回报。这样的融资需求通常是为了实现商业策划书中下一个重要里程碑所需要的最少金额。

以上这些概括要点并不是商业策划书概要的硬性要求，或是教条。没有能通盖所有创业项目的执行概要，但是要确保每一条关键问题都要提到。要想想在创业项目中哪些是关键点，要特别强调优势。如果关键点被忽略了，就会是一个危险信号。投资人对项目的第一印象会转向负面。

最后一个重要元素不在摘要中，而是发给投资人邮件中的公司介绍，这一部分要写一些吸引眼球的内容，展现出激情和承诺。

3. 公司介绍

这部分要使风险投资者对公司的主要项目及未来的发展战略有一定程度的了解，各专题既要独具特色，又要构成一个相关的整体。

1）公司概述

只要提供的公司名称、地址、电话号码、联系人等资料皆清楚无误，则风险投资者将不会提出任何问题。如果可能，可提出行业分类标准。

2）公司的自然情况

力求用最简练的一段话描述公司的业务情况。更重要的是，要用最简短的一句话使风险投资者可以概略认识公司。

3）历史情况

风险投资者主要寻求一个概略性的认识。这节似乎很难确定问题的基本类型，但对方很可能提出与公司特殊历史事件相关的问题。其中一类典型问题可能是：为什么帮人做了这件事或做了那件事？另一类典型问题可能是：公司发展历史上有哪些重要的里程碑？

4）公司管理

介绍公司的管理情况，领导者及其他对公司业务有关键影响的人。通常，小公司不超过三个关键人物。风险投资对关键人物十分关心。应该从最高层起依次介绍。需要注意，关键人物不等于有成就者。介绍内容主要包括董事和高级职员、关键雇员、管理者之职业道德、薪金等方面。

5）公司未来的发展规划

风险投资者关心公司未来要完成的里程碑的信息。他们可能提出涉及未来关键阶段的问题，其基本问题可能是：如何完成计划书规定的关键指标？

6）唯一性

唯一性包括管理唯一、产品服务唯一或投资基础唯一等。这里，必须回答的问题是：本公司独特的原因何在？这个问题可变换说法为：与世界上所有小公司比较，有哪些因素使公司兴旺发达？在公司总体范畴之内，大公司通常优越于小公司，如果认为这条规律有一定道理，那么，在不得不与大公司竞争时，如何保证自己的公司必胜？为使风险投资者满意放心，必须明确提出本公司的不寻常优势，可以确保成功。

7）产品或服务介绍

风险投资者要了解出售什么，以及市场上需要什么样的产品和满意的服务；他要努力评估产品的可销售程度和创新程度；他还关心公司产品处于产品生命周期的哪一阶段。他的问题可能是：为什么这种产品或服务有实用价值？它为用户提供哪些功能？用户的购买动机是什么？本产品的生命周期如何？何时可能被新产品取代？有无计划出新产品或以现存的产品冲出产品市场？这种冲出有利还是有害？你的产品责任是什么？若用户使用你的产品而受到伤害，你要承担哪些责任？你的产品价格受到哪些限制？价格弹性是多少？产品耐用性如何？如何进行产品技术改进？在产品生命周期曲线中，你的产品处于哪个阶段？

产品或服务是商业策划书撰写的重要组成部分。即使企业有一个强大的、精益的管理团队，如果没有一个具备市场前景和销售价值产品或相关产品的研发计划，那也只能是“巧妇难为无米之炊”。因此，产品或服务部分的撰写，就是商业策划书中能够体现其创造价值、带来盈利的基本属性的过程。从投资人的角度来看，一个企业的产品是否有盈利空间，对产品的性能是否了解是很重要的参考依据。

严格意义上的“产品”和“服务”是不同的，虽然实际情况中产品或服务很难严格区分开，并且在实际形态中二者往往是混合在一起的，但在战略思考层面进行区分非常有必要，因为不同的产品或服务形态决定了在实际价值交付环节的边际成本是不一样的，从而也决定了项目最终能够做多大规模。

在具体撰写过程中，首先需要让投资人明白所提供的产品是什么，这部分不必过度介绍，但是如果产品有独特的属性或者具有很超前的创新，需要对产品进行更全面的解析，以帮助投资人明白自己所说的内容。

下一部分内容要说明主要技术指标、关键技术、产品服务的背景、目前所处发展阶段、与同行业其他公司同类产品服务的比较、本公司产品服务的新颖性、先进性、独特性，还需要介绍是否拥有专门技术、版权、配方、品牌、销售网络、许可证、专营权、特许经营权等。这些内容不必一一罗列，可以通过相关问题的介绍阐述。一般来说，通过对产品或服务的介绍，主要回答以下几个问题：

- 提供的产品或服务（形态）是什么？
- 针对的目标客户有哪些主要特征？
- 产品或服务解决的用户核心需求是什么？
- 产品或服务具有哪些核心价值？

当然，产品或服务的介绍需要注意部分细节。一方面，不能太苛求细节。产品的交互图、流程图、具体功能、操作都不需要，如果用户体验或者视觉设计是很重要的卖点，可单独拿出体现，但投资人最想了解的是产品如何解决用户需求。另一方面，不要只讲想法和点子。投资人要的不是点子，怎么做才重要。

8）行业情况

风险投资者会千方百计地分析认识你的行业。他的问题可能是：你在该行业中成功的关键何在？如何保证公司和产品与该行业协调一致？此外还有一些基本问题：你如何了解确认该行业的总销售额与增长速率？该行业基本发展趋势如何？哪些行业变化对公司盈利水平影响最大？该行业有哪些贸易壁垒？第三者初次进入该行业的难度如何？与同行其他产品比较，你的产品有哪些新颖之处？本行业销售受哪些季节性因素影响？你的销售范围圈有多广，是地方、地区、全国还是全世界？

应该注意的是，自己所介绍的本行业一定时期内的销售额，不能包括未被自己产品占领领域的销售额。例如，若一个公司只制造微型计算机，则不能说已占领了全部计算机市场。微型计算机市场只是整个计算机市场的一部分，对应的行业只是微型计算机市场，而不是全部计算机市场。

因此，在进行行业情况介绍时有必要进行市场调查和调研，“没有调查就没有发言权”，南方人才市场专家表示，撰写商业策划书的第二步就是进行市场调查，了解行情。

创业者要细致分析经济、地理、职业及心理等因素对消费者选择产品和服务时的影响。在进行市场调研时，调研者要同潜在顾客展开接触，搜集顾客购买此类产品的时间周期，谁在决定是否购买、如何防范别人模仿你的产品或服务、你的产品或服务凭什么吸引目标市场中的消费者，以便制定销售策略。

市场调查还包括对竞争对手的调查，如竞争对手都是谁？他们的产品与本企业的产品相比，有哪些相同点和不同点？竞争对手所采用的营销策略是什么？在调查阶段，创业者还必须做好财务分析，即要量化本公司的收入目标和公司战略，详细而精确地考虑实现目标所需的资金。

（1）细化潜在目标市场

潜在目标市场（Total Addressable Market，TAM）就是可以切实达到的潜在的市场规模。与之相对，可服务市场（Served Available Market，SAMD）则是指自身业务所能够覆盖的地域，以及响应的用户人群所占的市场规模。

通常需要根据业务方位、机会成本、竞争因素及项目目标等多方因素，通过地域细分、用户细分等形式，基于模拟模型公式，将市场目标进行逐步筛选与缩小，并考虑风控系数因素。在实际过程中，不要搜索到报告数据就直接复制、粘贴，要多考虑一下具体项目与这个市场数据的关系，尽量计算出产品所面向的细分人群的市场需求的规模数据。

（2）对企业所在行业的发展方向的预测及分析

企业是不可能独立存在的，因此在“非真空”状态下，企业势必会受到相关因素的影响。因此，通过对市场的探索，找到影响整个市场行情的因素，进而找到有利于盈利的关键因素有助于企业的成功。撰写商业策划书时，通过对企业所属行业的一些研究、客观分析，经过重新规划的撰写过程，会使得说出的结果更加直观，清晰和突出，其目的是让风险投资人了解企业、行业情况和面临市场机会的不利因素，更能清晰地了解企业面临的机遇。

在商业策划书的撰写过程中，首先应该描述的是所在行业，通过全面展示能够清晰地得出企业的主要业务在整个行业中所需要的迭代情况。从风投的角度来看，企业所处行业的具体信息是估算企业未来发展的重要内容，他们会更关注企业在行业中的地位及行业的整体发展情况。因此，在策划书中应该准确地描述企业在行业中的地位和发展情况，有空间让投资者做出客观的判断。

至于对行业发展方向的预测，应该介绍行业的未来，也就是企业所在行业的发展方向预估。除了让阅读者对所在的行业有一个清晰的认识外，商业策划书还应该对行业的发展方向有一个清晰的认识，以便对企业的环境信息有一个全面的了解。一般来说，如果很难预测这个行业的发展，引用权威的预测是比较好的方式。在策划书中，这一部分信息很有必要。

分析影响行业发展的因素。在商业策划书中，应该有一个更为广泛的角度，即在国内和国际趋势背景下，考虑影响行业发展的因素和行业的规模。总的来说，应该考虑以下因素：经济、政府政策、文化和社会价值观、生活方式的变化趋势和技术进步、科技发展等因素。应该注意的是，商业策划书对影响行业发展因素的分析，不仅涉及行业发展和企业在行业中的地位，还能通过分析和评述，增加商业策划书的逻辑性和可信度，进而赢得投资人的信任。

分析企业的竞争对手及自身优势。商业策划书撰写中不能少了对竞争对手的描述和评估，这也在提醒创业者千万不要低估自己的竞争对手。“商海如战场”这类的描述都能反映出，市场中永远伴随着竞争。从投资人的角度分析，企业对市场竞争对手有所了解，才能算得上是真正了解市场。如果认为自己的产品没有竞争或者意识不到会有竞争，这样的盲目自信往往会让创业者走向失败，更不会得到投资人的支持。因此不仅要对竞争对手进行分析，还要保持客观的角度，一般来说，对竞争对手的描述和分析，主要从竞争对手的市场占有率、年销售额、财务实力和竞争战略等方面入手，通过这样的对比，能够更加直观地反映出自身产品的特点和价值，而这样“知己知彼”的态度会让投资人更加信服。

9）竞争者

风险投资者希望了解：谁是竞争者，其实力如何，有何优势，以及你自身有哪些优势。其典型的问题可能是：你有哪些超过竞争对手的优势？关于价格、性能、服务和保证措施，公司与竞争对手优劣如何？竞争对手有哪些超过你的优势？谁是你最主要的竞争对手？谁是你的行业伙伴？你与谁在高层次基础上竞争？你的产品有无替代品？如果有，谁制造这种产品？替代频繁程度怎样？你与竞争对手的价格差异如何？有无竞争对手加入你的行业？如果你打算选择某一市场与竞争对手共享，你的具体措施如何？希望竞争对手如何做出反应？你的竞争对手有股票公开上市的公司吗？

10）销售策略

风险投资者会将集中精力分析研究该市场的行销战略，希望了解产品从生产现场最终转到用户手中的全部过程。某些基本问题可能为：描述你的产品的分销管道，即说明你的产品从生产现场转到最终用户的全过程。你的产品有哪些行销环节？是本公司直接零售，还是通过行业销售网销售？广告在市场行销战略中的地位如何？你的基本广告策略是什么？其成本怎样？你的销售对广告的敏感程度怎样？你曾采用过哪些市场渗透策略？现计划采用哪些市场渗透策略？若你的产品和行业进入成熟期计划采用何种市场战略？目前销售难度如何？销售人员是否需要直接对用户叫卖？购买单件产品费用是高还是低？用户购买产品时是否一定要事前做预算？从与购买者签约到最终销售的时间长度如何？政府对市场交易是否有严格管制？

在商业策划书中，销售策略的设计必须是细致的、战略性的。投资人产生兴趣后，关注的便是产品的销售策略，也就是产品通过什么方法转到消费者手里。销售计划的制订是一个很专业也很有决策性的工作，销售计划能否做到决定其未来的盈利空间，这是对创业者的最直接考验。因此，做好一份专业的市场营销计划很重要。一般的销售过程包含以下几个步骤。

① 识别客户。将为自己的产品和服务识别到的一群人，拟定为最佳的目标群体。

② 接触客户。注重与潜在客户最初的对话，不要急于推销自己的产品，要向客户介绍一下自己和公司、产品或服务，并试图评估潜在客户的需求。

③ 向客户展示产品。呈现一个成功的产品演示是一种可以随着时间的推移而掌握的技能。成功的销售并非巧合，需要详细的计划，而自己则需要努力实施这个既定计划，并关注客户的需求。可以通过网络学习成功的销售演示案例，并了解哪些展示技能可以帮助自己取得成功。切记，要诚实地展示产品和定价，从而确立客户对自己的商业信任。在策划产品或服务演示的

时候，你的目标应该是告知和说服客户自己能为他们提供什么，让他们愿意从你那里购买商品。因此，你的演示应该照顾到顾客多方面的感受。

④ 反馈意见的处理，当被客户拒绝时，需要用积极的态度去面对。如果客户觉得定价过高，你则需要考虑如何让他理解你的定价高于其他竞争对手的原因，最有效的方式就是回应客户拒绝你的理由，通过和客户沟通，可以找到其拒绝的真正原因，并且有针对性地采取行动。当然，要保持和客户的联系，一旦客户态度有所改变，可以带着自己的修改意见再次沟通。

⑤ 达成交易。当你与客户沟通初见成效后，可以提到“所以让我们看看合同条款的概述”和“我们可以讨论你感兴趣的细节”等，来延长自己和客户的对话。不要害怕被拒绝，只有不断尝试才能达成交易。

⑥ 跟进客户的后续措施。请记住，达成一笔新交易要比一个再次销售耗费更多的时间和金钱。为了保证回头客，你必须让客户愉悦且满意整个销售环节。这将有机会给你带来新的交易。如果确认顾客不愿再次购买产品，需要辨别背后的真正原因，并对产品和服务做出适当的调整。

在撰写商业策划书的过程中，首先要做好的是对产品的清晰定位。很多人对产品的认知是：产品是一种物体，具有某种特殊的形状或用途，如手机、橡皮等，也会认为是一种服务方式凭证，如演唱会门票等，这样的认识可以看作狭义的产品，而广义的产品则是一种满足需求的价值服务。它可以是实体的，也可以是虚拟的；可以是一种服务，也可能是一种主观体。不论其形式如何，都能够让用户得到价值上的满足感，进而愿意为此付出代价。因此，从企业的角度来讲，产品的营销需要认识到这不仅仅是为用户服务，而是让用户从中体会到价值。这就需要重新对产品进行定义，让用户能够最直观地了解产品的概念。

对产品的价值进行定义，同时也需要对产品进行定价，这往往是考验一个企业的关键因素，对企业来说具有很大的风险性，当然，这也是商业策划书中的一项重要工作，价格的制定，是牵一发动全身的，它不仅决定了市场对产品的接受能力，还会影响同类产品价格竞争的波动，这将最后决定销售量和获得的利润，企业特别是初创企业在价格制定上还要受到其技术水平的不稳定和市场的波动带来的风险，这将会使其面临巨大的挑战。因此，价格的制定是相当重要的环节，这需要理论和实践的结合。

除了价格之外，在商业策划书中，渠道的选择也是很重要的环节，这不仅影响着产品的销售量，还是对产品销售模式的整合。在撰写商业策划书的过程中，对分销渠道的选择，需要结合产品的特征，针对产品的定位，选择对应的渠道。除了产品本身之外，还要考虑市场现阶段的情况和企业本身的资金、声誉状态等因素。对于一些渠道，还需要考虑售后等问题的跟进，进而保证渠道的可持续性。

可以看出，对销售策略的梳理是对创业者的试炼，如果能有效地把关市场，清晰定位产品，抓住核心问题，便可以建立一个稳定的销售渠道：反之，可能会造成收入减少，甚至亏损。不仅如此，如何借助渠道将产品价值宣传效果最大化，利用广告增加产品的价值传递等问题也要作为考虑的环节，因此，企业构建营销计划时，须对市场、产品、用户等进行考量。

## 案例分析

以下内容为“喜茶”市场营销策略部分，请仔细阅读。尝试以潜在商业伙伴或投资人的角色来回答下列问题：

（1）该公司在营销策略上是如何引起消费者共鸣的？

（2）该公司的营销策略包含哪几部分内容？

### “喜茶”的市场营销策略

“喜茶”作为年度最佳网红茶饮，曾被很多人嘲讽，但今天我们不得不说，喜茶能在短短一年时间从一家不知名的路边小店成为最佳网红店，已经取得巨大的成功。

#### 1. 喜茶品牌如何引起消费者共鸣

1）根据年轻消费者的心理进行店铺品牌形象设计

喜茶坚持原创，并在喝茶这方面有很多艺术创想，逐渐让喝茶变成一种生活的方式。在店铺的品牌形象设计上，喜茶一直坚持高颜值，因为如今的年轻消费群体对产品质量与外观的要求都很高，那些颜值高的品牌形象，年轻消费者更愿意发到朋友圈宣传，所以也难怪喜茶对颜值的把控这么严格。

2）产品是品牌强大的保障

品牌能够强大，离不开有特色的产品。喜茶被捧红的功劳在于它的芝士奶茶盖，由于现在的年轻消费群体都爱高品质，并且有尝试新事物的心理，喜茶通过一系列高大上的描述，便成功占据了消费者的心。另外，喜茶借助低脂的概念，更是让女性消费群体爱不释手。

3）跨界营销，吸引更多目标受众

根据年轻消费者的喜好与各大品牌商家合作，从而实施跨境营销策略。例如，喜茶与W酒店合作时，就联合设计了行李牌、礼盒、手袋与调酒器，既方便了消费者也宣传了自己的品牌。但需要注意的是，喜茶在选择品牌合作商时也是有要求的，只有那些年轻、高端且时尚的品牌才可以，因为目标受众一样，更容易强化喜茶品牌形象，从而吸引更多消费群体。

#### 2. 喜茶品牌策划包含的内容

1）品牌定位

一个优秀的喜茶品牌在建立之初离不开对品牌的定位，对于任何产品来说，只有明确消费目标群体，根据市场导向，才能形成明确的品牌定位。在同质化的茶饮市场，形成独树一帜的餐饮品牌个性。

对于时下年轻人青睐的“新茶饮”市场，其目标明确指向年轻的女性消费群体。针对消费群体，策划团队通过对区域性大数据的统筹调查，确定“谁”会愿意“买单”。而随后的一系列营销活动，都是紧紧围绕这些目标群体去展开的。“喜茶”在店铺的设计风格和各种外卖优惠上，更倾向于年轻的女性客户的消费需求，准确的定位营销让该品牌在资本市场获得青睐。

2）形象打造

喜茶品牌被消费者认知，离不开品牌形象的打造，这其中包括品牌名称、品牌故事、logo、

VI设计以及餐饮空间的设计。这些元素就是餐饮品牌的颜值，让消费者一眼就能认出来。一个优秀的餐饮品牌形象，能够让消费者获得心理认同感的同时，在消费潜意识中产生关联，是促进消费者认可该品牌的重要方式。

3）营销为王

在流量为王的时代，喜茶品牌的营销非常重要。在喜茶品牌全案策划中，品牌的营销是整体策划工作中直接与消费者互动的环节。在如今差异化越来越被人重视的茶饮市场，差异化营销让消费者对品牌的认知度更高。

在给喜茶品牌的营销中，提炼产品卖点是其中的关键。茶饮市场向来是没有秘密的战场，对于一个爆红的品类，模仿者随之跟上，而如何才能在营销中占据先机，学会提炼产品并加以宣传，就是让餐饮品牌的产品立于不败之地的关键所在。

在茶饮品牌策划中，用全案思维来打造整体喜茶品牌，才能保证品牌的顺利落地。从前期的品牌定位、品牌形象的打造，再到营销策略的推进，都是以市场导向为基准，经过精准的消费群体定位分析后，才能有效地贯彻落实餐饮品牌全案策划的整体运行。

（资料来源：编者依据网络资料改写）

**案例启示：**

市场营销的描述能够对盈利有很直观的展示，“喜茶”的营销策略直观，并且能够引起消费者的共鸣，从形象设计、跨界营销入手，分别分析了品牌定位、形象打造和营销为王。

### 4. 风险因素

投资者向你公司投资可能会遇到何种风险？应从政策、经营、资源、财务等方面加以叙述。在说明过程中，只正面叙述，不做评论性说明，主要包括：经营历史的限制、资源限制、管理经验限制、市场不确定性限制、生产不确定性限制、破产对关键管理者的依赖程度等。

### 5. 投资回报与退出之路

这是投资者非常关心的问题。因为大多数风险投资者并无真正意愿想长期持有公司的股权，而是希望能在条件成熟时“金蝉脱壳”，从而通过股票的增值获取收益。一般来说风险投资者可提出三种投资变现方式，主要包括股票上市、出售公司和买回等。应指出自己希望采用何种方式。

### 6. 经营分析与预测

该部分主要基于公司历史的经营业绩分析，据以预测未来的经营情况，这里应以公司过去财务数据为基础，预测未来经营可能的收入、成本与费用，同时，通过比率分析预测未来经营效率的高低及经营成果的好坏。

一般来说撰写经营分析与预测，应该从以下信息进行分析。

① 企业将涉足的行业信息：企业的增长潜力、企业的地理位置、产业趋势（这是否是一个增长的产业）、季节因素（企业获利是否与季节有关）、盈利潜力及顾客/市场。

② 顾客资料或者各种顾客群体资料：年龄、性别、职业、收入、处事态度和生活方式及地理位置。

③ 描述顾客对产品服务的需求。

通过购买你的产品他们可以节省多少时间和财力？顾客将从他们的花费中得到多少回报？

通过购买你的产品，他们将要改变做事（生活）方式吗？他们会有需求购买你的其他产品和服务吗？他们将会改变工作习惯吗？

④ 描述创业企业的市场定位，即在市场中识别或定位产品和服务。

⑤ 区分消费者。

为什么这个特定的群体是你的产品或服务最好的目标？为什么你的产品会成功？

什么使你的产品在市场上不同于竞争对手提供的同类产品？

为什么市场上存在对你的产品的需求？为得到你的产品市场愿意支付多少费用？

⑥ 产品或服务与竞争对手相比较：观察你与竞争对手产品和服务的异同，比较价格、质量和选料。

你的竞争对手将产品卖给什么样的客户群？

他们会与你的客户群重叠吗？

怎样做才能比你的竞争对手做得更好、更有效率？

查看是否能发现你的竞争对手没有做好的事情。

解释一下你会如何打击竞争对手，并试着预测竞争对手将会如何应对。

**7．财务报告**

策划书中应包含公司当前的财务报告，并附有适当的说明。无论如何，无当前财务报表的策划书是无法让人接受的。一份没有当年财务报告的项目是难以引起风险投资者兴趣的。

财务报告里还要呈现自身的定价策略，在决定商品和服务的价格时，作为创业者，应该经常考虑到的因素有：顾客、竞争、经济和潜在利润。

定价有时不见得越低越好，低价商品，特别是与同类竞争产品相比，价格相差很多的商品会引起顾客对质量的担忧，当然，这并不意味着价格应该始终高于竞争对手的价格，而是需要经常关注消费者的生活习惯与反馈意见，并根据这些对价格做出相应调整。有些情况，特别是在订购大单时，顾客会砍价，为了双方满意的价格就需要运用谈判技巧。价格同样必须考虑目标市场的需求。高收入消费者通常需要高品质、奢侈、私人定制、个性十足的商品。在购物时，高收入消费者不仅愿意为商品支付高昂的价格，而且也期望一个高昂的价格。另一方面，低收入消费者则更关心如何省钱，并为了买到便宜的商品而乐意去“货比三家”。此外，低收入消费者更乐意购买性价比高的商品和服务，在购物时选择打折促销的商品。对于全世界的创业者都面临着一个极具挑战的问题：是先定价，再等待消费者的到来呢？还是先吸引消费者，看看目标市场对商品最好的反应，然后再定价呢？正确答案是：双管齐下。定价必须已被定价策略、企业类型、地理位置和目标顾客群等所决定，此外，应该经常听取顾客的意见并与他们保持接触，以确保商品的价格、质量和服务可以继续迎合他们的需求与愿望。

当为商品和服务定价时，任何情况下都不应忽视竞争者同种类商品或服务的价格。如果你的价格远远高于竞争者的话，你将失去这单生意，如果价格太低的话你将赢得更多的生意，但是会失去潜在利润。如果在同一商品中你比竞争者付出更多，因为你的商品比竞争者的这款商品质量更好，但是你无法和顾客就商品的高品质价值进行沟通，那么，至少在一段时间内你还将会失去订单。

当你定价时，比较你与竞争者的价格，同时也要与竞争者提供的服务相比较。商品的附加值包括知名的产地、有魅力的设备、个人的关注、信用贷款、礼品包装、产品保修、送货上门、尽职调查等。经常关注竞争商品服务的相关活动，观察他们的促销活动。

作为一名企业主，你必须能意识到多种不同的经济形势并根据不同形势对定价做出调整。这个能力确保你在经济萧条时维持买卖，并在经济繁荣时获得利润。在经济萧条时，消费者对价格非常敏感，他们会谨慎地作出采购决策，省钱，并且货比三家。另一面，当经济环境改变时，消费者对未来充满乐观，同样会乐意支付更高的价格。最终，当经济形势繁荣时，消费者对于涨价有抵触，在经济萧条期间，你有降价的能力，因为供货商也同样更乐意降价。相反，在经济繁荣时你要做好准备，供货商可能会需要提供高价的商品和服务。

8. 财务预测

对公司未来5 年的财务状况进行预测，还需预测每年的资金流量表，以便每个读者能确切了解公司资金流动状态。

**延伸阅读** 商业策划书模板

第一部分　摘要

一、公司概况

二、公司的宗旨和目标

三、公司目前股权结构

四、已投入的资金及用途

五、公司目前主要产品或服务介绍

六、市场概况和营销策略

七、主要业务部门及业绩简介

八、核心经营团队

九、公司优势说明

十、融资方案（资金筹措及投资方式及退出方案）

十一、财务分析

1. 财务历史数据

2. 财务预计

3. 资产负债情况

第二部分　综述

第一章　公司介绍

一、公司的宗旨

二、公司简介

三、各部门职能和经营目标

四、公司管理

1. 董事会
2. 经营团队
3. 外部支持

第二章 技术与产品

一、技术描述及技术持有

二、产品状况

1. 主要产品目录
2. 产品特性
3. 正在开发/待开发产品简介
4. 研发计划及时间表
5. 知识产权策略
6. 无形资产

三、产品生产

1. 资源及原材料供应
2. 现有生产条件和生产能力
3. 扩建设施、要求及成本，扩建后生产能力
4. 原有主要设备及需添置设备
5. 产品标准、质检和生产成本控制
6. 包装与储运

第三章 市场分析

一、市场规模、市场结构与划分

二、目标市场的设定

三、产品消费群体、消费方式、消费习惯及影响市场的主要因素分析

四、目前公司产品市场状况，产品所处市场发展阶段、产品排名及品牌状况

五、市场趋势预测和市场机会

六、行业政策

第四章 竞争分析

一、有无行业垄断

二、从市场细分看竞争者市场份额

三、主要竞争对手情况：公司实力、产品情况

四、潜在竞争对手情况和市场变化分析

五、公司产品竞争优势

第五章 市场营销

一、营销计划概述

二、销售政策制定

三、销售渠道、方式、行销环节和售后服务

四、主要业务关系状况

五、销售队伍情况及销售福利分配政策

六、促销和市场渗透

1. 主要促销方式

2. 广告/公关策略、媒体评估

七、产品价格方案

1. 定价依据和价格结构

2. 影响价格变化的因素和对策

八、销售资料统计和销售记录方式，销售周期的计算

九、市场开发规划，销售目标

第六章　投资说明

一、资金需求说明（用量/期限）

二、资金使用计划及进度

三、投资形式

四、资本结构

五、回报/偿还计划

六、资本原负债结构说明

七、投资抵押

八、投资担保

九、吸纳投资后股权结构

十、股权成本

十一、投资者介入公司管理的程度说明

十二、报告

十三、杂费支付

第七章　投资报酬与退出

一、股票上市

二、股权转让

三、股权回购

四、股利

第八章　风险分析

一、资源风险

二、市场不确定性风险

三、研发风险

四、生产不确定性风险

五、成本控制风险

六、竞争风险

七、政策风险

八、财务风险

九、管理风险

十、破产风险

第九章　管理

一、公司组织结构

二、管理制度及劳动合同

三、人事计划

四、薪资、福利方案

五、股权分配和认股计划

第十章　财务分析

一、财务分析说明

二、财务数据预测

1. 销售收入明细表

2. 成本费用明细表

3. 薪金水平明细表

4. 固定资产明细表

5. 资产负债表

6. 利润及利润分配明细表

7. 现金流量表

8. 财务指标分析

（资料来源：编者依据网络资料改写）

在撰写商业策划书时，应该达到下列目标。

① 力求表述清楚简洁。

② 关注市场，用事实说话，因此需展示市场调查和市场容量。

③ 解释潜在顾客为什么会掏钱购买自己的产品或服务。

④ 站在顾客的角度考虑问题，提出引导他们进入自己销售体系的策略。

⑤ 在头脑中要形成一个相对比较成熟的投资退出策略。

⑥ 充分说明为什么你和你的团队最合适做这件事。

⑦ 请你的读者做出反馈。

撰写好商业策划书并向投资者提交时，必须避免下列问题。

① 对产品/服务的前景过分乐观，令人产生不信任感。

② 数据没有说服力，比如拿出一些与产业标准相去甚远的数据。

③ 导向是产品或服务，而不是市场。

④ 对竞争没有清醒的认识，忽视竞争威胁。

⑤ 选择进入的是一个拥塞的市场，企图后来居上。

⑥ 商业策划书显得非常不专业，比如缺乏应有的数据、过分简单或冗长。

⑦ 不是仔细寻求最有可能的投资者，而是滥发材料。

## 5.3 商业策划书的项目路演展示

写好了商业策划书，只是融资的第一步，下一步的工作是商业策划书的展示。如何将商业策划书的核心内容有效地展现给投资人，并且获得投资人的青睐，需要对各项因素进行综合考虑，最终选择最优的展示方案，因此，项目路演就是一种很好的方式。

### 5.3.1 项目路演

项目路演就是企业或创业代表在讲台上向投资方讲解项目属性、发展计划和融资计划，一般分为线上路演和线下路演。

一般来说，投资人看到商业策划书之后，可以对项目做出初步判断。如果感兴趣，就愿意和创业团队见面沟通，通常是和CEO直接沟通，这种见面沟通也就是通常所说的项目路演。

在中小企业融资的过程中，“路演”已经成了一种必要的宣传、推介手段，企业可以通过这种方式更好地展现自己，跟投资人直接交流。但是路演其实是一个系统工程，在这个过程中，企业需要做好充足准备。

#### 1. 项目路演的定义

百度百科对路演的定义是：路演（Roadshow）最初是国际证券市场上证券发行商发行证券前，针对机构投资者的推介活动。后来才延伸至产品路演、销售路演、融资路演等各种形式，指在公共场所进行演说、展示产品、推介理念，以及向他人推广自己的公司、团队、想法的一种方式。从本质上讲，路演是一种宣传手段和推广方式。其实，人们会发现这宣传手段和推广方式非常类似于营销。营销的过程：传播产品信息—激发购买—购买决策。因此，路演也会引发这样一个过程：传播信息—激发兴趣—说服决策。所以，路演不仅仅是展示，而是更具目的性的营销。

因此，项目路演就是企业代表在讲台上向台下众多的投资方讲解自己的企业产品、发展规划、融资计划。

项目路演分为线上项目路演和线下项目路演。线上项目路演主要是通过QQ群、微信群、在线视频等互联网方式对项目进行讲解；线下项目路演主要通过活动专场对投资人进行面对面的演讲以及交流。

#### 2. 项目路演的性质

① 项目路演采取自愿报名、审核通过的机制。邀请全国范围内早、中期的创业项目以及传统行业具备创新模式的项目参加。

② 项目路演是国内外诸多风险投资机构实现融资的高速公路。实现创业项目与投资人的零距离直面对话、平等交流、专业切磋，促进创业项目与投资人的充分沟通和加深了解，最终推动融资进程。

③ 规模。项目路演由8~10个创业项目和8~10个投资机构代表组成。确保每个项目进行较为充分的展示，并与投资人进行深入沟通。

④ 私密性质。除创业项目和投资机构代表之外，项目路演全程谢绝参观。

⑤ 项目路演主办方及所有参会人员均须承诺：除非得到本人许可，对项目商业秘密和项目路演个人资料进行严格保密，不将项目路演的任何内容用于商业目的。

### 3. 项目路演的对象

明确路演的对象，是在和谁宣传、和谁推介自己的项目和团队。针对不同的受众对象，有不同的目的。面对创业比赛评委做路演和面对投资人做路演是不一样的。面对天使投资和面对机构的投资经理做路演也是不一样的。因此面对不同的受众对象，需要站在对方的角度考虑他们的需求，进而调整路演的侧重点，万万不可“一个PPT走天下”。

### 4. 项目路演的地点

路演的场合主要分为两种：一种是小范围私密沟通，这种场合通常是面向关键少数人，极可能是最终的投资人，在这样的场合下不需要大张旗鼓地全面开讲，而是将最能吸引人或者根据对方的疑问针对性回答；另一种场合是大范围公开演讲，这一般是常规理解的路演，这类项目多是对整体项目的展示。

### 5. 项目路演的时间

路演的时间有多少？时间决定创业者演讲的内容和讲述的方式。

麦肯锡有一个著名的30 s电梯理论，30 s内讲明白一件事情，那么就要直切主题。如果是深度的交流沙龙或是私密的单独沟通，可以讲30 min或几个小时，把内容完整呈现，详尽阐述，此外，路演要讲的内容非常多，时间的分配也特别重要。

### 6. 项目路演的条件

① 项目团队人数不少于2人。

② 项目成功运作一年以上。

③ 项目必须有内容可供演示。

④ 项目必须有完整的商业策划及其历史财务资料。

⑤ 项目必须拥有独特商业模式和商业价值。

⑥ 项目必须有明确的融资需求，融资标的范围。

### 7. 项目路演的目的

项目路演的好处在于可以同时让多个投资家很认真地倾听你的讲解和说明，同时还可以有一个思考和交流的过程。通常情况下，投资家每天看到的策划书和接触的项目很多，所以筛选项目往往只能凭借一些市场份额、盈利水平等硬性指标，很难了解项目的精彩之处，很多优质的企业因此与投资擦肩而过。

路演就是可以让投资家在安静的环境里，在企业家声情并茂的展示下，真正读懂企业的项目，从而做出更为准确的判断。特别对于一些技术性强的项目，更能减少出现投资家看不懂和不理解项目的弊端。企业可以通过自己的精辟讲解和投资家之间的交流，快速对接自己的项目，减少融资弯路。

因此，路演的目的是说服你的受众，这个才是你获得投资的根本，因此要为之而服务。

但是说服的过程需要让受众愿意做出决策，这就需要激发他的兴趣，从而能够心甘情愿地做出决策。这就需要在路演中传递出有价值的信息，能够引导受众产生兴趣。因此倒推而来，路演的目的就是通过传递信息进而激发兴趣，最终说服投资人为你买单。

### 5.3.2 项目路演展示过程的注意事项

#### 1. 准备好、打印好商业策划书

路演一般都有时间限制，针对大中小型的路演类型，给每个企业展示的时间大概5 ~ 20 min，所以，创业者在路演的时候一定要注意，根据不同类型的路演制作商业策划书。

一份适当的商业策划书，不仅要给投资人看，还要给企业自己看，因此，商业策划书应该是对企业的过去、现在和未来做梳理。一般来讲，一份路演PPT会包含以下内容：投资亮点、企业基本情况、商业模式、行业分析、团队介绍、财务情况与预测、发展规划和融资计划。这就用一个非常清晰的逻辑，展示了企业的过去、现在和未来的动态发展状况。

#### 2. 制作路演PPT

PPT上图表和数据并茂、文字说明越简单越好。路演的时候，很多东西需要演讲人自己去讲，所以，路演PPT上切忌有大段的文字描述，而应该以简单明了的图表、数据表达，辅助配以一些简短的总结性、强调性文字。例如，现在市场上经常会有各种互联网企业的产品发布会，这些发布会用的PPT往往以图片或简短文字的形式展现，给人的感觉比较直观、有冲击力。而详细的数据，可以明确告诉投资人，你所在行业的发展趋势、你和竞争对手的比较优势、你的历史财务情况和未来几年的盈利预测等。图表和数据会让你的PPT直观而有力量，增强效果。

#### 3. 注意着装，带上自己的名片和产品

路演的时候，一定要注意自己的形象，因为好的形象是一种尊重，路演的时候还要在路演之前把自己的名片和产品给受众展示。

#### 4. 富有感情，讲好故事

路演更多的是表达和传递，要像讲故事一样，把企业的成长过程讲给投资人听。怎样才能把你的创业故事讲得既有逻辑又富有感情呢？

首先是逻辑，根据你所处行业的不同，有一定差别。例如，互联网企业，一般习惯先讲用户的痛点，你的产品成服务能解决用户什么需求，然后是你的产品或服务是怎样解决这些痛点的，再然后是你的商业模式、盈利模式，最后是团队配置。

其次是富有感情，实际上是表示演讲人一定要精神饱满，将企业精神、创业激情展现出来，不单纯是从头到尾平铺直叙一个事，而是生动有趣地呈现。

#### 5. 说出痛点、讲出亮点

讲故事要有亮点，观众才喜欢听，就像看小说要有悬念才好看一样，如果企业的产品解决了用户的某些痛点和需求，最好强调出来。

例如，小米MIU18的发布会，就只用了两句简短的文案，说明了MIU18能解决用户的痛点，这两句文案分别是：阅读时来了条消息，回还是不回？自由切换聊天和阅读？非常简洁明了。

企业可以结合所在行业的特点突出企业优势，可以从产品技术、核心团队、市场渠道、商业模式等入手。如果是高科技行业，你技术领先，比竞争对手强大，这就是最大的亮点。如果是互联网企业，你的产品是如何解决痛点的，就是你最大的亮点。

### 6. 对所在行业了解的要比投资人更多

投资人一般对自己关注的行业，了解比较全面，但对细分行业，就不一定了解得很透彻。所以，作为企业，你需要对行业有更多了解才能打动投资人。需要注意的是，在路演中，你分析行业的时间很有限，因此，尽量不要一开始就谈产业概念、追风口等，可以切实描述你所在行业的现状、你处的阶段、上下游有什么、进入的壁垒是什么、有哪些竞争对手，等等。

案例路演PPT：

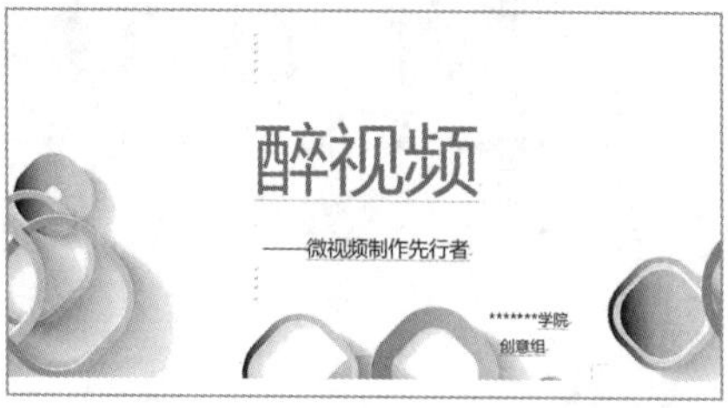

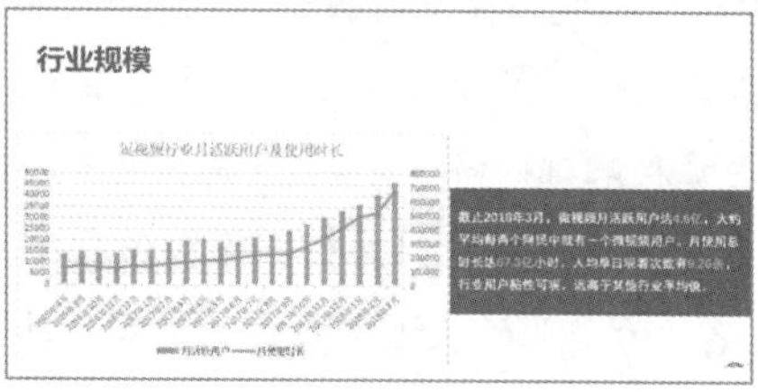


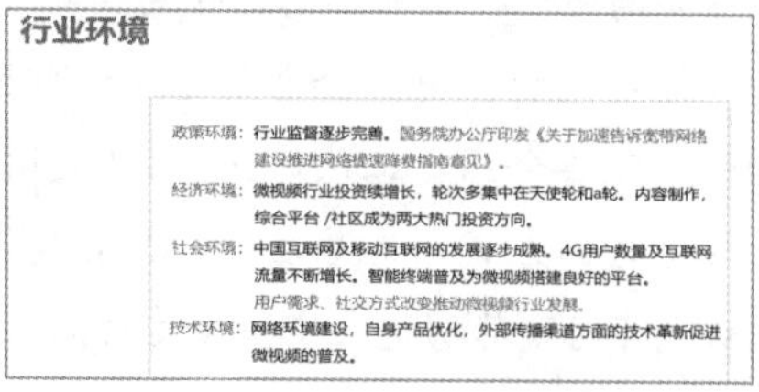


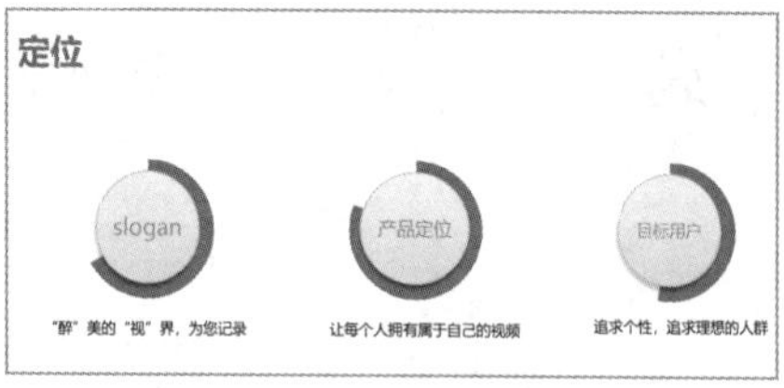


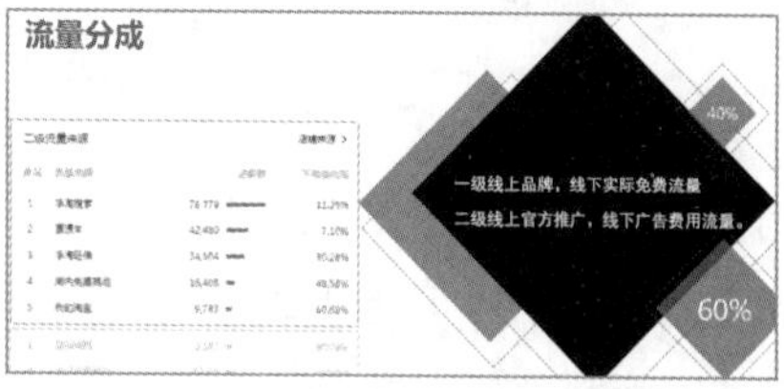


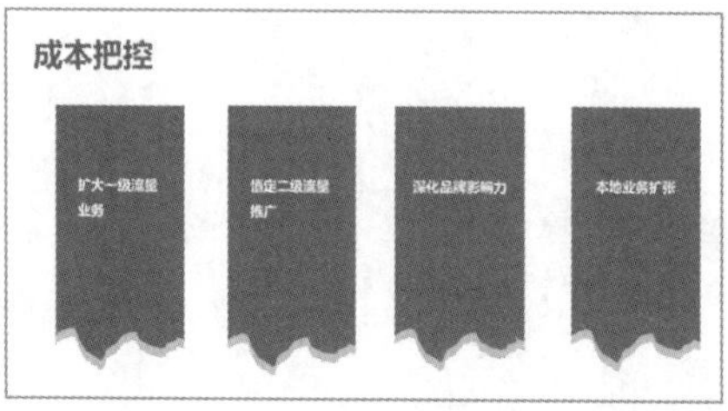


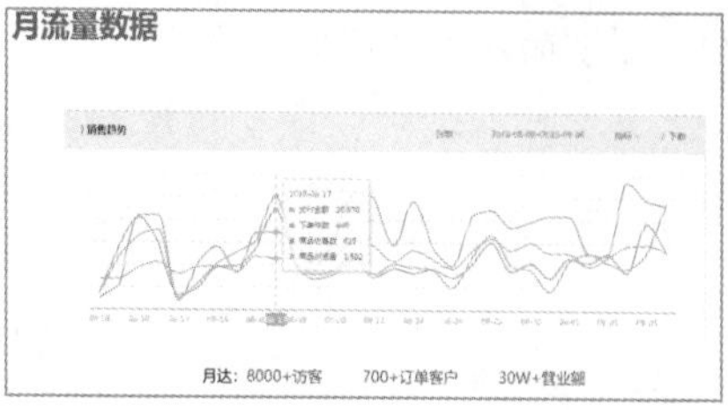


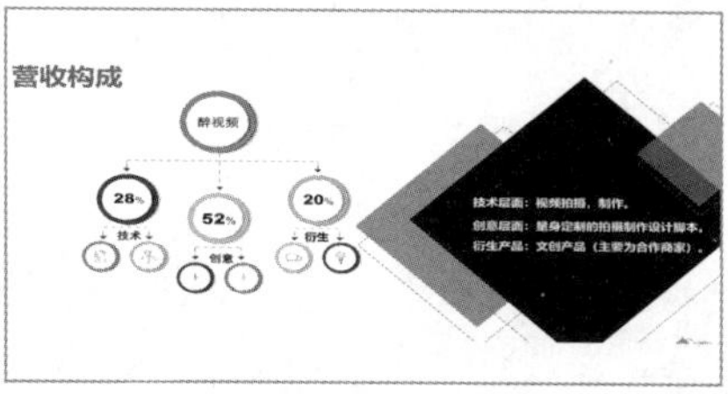


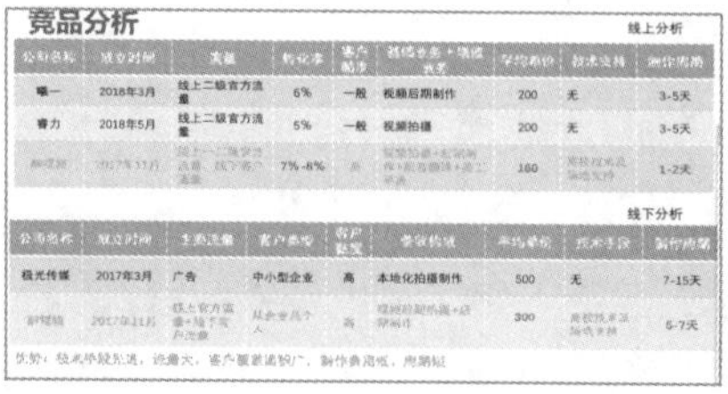

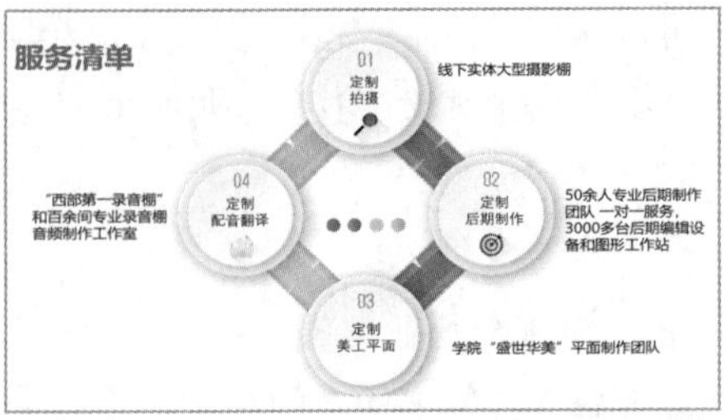


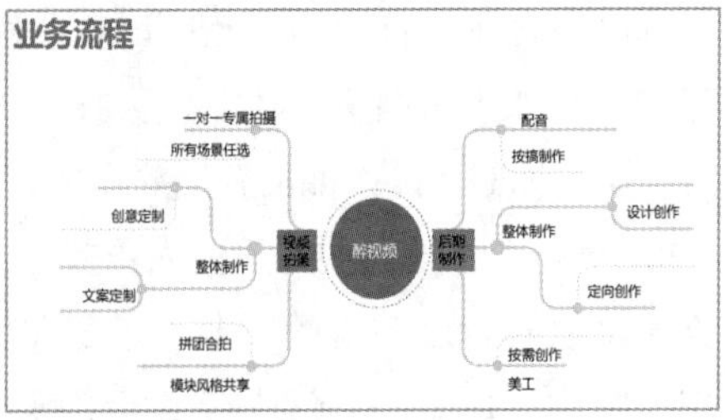

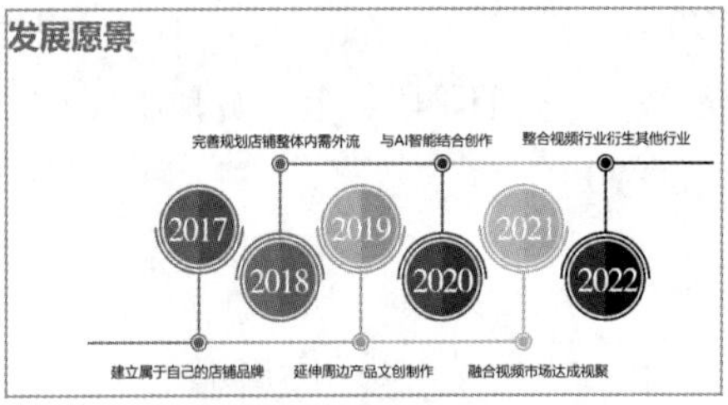


## 小　　结

本章主要阐述了将商业创意转化为商业策划书，进而成为提交给投资人的一个“名片”。在撰写商业策划书的过程中，会全面地评估自己的商业点子，并确立企业的使命、目标，制订企业营销计划、完善企业员工伙伴关系、掌握企业运营及基础财务管理的知识。通过理论讲解与案例分析相结合的方式，为潜在的创业者提供商业策划书撰写、创立企业等提供指导，以帮助创业团队从起步时就能够进入可持续发展的正确道路，为企业的长远发展打下坚实基础。

## 思　考　题

1. 商业策划书的基本逻辑是什么？
2. 商业策划书的作用是什么？
3. 完成一个商业策划书。
4. 项目路演的注意事项有哪些？

# 第6章 "互联网+"大学生创新创业

## 本章导读

本章共分两节，包括"互联网+"时代的创新思考、中国"互联网+"大学生创新创业大赛。

第一节重点阐述互联网发展现状与特点、传统产业的网络化和数据化、"互联网+"发展背景、"互联网+"开启"创"时代大门；第二节重点介绍中国"互联网+"大学生创新创业大赛。

## 学习目标

◆ 了解中国"互联网+"大学生创新创业大赛。

◆ 鼓励同学们参加中国"互联网+"大学生创新创业大赛。

◆ 了解"互联网+时代"的创新创业。

## 导入案例

### 别在最好的年纪，活得太安逸

一个公司想要长远发展，企业的员工不能太过安逸，这样公司的氛围会非常懒散，失去危机意识；

如今发展这么快速的时代，没有狼性般的竞争容易被社会淘汰。换句话说，裁员的原因就是因为这些员工过于"懒散、安逸，没有危机意识"。

西门子因调整生产线，裁员1万余人；甲骨文中国业务调整，裁员900余人；科大讯飞优化了30%人员；雀巢把人工配送改用仓库网络配送，裁减掉近4 000人。

大公司尚且如此不稳定，不用说那些中小型公司了。

所谓安逸的工作，在这个时代，似乎离我们越来越遥远了。

1. 时代抛弃你，不会打声招呼

你能想象吗？世上最有钱的地方——钞票印刷厂有一天都会走向倒闭。

据报道，为英国等140多个国家印制钞票的世界最大印钞厂——德拉鲁公司，日前发出了破产预告。

这家有着200多年历史的老牌印钞公司曾鼎盛一时，承包了全世界三分之一的钞票。可是近两年以来，公司资金周转不断出现问题，加上公司本身的技术停滞不前，导致今年损失了价值4.9亿英镑的英国新版护照的巨额订单，公司受到严重打击。除此之外，还有一个最关键的因素——那就是支付的变革。目前，以微信、支付宝为代表的支付平台的普及，使移动支付成为一种全新的生活方式。人们出门几乎不需要带现金，对于钞票的需求自然是急剧下降。不仅仅只是在中国，丹麦、俄罗斯、韩国、美国等移动支付已经成为一种全球趋势。

有人说，若干年后，也许我们只能在博物馆看到纸币和印钞机，并看到这样一句话："很遗憾，它并没有做错什么，只是被时代不需要它了。"这个时代就是这样瞬息万变，新鲜事物在不断涌现，思维方式也在更迭换代。滴滴出现后，出租车行业遭受严重冲击；国民美食方便面销量持续走低，就是败给了横空出世的外卖行业。

绿箭口香糖市场占比大幅下滑，对手不是益达，而是微信。现实就是这么残酷，时代抛弃你，从不会提前跟你打招呼，更不会对你说一声抱歉。

### 2. 世上没有绝对的安稳

曾经，多少人梦想的人生就是，找一份稳定的工作，结婚生子，简单平淡。可是那些所谓稳定的工作，就真的稳定吗？我看不见得。

有位朋友，一毕业就进入当地银行，做了一名柜员，接下来结婚生子，一切都是顺风顺水，小日子过得有滋有味。可前几天，忽然发了条朋友圈：一切都是新的开始，加油！打听才知道，原来近些年银行受线上支付冲击严重，本就萧条，加上80%的业务被自助机器代理，银行的柜员越来越少。身边不少员工陆续离职，朋友愈发不安，而她也悲哀地发现，在银行一年多，除了给客户办理业务和熟练地点钞之外，她竟然什么都不会。于是，在慎重考虑下，她毅然辞掉银行的工作，自考了MBA，决定给自己开辟一条新的道路。时代日新月异，更迭飞速，由不得你不担忧。我很佩服这位朋友，起码她有重新再来的勇气。现实中很多人要么不满意于现状，可留下来觉得不甘，离开又很迷茫，始终没有勇气寻求改变。要么在悠闲的工作中乐得轻松自在，每天不思进取，蹉跎时光，浑浑噩噩度日。

你以为你年复一年，工作经验与日俱增。可事实是，重复同样的工作十年，和拥有十年的工作经验，完全是两个概念。

不禁想到了那个唐山收费站的大姐，收费站取消了，她却振振有词地说："我今年36岁了，青春都交给收费站了，除了收费啥也不会。"说到底，这又能怪谁呢？这个世界没有绝对稳定的工作，真正的稳定，不是你在一家单位有饭吃，而是走到哪里都有饭吃。

想要在这个时代站稳脚跟，唯有时刻保持学习的能力，顺应时代的变化。

### 3. 别在最好的年纪，活得安逸

其实，我不是想说稳定就代表不好，能获得一份稳定的工作也是要靠实力的。我只是希望大家，不管身处任何一份工作都不要懈怠、麻木、失去进步的动力。要时刻居安思危，保持持续的学习和成长的心态，拥有跳出舒适区的能力。想起之前认识的一位业内精英老曹，刚毕业就入职一家知名培训机构，五年下来，一路做到了部门主管的位置，薪资高福利好，不少人都羡慕不已。

可老曹并没有满足于此，他时刻观察着当下行业动态，敏锐地察觉到了在线教育的新风口，果断地辞去了原先的职位，跳槽去了一家创业公司。

现在的他，年仅34岁，却已经做到了上市公司的销售总监。

都说人过30，多多少少身上都会出现中年危机的迹象：焦虑、迷茫、油腻。可事实是，中年危机从来不会出现在像老曹这样早有准备的人身上。

罗辑思维的创始人罗振宇，靠知识付费把公司做到了估值70亿，可曾经的他只是一个不被重视的体制内编导。张泉灵在42岁时选择离开熟悉的主持行业，投身于互联网大潮，不断地拓展自己的思维，成功从央视名嘴转型为投资女神。

很喜欢一句话：这个时代的高手，不再是默默无闻埋头努力的人，而是那些不可替代的有创造力的人。不难发现，越是优秀的人，越有危机意识，越懂得突破固有的思维，接受新的挑战。千万别在最好的年纪，活得太安逸。要永远保持清醒、独立，对世界充满热爱、好奇，以及不灭的探索精神。如果你觉得现在过得舒服了，未来，一定会有更多的不舒服在等着你。对自己有要求，对生活有追求，对未来有期待，人生才会始终走上坡路。

你可以选择平庸地过一生，也可以通过不懈的奋斗与折腾，创造自己的璀璨人生。永远不要觉得努力太晚。记住，种一棵树的最好时机是十年前，其次是现在。这是最好的年代，大家为了梦想加油!

（资料来源：编者依据网络资料改写）

**案例启示：**

“互联网+”时代是最好的时代，“互联网+”开启“创”时代大门，中国“互联网+”大学生创新创业大赛给予了无数想创业的大学生们最好的机遇，在这个最好的时代，有梦想，有勇气就能实现，大家别在最好的年纪，活得太安逸。

# 6.1 “互联网+”时代的创新思考

“互联网+”概念的内涵是传统行业与互联网的融合与重构。农业、制造业、媒体、通信、物流、医疗、教育、旅游、餐饮……几乎所有传统行业、应用与服务都随着互联网的进入而发生着质的改变。由于传统行业与互联网的结合实现了结构调整与迁移，带来了资金流、信息流、物流的整合，形成了新的平台，产生了新的应用模式，带来了产业与服务的转型升级，加速了一二三产业的融合与发展。“互联网+”模式的提出给各个行业带来创新与发展的巨大机会。“互联网+”要加的对象，既可以是互联网自身所产生的新生事物，也可以是传统的各行各业，这种模式的产生与应用蕴含着更大的创新创业空间，带来了更多的升级换代和颠覆性改变的可能。在“互联网+”这样一种发散式思维模式的普遍影响下，创新创业理念能够更加充分的体现，也使大学生创新创业有了更加广阔的发展空间。

“互联网+”是创新 2.0 下的互联网与传统行业融合发展的新形态、新业态，是知识社会创新 2.0 推动下的互联网形态演进及其催生的经济社会发展新形态。如果创新 1.0 是以技术为主的科技创新活动，那么创新 2.0 就是以用户为中心，以社会实践为舞台，以共同创新、开放创新为特点的用户参与的新的创新模式。

简言之，“互联网+”就是将传统经济行业与互联网结合，利用现代信息技术助推各行业经济发展的新型发展模式，是互联网技术主导下的传统经济模式与结构的升级改造。例如，“互联网+”传统集市催生了淘宝，“互联网+”传统百货卖场诞生了京东，“互联网+”传统银行成就了支付宝。当然，这个“+”不能被简单地理解为堆叠或累加，而是一种与信息时代相匹配、与经济发展规律相契合的交融。

### 6.1.1 互联网发展现状与特点

2018年，中国互联网络信息中心（CNNIC）在北京发布第41次《中国互联网络发展状况统计报告》(以下简称《报告》)。《报告》数据显示，2017年我国网民规模继续保持平稳增长，全年共计新增网民4 074万人，增长率为5.6%。截至2017年12月，我国网民规模达7.72亿，普及率达到55.8%，超过全球平均水平（51.7%）4.1个百分点，超过亚洲平均水平（46.7%）9.1个百分点。其中，手机网民规模达7.53亿，网民中使用手机上网人群的占比由2016年的95.1%提升至97.5%。与此同时，使用电视上网的网民比例也提高3.2个百分点，达28.2%。台式计算机、笔记本式计算机、平板电脑的使用率均出现下降，手机不断挤占其他个人上网设备的使用。

随着国家经济实力的快速发展，网络基础设施的不断完善，互联网普及率也会随之攀升。从目前的互联网普及率来看，国内网民规模还存在非常大的增长潜力。目前，中国的手机普及率逐年提高，移动互联网极有可能在规模上超越互联网。截至2014年12月，中国网民手机商务应用的发展大爆发，手机网购、手机支付、手机银行等手机商务应用用户年增长率分别为63.5%、73.2% 和68.2%，远超其他手机应用增长幅度。手机终端即时通信使用也一直保持着稳步增长的趋势，而长期处于低位的手机旅行预订，2014年用户年增长达到194.6%，是增长最为快速的移动商务类应用。随着我国国民休闲体系的形成，手机旅行预订发展已经进入新阶段。4G、5G平台将为移动增值业务的发展提供更加广阔的天地，移动互联网已进入一个新的时期，出现以生活娱乐为主要内容，结合其他行业服务特点的新型业务。移动互联网应用将呈现出普及化、融合化和多媒体化的态势。

随着 4G、5G 时代的到来，中国农村互联网将持续快速发展，成为未来互联网产业最具潜力的市场。截至2017年6月，我国网民中农村网民占比26.7%，规模为2.01亿；城镇网民占比73.3%，规模为5.50亿，较2016年底增加1988万人，半年增幅为3.7%。城镇网民增长幅度较大，截至2016年6月，城镇网民占比73.1%，规模为5.19亿，较2015年底增加2 571万人，增幅为5.2%。农村网民的互联网应用主要包括网络媒体、互联网信息检索、网络通信、网络社区、网络娱乐、电子商务、网络金融和网络教育等。在整体网民规模增幅逐年收窄、城市化率稳步提高的背景下，农村非网民的转化难度也随之加大，未来需要进一步的政策和市场激励，以推动农村网民规模的增长。

**延伸阅读 6-1** “互联网+”时代到来

自从李克强总理在《政府工作报告》中首提“互联网+”行动计划以来，“互联网+”已受到社会各界广泛关注，正持续成为市场的风口、舆论的焦点。我们深刻地意识到，在互联网与传统行业的交融中，新时代的巨浪正滚滚而来，用新一代信息技术改造传统产业，一个更加激动人心的时代，到来了！

### 1. 互联网是一个基础产业

互联网是不是高新技术？为何我们用手机不但可以上网，还可以通过微信交流？一项能够为大多数人掌握的应用技术就不能算高端技术。

互联网究竟是什么？有人说互联网是工具，有人说互联网是一种思维方式，也有人说互联网就是一个基础产业。它就像蒸汽机、电能一样，是一种能量元素，已经开始再造我们的生活、我们的世界。

互联网（Internet）又称网际网路，或音译因特网，是网络与网络之间所串连成的庞大网络。

互联网始于 1969 年的美国，是美军在 ARPA（阿帕网，美国国防部研究计划署）制定的协定下，首先用于军事连接，后将美国西南部的加利福尼亚大学洛杉矶分校、斯坦福大学研究学院、加利福尼亚大学和犹他州大学的四台主要计算机连接起来。这个协定由剑桥大学的 BBN 和 MA执行，在1969年12月开始联机。

在20世纪80年代中后期，我国的科研人员和学者就在国外同行的帮助下，积极尝试利用互联网。1994年，中国首次实现与国际互联网的连接，成为全球互联网大家庭中的一员。

从1994年到2015年，中国从互联网软硬件引进者、初级使用者逐步成长为互联网生态圈的重要一员。如今，中国成为全球互联网用户数最多的国家，培育出一批有世界影响的互联网公司，成功举办首届全球互联网大会，使中国的互联网发展站在了新的历史起点上。

当移动互联网、云计算、大数据、物联网技术诞生并获得成功利用，特别是与现代制造业结合后，更是促进了电子商务、工业互联网和互联网金融的健康发展。在这种情况下，互联网不仅仅是互联网，更不再是前沿产业，而成了基础产业。它以现代新兴的互联网技术为基础，专门从事网络资源搜集和互联网信息技术的研究、开发、利用、生产、存储、传递和营销信息商品，是为经济发展提供有效服务的综合性生产活动的产业集合体。它打破了信息不对称，降低了交易成本，促进了专业化分工，提升了劳动生产率，成为经济转型升级的核心技术系统，掀起了新的产业革命。

“互联网最有价值的不是自己产生了多少新东西，而是对已有行业的潜力再次挖掘，用互联网的思维去重新提升传统行业。”河南大学软件学院院长、博士生导师李捷教授说。

站在历史的新起点上，审视当前互联网形势，我们需要的已不仅仅是模式创新，更需要致力于互联网“互联互通、共享共治”的技术创新、制度创新、平台创新，让互联网真正成为中国创新驱动战略的先导力量，让互联网发展成果真正惠及近14亿国民，为全球互联网经济持续繁荣提供强劲动力。

### 2. “互联网+”上升为国家战略

2006年的移动通信，2010年的电子商务和物联网，2014年的信息消费、大数据、互联网金融等时髦用语，是当年被写入《政府工作报告》的科技词汇。被写入《政府工作报告》，就意味着相关领域已经上升到国家战略层面。2015年的全国两会上，“互联网+”这一词语在《政府工作报告》中出现，引起大众强烈关注，已经成为一个新锐名词。

其实，“互联网+”不是一个新词。2012年11月14日，在易观第五届移动互联网博览会上，易观国际董事长兼CEO于扬首次提出“互联网+”理念。他认为，“在未来，‘互联网+’公式应该是我们所在的行业目前的产品和服务，在与我们未来看到的多屏全网跨平台用户场景结合之后产生的这样一种化学公式。我们可以按照这样一个思路找到若干这样的想法，而怎么找到你所在行业的‘互联网+’是企业需要思考的问题。”

在2015年3月5日上午召开的十二届全国人大三次会议上，李克强总理在《政府工作报告》中首次提出“互联网+”行动计划，即推动移动互联网、云计算、大数据、物联网等与现代制造业结合，促进电子商务、工业互联网和互联网金融健康发展，引导互联网企业拓展国际市场。

李克强总理在《政府工作报告》上提到，推动移动互联网、云计算、大数据、物联网等与现代制造业结合，促进电子商务、工业互联网和互联网金融健康发展，引导互联网企业拓展国际市场。国家已设立400亿元新兴产业创业投资引导基金，要整合筹措更多资金，为产业创新加油助力。

“《政府工作报告》浓墨重笔提到互联网，表明其战略重要性。”李捷说，“创新2.0下的互联网发展新形态、新业态，是知识社会创新2.0推动下的互联网形态演进。李克强总理所提的‘互联网+’与较早相关互联网企业讨论聚焦的‘互联网改造传统产业’基础上已经有了进一步的深入和发展，实际上是创新 2.0 下互联网发展新形态、新业态，是知识社会创新2.0推动下的互联网形态演进。”

腾讯公司董事会主席兼首席执行官马化腾在接受媒体采访时表示，应从顶层设计层面制定国家的“互联网+”发展战略，推动“互联网+”健康发展的指导意见尽快出台，促进互联网与各产业融合创新，在技术、标准、政策等多个方面实现互联网与传统行业的充分对接，并加强互联网相关基础设施的建立。

“‘互联网+’提出的背景与思路，有点类似美国的工业互联网理念。‘互联网+’是希望用国内相对优质与国际领先的互联网力量去加速国内相对落后的制造业的效率、品质、创新、合作与营销能力的升级，以信息流带动物质流，也会与‘一带一路’整体战略相结合，推展整体产业的国际影响力。”李捷说，“以前的互联网还只是作为一个外在工具，当今互联网已经作为了核心引擎，推动社会创新，是未来中国经济发展的最重要引擎。”

### 3. 什么是“互联网+”

什么是“互联网+”？简单地说，“互联网+”就是“互联网+各个传统行业”。

纵观整个互联网的发展史，自从互联网诞生到1.0、2.0、3.0时代，所有的互联网商业模式都是“互联网+传统商业”的模式。1.0时代是互联网+信息，2.0时代是互联网+交易，3.0时代是互联网+综合服务。互联网技术不断推陈，商业模式不断出新，只是万变不离其宗，一直遵循“互联网+360行”的模式。

“‘互联网+’代表一种新的经济形态，即充分发挥互联网在生产要素配置中的优化和集成作用，将互联网的创新成果深度融合于经济社会各领域之中，提升实体经济的创新力和生产力，形成更广泛的以互联网为基础设施和实现工具的经济发展新形态。”李捷说，“所谓‘互联网+’的概念，更多的是包括制造业、电子商务、医疗、金融等各行各业在互联网层面的落实，是基于大数据时代对传统行业的提升。”

易观国际董事长兼CEO于扬曾说，“互联网将会成为像水、电一样的基础设施，它会像潮水一样漫过传统低效的洼地。”的确，传统的广告加上互联网成就了百度，传统集市加上互联网成就了淘宝，传统百货卖场加上互联网成就了京东，传统银行加上互联网成就了支付宝，传统的安保服务加上互联网成就了360，传统的红娘加上互联网成就了世纪佳缘……

“互联网+”不仅仅是互联网移动、泛在、应用于某个传统行业了，更加入了无所不在的计算、数据、知识，推动了知识社会以用户创新、开放创新、大众创新、协同创新为特点的创新2.0，改变了我们的生产、工作、生活方式，也引领了创新驱动发展的新常态。

作为中国计算机学会高级会员、河南省计算机教育委员会副理事长，李捷的主要学术研究方向为面向通信网络的软件理论、分布式计算理论、大数据存储技术和云计算。应该怎么理解“+”？李捷说，这个“+”可以看作连接与融合，互联网与传统企业之间的所有部分都包含在这个“+”之中。这里面有政府对“互联网+”的推动、扶植与监督，有企业转型服务商家的服务，有互联网企业对传统企业的不断造访，有传统企业与互联网企业不间断的探讨，还有连接线上与线下的各种设备、技术与模式。总之，这个“+”是政策连接、技术连接、人才连接，更是服务连接，最终实现互联网企业与传统企业的对接与匹配，从而帮助完成两者相互融合的历史使命。

从“今天你抢红包了吗”“今天你淘宝了吗”到“今天你网购了吗”，这些网络调侃语的背后，正显示了互联网对传统产业的渗透，而这种影响几乎在每一个产业都能看到。就在我们如今的日常生活中，每天会用到点餐、导航、叫车、网络支付、微信红包等众多的互联网服务，这些给我们带来便利的服务背后，就映射着“互联网+”的魅力所在。

“互联网+”是传统行业与互联网的融合与重构。制造、广告、新闻、通信、物流、医疗、教育、旅游、餐饮……几乎所有的传统行业、传统应用与服务都在被互联网改变。传统行业向互联网迁移，带来资金流、信息流、物流整合，形成新的平台，产生新的应用，带来产业或服务的转型升级。“互联网+”模式将给各个行业带来创新与发展的机会。李捷说，“‘互联网+’要加的对象，既可以是互联网自身的新生事物，也可以是传统的或者说是线下的各行各业，蕴含着更大的创业创新空间、更多升级换代和颠覆性改变的可能。”

**4. 市民畅想“互联网+”**

对于“互联网+”，我市很多市民表示“期待已久”。

市民陈薇是支付宝的资深用户。无论是订电影票、交手机费、购买生活用品、订机票还是理财都离不开支付宝钱包。她告诉记者，有一天她拦住准备出门还信用卡的母亲，在一分钟内顺利还款成功，母亲震惊之下一再确认是不是真的这样就可以了。“互联网已经深深地改变了我们这代人的生活。所以，我对‘互联网+’的未来充满信心。”陈薇表示。

在我市一家事业单位工作的蒋庆刚告诉记者，他一直关注掌上开封微信平台，无论是实用快捷的新闻资讯，还是试吃、疯狂猜图、刮刮卡等好玩的互动活动及微信游戏，都给他的日常生活带来了极大的乐趣和方便。蒋庆刚高兴地说：“掌上开封的微商城更是集传统电商网站和传统团购网站优势于一身，倡导‘移动引流、线上下单、到店支付、满意付款’的全新消费模式，涵盖餐饮美食、休闲娱乐、生活服务、酒店出游、文化收藏等多个种类，不需要任何第三方支付软件，只需一个电子验证码，到店即可享受优惠，满意付款。它省去了各种中间环节，让我实在忍不住为这种方便、快捷的服务点个赞。”

其实，无论是支付宝的多种功能，还是掌上开封微信平台，都只是“互联网+”的雏形。在未来的发展中，“互联网+”会以全新的、更加令人难以想象的创新模式出现。

陈薇一直希望，在不久的将来，互联网会与医疗领域深度结合，发展互联网医疗，以互联网为载体和技术手段，一键式完成医疗信息查询、电子健康档案、在线疾病咨询、电子处方、远程会诊及远程治疗等多种形式的医疗卫生服务。

市民曹凯歌平时喜欢旅游，曾经体验过其他城市和地区的智慧旅游。他告诉记者，作为中国优秀旅游城市，开封的旅游业一定要坚持智慧旅游的发展思路，如开发“游客助手”平台，把涉及旅游的资讯、线路、景区、导航、休闲、餐饮、购物、交通、酒店等要素联系起来，从而为游客提供智慧化的旅游服务和智能化的旅游体验。

市民周先生最关心孩子的教育问题，他希望互联网能和教育联系起来，这样的话，孩子可以不受时间和地点限制，个性化地定制学习。即使家长没有办法帮助孩子，孩子也能够通过自主学习实现进步。

可以说，近年来“互联网+”已经进入了一个密集的爆发期，随着线上银行、众筹等互联网金融的走热，“互联网+”已经成为任何领域寻求发展不敢轻视的话题了。而它，承载着现代人太多的期待。

（资料来源：编者依据网络资料改写）

### 6.1.2 传统产业的网络化和数据化

从2010 年开始，互联网的发展迎来了新节点：从过去20 年信息和互联网产业本身的发展，逐步向实体经济渗透，实体产业通过网络化被纳入互联网的经济范畴，从而构成了一个全新的经济形态——“互联网+”经济。“互联网+”经济极大地扩大了消费需求和新的基础设施投资，带动了就业，直接带动经济增长；推动了中国传统流通业、制造业、出口加工业的转型升级；同时，孕育了技术、产品和商业模式自主创新的基因，广泛培育了创业者和小微企业主的企业家精神，开创了大众创新、万众创业的局面。

“互联网+”的本质是传统产业的网络化、数据化。网络零售、网络批发、网上金融、电子商务都在努力实现交易的网络化。只有商品、人和交易行为迁移到互联网上，才能实现网络化；只有网络化才能形成“活的”数据，随时被调用和挖掘。在线数据随时可以在产业上下游、协作主体之间以最低的成本流动和交换。数据只有流动起来，其价值才能最大限度地发挥出来。随着互联网的进一步发展，互联网对经济增长的贡献将更加明显。2013—2025年，互联网将帮助中国GDP增长率提升0.3～1.0个百分点。这就意味着，互联网将有可能在中国GDP增长总量中贡献7%～22%。同时，互联网经济是内生驱动的经济体，是解决就业问题以及经济长期发展问题的新范式。

### 6.1.3 “互联网+”发展背景

“互联网+”是指以互联网为主的一整套信息技术（包括移动互联网、云计算、大数据等）在经济、社会生活各部门的扩散、应用过程。“互联网+”的本质是传统产业的在线化、数据化，它具有跨界融合、创新驱动、重塑结构、尊重人性、开放生态、连接一切六大特征。

“互联网+”的发展过程是传统产业转型升级的过程，其主要依赖于互联网的飞速发展。近年来互联网的发展具有如下变化和特点：

**1. 网民规模稳中有升，手机上网势头凸显**

截至2019年6月，中国网民规模为8.54亿人，互联网普及率达61.2%，网民中使用手机上网人群的占比提升至98.3%。

**2. 平板电脑、电视功能迁移，上网设备多样化**

经调查，网民在不同场景下的上网需求也带来上网设备的功能分化。平板电脑的使用率逐年上升，逐渐替代台式计算机的部分功能，向主流网络娱乐设备方向发展。随着各类电视盒子、互联网电视、IPTV的推广与发展，电视集共享性、智能性、可控性为一体，成为现代家庭娱乐的主要模式。另外，经济发达程度与笔记本式计算机、手机、平板电脑、电视的使用率呈正相关，与台式计算机使用率呈负相关。

**3. 商务交易类应用的使用广泛化、深入化**

随着互联网普及率在我国逐渐饱和，移动互联网成为互联网发展的主要驱动力。通过不断改造传统行业，促进线上线下产业相互结合，江苏省网民在商务交易类应用上的使用行为更加深入，网络购物、网上支付的使用率都在 50% 以上，旅行预订、团购、打车软件的使用率都在 30% 左右，互联网理财的使用率接近20%。商务交易类应用的广泛使用为创新创业带来了巨大的发展空间和机遇。

### 6.1.4 “互联网+”开启“创”时代大门

2015年3月，国务院办公厅印发《关于发展众创空间推进大众创新创业的指导意见》，部署推进大众创业、万众创新工作。2015年7月，国务院印发的《国务院关于积极推进“互联网+”行动的指导意见》（简称《指导意见》）指出，互联网与各领域的融合发展具有广阔前景和无限潜力，加快推进“互联网+”发展，对打造大众创业、万众创新和增加公共产品、公共服务“双引擎”，实现中国经济提质增效升级具有重要意义。

“互联网+”交通、“互联网+”农业、“互联网+”医疗、“互联网+”家居……在现实生活中，“互联网+”正在渗透人们的生活当中，从最初的共享信息，逐步向消费领域、生产领域渗透，不仅改变了人们的生活，还在改变着社会的生产模式。

而最新数据也显示，中国互联网经济规模占全球互联网经济总规模的 5.7%，在全球市值前十大互联网企业中占据4席，网民规模高达5.49亿，移动电话用户总数居全球第一，已具备加快推进“互联网+”发展的坚实基础。

面对诸多新兴互联网业态，大众创新创业正迎来前所未有的机遇。正如李克强总理曾指出的，“互联网是大众创业、万众创新的新工具。只要‘一机在手’‘人在线上’，实现‘电脑+人脑’的融合，就可以通过‘创客’‘众筹’‘众包’等方式获取大量知识信息，对接众多创业投资，引爆无限创意创造。”

实际上，“互联网+”不仅仅是一种工具，更是一种价值观和方法论。“互联网+”利用互联网思维，将传统行业与互联网应用相结合，革故鼎新，提高工作效率。通过“互联网+”思维和模式，可以有效改善就业环境，让更多人成为创业者，从而带动就业，纾解当下就业难题。

对于传统行业来说，引入“互联网+”，并不意味着两者功能的简单叠加，而是借助移动互联网这个新平台，与传统业务单元进行深度融合，推动产业创新。“互联网+”在一定程度上打破了地域、组织、技术的界限，加强了创新资源共享与合作，促进前沿技术和创新成果及时转化，构建更具活力的创新体系。与此同时，大批小微企业正在成为创新生力军，推动产业结构不断优化升级。

《指导意见》提出，要充分发挥互联网的创新驱动作用，以促进创业创新为重点，推动各类要素资源聚集、开放和共享，大力发展众创空间、开放式创新等，引导和推动全社会形成大众创业、万众创新的浓厚氛围，打造经济发展新引擎。

这就要求我们要顺应网络时代大众创业、万众创新的新趋势，加快发展众创空间等新型创业服务平台，营造良好的创新创业生态环境，加快实施创新驱动发展战略，适应和引领经济发展新常态，激发亿万群众创造活力，打造经济发展新引擎。

当前中国经济发展正处于新旧动力转换的关键时期，一方面要求相关部门加速简政放权、放管结合、强化服务改革，把该放的放到位，在监管和服务上下功夫，坚决消除各种束缚和桎梏，让创业创新成为时代潮流，汇聚经济社会发展的强大新动能。另一方面，互联网已成为人们生活的重要组成部分，我们要积极适应新的形势，助推各种业态与互联网结合，在“互联网+”发展中创造出更多更大的价值，促进互联网共享共治，推动大众创业、万众创新。

### 延伸阅读 6-2 “互联网+”如何支撑“大众创业、万众创新”？

2015年9月16日，李克强总理主持召开国务院常务会议，部署建设大众创业、万众创新支撑平台，用新模式汇聚发展新动能。

会议认为，推动大众创业、万众创新，需要打造支撑平台。特别是要利用“互联网+”，积极发展“众创、众包、众扶、众筹”等新模式，促进生产与需求对接、传统产业与新兴产业融合，有效汇聚资源推进分享经济成长，助推《中国制造2025》，形成创新驱动发展新格局。同时，要在“开放”中促进创业创新。

可以说，此次会议进一步明确了“互联网+”对支撑“大众创业、万众创业”的关键所在。会议提出的通过“众创、众包、众扶、众筹”新模式加快推进大众创业、万众创新，正是依托于“互联网+”这一信息时代新平台，而“开放”也正是互联网的鲜明特点。

9月26日，国务院发布《关于加快构建大众创业、万众创新支撑平台的指导意见》，明确提出全面推进众创，释放创业创新能量；积极推广众包，激发创业创新活力；立体实施众扶，集聚创业创新合力；稳健发展众筹，拓展创业创新融资。同时，推进放管结合，完善市场环境，强化内部治理，优化政策扶持，着力打造创业创新新格局。

首先，众创，汇众智搞创新。通过创业创新服务平台聚集全社会各类创新资源，大幅降低创业创新成本，使每一个具有科学思维和创新能力的人都可参与创新，形成大众创造、释放众智的新局面。重点是大力发展专业空间众创，鼓励推进网络平台众创，培育壮大企业内部众创。

“创客”，是英文“Maker”的意译，特指那些热衷于利用新技术将创意转变为现实产品的人。而大力发展众创空间和网络众创平台，就是为“创客”们在政策、技术、资金等方面提供良好的创新环境和创业辅导服务，降低创业成本和门槛，打造一体化的创业生态圈。据了解，于2011年成立的腾讯开放平台已在北京、上海、武汉、厦门、成都、杭州、海口等多个城市打造创业基地，目前该平台已有500万创业伙伴，所有合作伙伴的市值接近2 000亿元，目前已有10家公司实现美股、港股借壳上市。腾讯公司董事会主席兼首席执行官马化腾说，2015年该平台有超过20家公司的收入达到1亿元以上。

在电信行业，“众创”模式已展现出积极魅力。例如，中国移动新设立的咪咕公司，以原阅读、音乐、动漫、游戏等基地为支撑，计划扶持10个国内顶级移动互联网创业团队，建立100个青年创业创新孵化基地。中国电信则较早启动了内部创业计划，“云团队”“流量创业”“车易行”等既激发了员工的创新潜力，也推动了企业转型。

其次，众包，汇众力增就业，借助互联网等手段，将传统由特定企业和机构完成的任务向自愿参与的所有企业和个人进行分工，最大限度地利用大众力量，以更高的效率、更低的成本满足生产及生活服务需求，促进生产方式变革，开拓集智创新、便捷创业、灵活就业的新途径。重点是广泛应用研发创意众包，大力实施制造运维众包，加快推广知识内容众包，鼓励发展生活服务众包。

当前，众包模式正在研发设计、内容创造以及交通出行、物流快递、教育培训、旅游度假等生活服务领域深入应用，对整合利用分散闲置社会资源的分享经济新型服务模式，打造人民群众广泛参与、互助互利的服务生态圈具有积极意义。作为最大的创意众包平台，猪八戒网的注册创业者超过1 300万，卖家300万，为25个国家和地区提供了380万次定制化创意服务，提供了“猪标局”等线上线下融合的延伸性高增值服务。

第三，众扶，汇众能助创业，通过政府和公益机构支持、企业帮扶援助、个人互助互扶等多种方式，共助小微企业和创业者成长，构建创业创新发展的良好生态，在“大众创业、万众创新”的热潮下，不少地方政府以及行业企业切实行动起来。重点是积极推动社会公共众扶，鼓励倡导企业分享众扶，大力支持公众互助众扶。

河南省政府近日就出台了27条措施鼓励“大众创业、万众创新”，力促创业创新带动就业。例如，今后河南省大中专学生、退役军人、失业人员、返乡创业农民工创办的实体在创业孵化基地内发生的物管、卫生、房租、水电等费用，3年内将给予不超过当月实际费用50%的补贴，年补贴最高限额10 000元。大中专学生初创企业，正常经营3个月以上的，可凭创业者身份证明及工商营业执照、员工花名册、工资支付凭证等资料，申请5 000元的一次性开业补贴。对于“互联网+”省级优秀项目，河南省政府最高将给予15万元的资助。

在电信行业，电信运营企业也积极挖掘自身资源与优势助力青年人创业。早在2010年，中国移动就在广东推出了“百万青年创业就业计划”，迄今已举办了四届，累计有172万青年报名参与，提交创业实践作品超过百万件，为优秀创业团队和个人提供创业扶持资金超过1 200万元。据统计，该计划在广东落地实践的前3年已发展300多名创业导师，举办了500多场“MM创业大讲堂”，为青年学子提供手机应用软件开发、音乐创作、主题设计、动画绘制等多个领域的创业辅导，覆盖广东省内超过300所本科、高职、中专、中职学校的学生10多万名。

第四，众筹，汇众资促发展，通过互联网平台向社会募集资金，更灵活高效地满足产品开发、企业成长和个人创业的融资需求，有效增加传统金融体系服务小微企业和创业者的新功能，拓展创业创新投融资新渠道。重点是积极开展实物众筹，稳步推进股权众筹，规范发展网络借贷。

众筹具有低门槛、多样性、依靠大众力量、注重创意的特点，是创业者解决资金问题的有效渠道。据众筹家数据研究院9月23日发布的《2015（上）中国众筹行业报告》显示，自2011年众筹平台在国内出现以来，迄今已产生200余家各种类型的众筹平台，其中北京、广东和上海位居众筹平台数据和发布项目数量的前3名。据新华社报道，目前众筹市场上陆续出现了创新性强、受到投资人高度认可的项目。如爱就投的“鹰眼，让驾驶更安全”项目，因其具有明显可预期的市场前景，一上线即被快速认投；筹道股权的“Wi-Fi万能钥匙项目”的认筹意向金额高达771 420万元，关注该项目的人高达6 969个。

当前，中国有约9亿劳动力，其中有数以亿计的各类专业人才。在我国处于发展动力转换的关键时期，加快发展“四众”，营造“大众创业、万众创新”的良好环境与氛围，将把蕴藏在社会大众之中的创业和创新潜能充分激发出来，进而有效激发市场活力和社会创造力，提升实体经济创新力和生产力，打造中国经济发展的新引擎。

（资料来源：编者依据网络资料改写）

### 6.1.5 “大众创业、万众创新”的机遇和思考

“大众创业、万众创新”的提出，既符合了我国经济发展转型升级的需要，同时也有利于充分发挥广大群众创业创新潜力，为民众共享改革发展成果，实现“中国梦”提供了途径。

“大众创业、万众创新”的提出，是基于目前国内外经济发展形势，也是把握了中国制造业升级发展的大好契机，加之改革开放四十多年以来中国市场经济发展成熟度不断提升的大好机遇，可谓恰到好处，其提出背景具体分析如下。

#### 1. 国内外背景

当前，国际经济格局正在发生剧烈变动，世界经济发展总体速度放缓，国际经济发展不稳定因素增多，国际市场需求相应减弱，以制造业为例，许多发达国家把重点放到了本国制造业复兴上面，把制造业的复兴作为经济复兴的重要基点，这在一定程度上增加了我国制造业在国际社会当中的竞争压力。由此，我们必须更加依赖于内需这一驾马车来拉动经济的发展，“大众

创业，万众创新”便是拉动内需的一个绝佳选择。另外，随着经济及科技的不断发展，国际市场优胜劣汰表现愈加明显，对产品科技含量、创新因素等方面的要求也越来越多。因此，要想在国际市场保持稳定增加的市场份额，就必须不断提升产品质量和服务水平，“大众创业、万众创新”有助于这一目标的实现。

就国内而言，一方面，经济下行压力持续加大，环境、资源、人力成本上升等约束性因素进一步凸显，集约发展、高科技含量发展、高附加值发展成了唯一出路，“大众创业、万众创新”能够助力经济转型发展。另一方面，当前，全面深化改革已进入关键时期，无论是社会改革还是经济发展，都需要民众融入和推动，“大众创业、万众创新”能够充分调动最大多数人的积极性和参与性，从而为社会的改革发展提供动力，增加活力。

**2. “中国制造”到“中国创造”的必然途径**

前文中已提出，“中国制造”转型升级，关键在技术，而技术的革新，需要一个开放、宽松、活跃的社会大环境，“大众创业、万众创新”就是要营造这样一个有利于技术进步和革新的社会大环境。

《中国制造 2025》提出的由制造业大国向制造业强国转变的基本方针明确指出：创新是制造业发展全局的核心，走创新驱动的发展道路；质量是建设制造强国的生命线，走以质取胜的发展道路；绿色发展是建设制造强国的重要着力点，走生态文明的发展道路；结构调整是建设制造强国的关键环节，走提质增效的发展道路；人才是建设制造强国的根本，走人才引领的发展道路。这些方针无一不体现了科技发展与调动民众积极性的有效统一，这也是“大众创业、万众创新”的题中之意。

“大众创业、万众创新”还具有强烈的时代特色，互联网及信息科技的迅猛发展，改变了人们的生活方式和思维方式，社会资源的流动性也日益增强，以互联网为平台，调动最大多数的人参与到经济结构的转型发展中，这是可行的，也是必然的，“大众创业、万众创新”正是符合了这一发展趋势的举措。

**3. 国家政策支持**

李克强总理指出：“中国有9 亿劳动力、7 000 万企业和个体工商户，如果把全社会每一个细胞都激活，就会使整个经济机体充满生机，进而汇聚成巨大的推动力量。‘大众创业、万众创新’蕴藏着无穷创意和无限财富，是取之不竭的‘金矿’。”另外，随着我国经济发展的日益成熟，市场经济需要发展到更高层次，需要完善法制，完善相关管理制度，政府也要完成相应职能转变。为此，国家出台了一系列政策，确保“大众创业、万众创新”无后顾之忧。

### 延伸阅读 6-3 “大众创业、万众创新”战略扎实推进

2014年9月10日，在2014年夏季达沃斯论坛上，李克强总理第一次提出“大众创业、万众创新”，强调要借改革创新的“东风”，在960万平方公里土地上掀起“大众创业”“草根创业”的浪潮，形成“万众创新”“人人创新”的新态势。

2015年1月14日国务院常务会议决定设立国家新兴产业创业投资引导基金，总规模为400亿

元。旨在通过政府资金引导作用，多措并举，做大该基金的规模、提高资金的使用效率，更好地支持小微企业发展，让“大众创业、万众创新”不再举步维艰，带来中国经济新引擎加速启动，助力产业升级和经济结构转型早日实现。

2015年1月21日，在2015年瑞士冬季达沃斯论坛上，李克强总理在开幕式上发表特别致辞，首次将“大众创业、万众创新”称为中国经济的“新引擎”。他表示，体制的创新，可以激发亿万人的创造力，也可以改变亿万人的命运。

2015年2月25日，国务院常务会议确定进一步减税降费，支持小微企业发展和创业创新。

2015年3月5日，2015年《政府工作报告》提出，要把“大众创业、万众创新”打造成推动中国经济继续前行的“双引擎”之一，以推动发展调速不减势、量增质更优，实现中国经济提质增效升级。

2015年6月10日，国务院常务会议确定推出简化创业场所登记手续、落实农民工等人员返乡创业定向减税和普遍性降费措施，在返乡创业较为集中地区探索发行中小微企业集合债券，依托现有开发区、农业产业园发展返乡创业园和孵化基地等举措，支持农民工等人员返乡创业，通过大众创业、万众创新使广袤乡镇百业兴旺，促就业、增收入，打开工业化和农业现代化、城镇化和新农村建设协同发展新局面。

2015年7月15日，国务院常务会议决定再取消一批职业资格许可和认定事项，继续加大简政放权、放管结合、优化服务等改革力度，清除对市场主体的不合理束缚和羁绊，有效发挥市场配置资源的决定性作用和更好发挥政府作用，推动形成大众创业、万众创新的蓬勃局面。

2015年8月25日，国务院总理李克强会见哈萨克斯坦第一副总理萨金塔耶夫时指出，持续推进结构性改革、通过“双创”激发市场活力，是中国有能力、有条件完成全年经济发展主要目标任务的底气所在。

2015年9月9日，2015年夏季达沃斯论坛上，国务院总理李克强在会见参会的中外企业家代表时表示，经济增长的新动能，就是我们在致力推动的“大众创业、万众创新”；10日在开幕式正式致辞中，李克强再次以参观大连创客空间见闻开题，称“正是大众的创业和创新精神，使我们增强了克服时艰的信心”。

2015年9月16日，国务院常务会议部署建设大众创业、万众创新支撑平台。认为要利用“互联网+”，积极发展众创、众包、众扶、众筹等新模式，促进生产与需求对接、传统产业与新兴产业融合，有效汇聚资源推进分享经济成长，助推“中国制造2025”，形成创新驱动发展新格局。

（资料来源：编者依据网络资料改写）

### 6.1.6 “大众创业、万众创新”的解读

要着力有效推动“大众创业、万众创新”的进行，必须清楚地了解其内涵、相互关系及重点。总体而言，“大众创业、万众创新”就是要通过调动更多的主体参与到市场当中，基于互联网、信息科技等平台和技术，不断发挥市场主体的积极性和创造性，从而推动中国经济健康而

长效的发展，“大众创业”与“万众创新”是相辅相成、相互支撑的关系。

1. 内涵及相互关系

马克思主义群众史观指出：人民群众是社会物质财富、精神财富的创造者，人民群众是社会变革的决定力量，无产阶级政党应该坚持群众路线。党的十八大以来，多次开展群众路线活动。在当前社会及经济变革的关键时期，能否充分调动广大群众的积极性参与创业创新，是决定我国是否能实现全面小康的关键。“大众创业、万众创新”，正是能够调动广大群众能动性的积极举措。

大众创业，就是创造规范、有序、良好的市场环境，引导更多主体进入市场，积极参与市场竞争，从而增加市场的动力、活力，推动经济良性发展。万众创新，市场主体只有积极实现产品创新、服务创新，不断开拓新市场，才能获得在竞争中的主动地位，经济发展的质量和效益由此得到提升。正如李克强总理所说：“打造大众创业、万众创新和增加公共产品、公共服务‘双引擎’，推动发展调速不减势、量增质更优，实现中国经济提质增效升级。”

“大众创业”与“万众创新”相辅相成、相互支撑。首先，“大众创业”为“万众创新”提供了前提和基础，只有市场主体参与到激烈的竞争当中，才会激发他们创新创造的动力，创新是在创业基础上的创新。另外，只有更多的人参与到创新当中，创新的品质才会越来越高，创业是创新不断前行的推动力。其次，创业需要创新驱动，创业的成功与升级，归根结底还得依靠创新。创业就是大浪淘沙，淘汰率相当高，要想在创业大潮当中脱颖而出，并立于不败之地，唯一可依赖的便是不断创新。换言之，只有蕴含创新的创业才是名副其实的创业，才是有生命力的创业。

2. “大众创业、万众创新”的着重点

首先，创业思维和创业模式要更新。一方面，与传统相比，当今时代，创业已不再是少数人的事，而成为整个社会的风尚，创业者们居于一个宽松而活跃的创业时代；创业的突破口也不只是单纯局限于寻找尚未开发的新地带，更多的还体现在对传统行业新潜力的挖掘。与此同时，由于创业主体多为“90 后”，在创业中“个性化”“私人定制”等元素体现得更为突出。另一方面，创业模式逐渐从单一行业发展到多产业融合，有效驱动多产业整合，已成为当前多数创业者的共识。例如，在传统的制造业或者服务业当中运用创意文化等元素，来创造差异性以满足消费者的个性化需求，从而提升自身的竞争力，可口可乐近几年瓶身标签营销模式就是一个非常典型且十分成功的案例。2013年夏天，可口可乐推出了“昵称瓶”，在每瓶可口可乐瓶子上都写着：“分享这瓶可口可乐，与你的________。”这些昵称有白富美、天然呆、高富帅、邻家女孩、大咔、纯爷们、有为青年、文艺青年、小萝莉等。2014，可口可乐推出了“歌词瓶”，瓶上的歌词则大多来自当下最受欢迎的明星和他们的热门单曲，包括周杰伦的《听妈妈的话》、梁静茹的《勇气》、五月天的《倔强》和巴西世界杯主题歌中文版《由我们主宰》，歌词的选择涵盖了对不同性别、年龄、需求等群体的考虑，应用场景广泛，且普遍具有正能量，颇受消费者欢迎。2015 年，可口可乐又推出集电影和电视中的经典台词的“台词瓶”，瓶身上的台词均出自中外经典及热门电影电视剧，包括：《甄嬛传》的“臣妾做不到啊”，《还珠格格》的“山无棱天地合才敢与君绝”，《阿甘正传》的“生活就像一盒巧克力”，《乱世佳人》的“不管怎样，明天是新的一天”,《集结号》的“下辈子还做兄弟”,《万万没想到》的“万万没想到”等49句台词。从“昵称瓶”，到“歌词瓶”，再到“台词瓶”，可口可乐变得更活泼、个性、接地气、有生命力，因此也更加受到以年轻人为主体的消费者的青睐。

其次，互联网平台要充分利用。互联网的出现及普及，已经给当今社会带来了巨大改变，互联网也将会成为“大众创业、万众创新”实现的重大影响因素。一方面，互联网的低成本、信息易得以及方便快捷等特性，大大降低了创业的门槛，为全民创业、草根创业提供了基础和平台，使得创业不再是某些精英人士，或者是据有稀缺资源的人的“特权”。另一方面，互联网为传统行业注入了活力，例如，网络作为第三方交易平台的销售模式，不仅突破了传统商业在时间和空间上的限制，使消费者随时随地买到想要的商品，而且还大大降低了商家的销售成本和风险。互联网的发展还引领我们进入了自媒体时代，这个时代给每个人展示、表现自己提供了可能，给跨界与融合提供了可能。例如，摄影爱好者将自己的作品上传至社交媒体，他没有接受过专业训练，也没有使用非常专业的设备以及做专业的后期处理，但却有可能因为其新颖的创意而引起人们的关注。同样，有播音作品的网友并非出身播音专业，有电影作品的网友也不一定是导演。

再次，政策制度要完善。一方面，政府要真正落实简政放权，尽早结束创业者需要面对“审批的万里长征”的尴尬局面，给创新创业提供一个宽松、自由的环境。另一方面，政府要转变职能，为创业者提供法律、政策支持。在全国人大成立60周年大会的演讲中，习近平指出，必须全面推进依法治国。应对产权进行法律保护，让创业者具备最基本的安全感；完善市场经济法律法规，为创业创新提供规范的市场秩序。

### 3.“大众创业、万众创新”的实现途径

立足于完善的政策制度、不断更新创业思维和模式、以互联网为载体，是“大众创业、万众创新”的三个着力点，其真正实现，需通过以下三个途径。

第一，关于“大众创业、万众创新”相关政策落实，提供政策保障。2015 年 6 月 16日，国务院发布了《国务院关于大力推进大众创业、万众创新若干政策措施的意见》(国发〔2015〕32号)，明确了“大众创业、万众创新”的意义、思路，并提出了三十条具体意见，为“大众创业、万众创新”的具体实施提出了具体要求和方向，文件出台后，各地各相关部门已逐步开始落实该文件的要求。例如，入选2015年教育部“创新团队发展计划”的64个高校创新团队，他们将获得教育部的滚动支持，期限为2016年1月至2018年12月，金额分别是：自然科学领域资助经费300万元，哲学社会科学领域150万元，中央部属高校由学校自筹经费支持，地方所属高校由主管部门和学校共同支持。

第二，调动高校学生创新创业积极性。高校大学生，是“大众创业、万众创新”的活跃元素，创业创新潜力十分巨大。据人社部对外公布的数据显示，2014 年在工商部门新登记注册的大学生创业总数达 46.8 万人，比上年增加10.9万人，增加比例为33.3%。推动大学生创新创业，既能解决大学生日益严峻的就业问题，同时还能拉动内需，刺激经济增长。2015年5月，国务院办公厅印发《关于深化高等学校创新创业教育改革实施意见》中明确提出：实施弹性学制，放宽学生修业年限，允许调整学业进程、保留学籍休学创新创业，要求高校将创业教育课程纳入

学分管理，这为鼓励高校学生创新创业提供了政策依据。此外，相关部门还提出了一系列支持大学生创业的优惠政策，如降低创业门槛、加强创业培训、给予资金支持、减免一定税费、提供创业服务等。许多高校也相继制订了深化创新创业教育改革方案。总体目标就是，通过实施大学生创业引领计划，4年推动80万名毕业生实现创业。

### 延伸阅读 6-4 北大才子“杀猪”8年身家超100亿

2015年10月26日，新三板挂牌公司天地壹号公告称：公司拟发行股票数量不超过 2 500 万股，发行价格为25元/股，预计募集金额不超过 5.25 亿元。发行对象为不超过35名新增投资者。此次定增前，天地壹号的股本已达 4.1 亿股。而此次募资后，天地壹号的总股份将达到4.35亿股，按照定增的25元/股计算，其市值将达到107.75亿元。若按当前30元/股的股价计算，天地壹号的市值更是高达130亿元。

而持股超过8成的天地壹号董事长陈生身价则接近100亿元。除了已经在新三板挂牌的天地壹号，陈生还是全国大名鼎鼎的“杀猪佬”，其旗下的另外一家公司，壹号土猪的年销售额已超10亿。按照壹号土猪目前的发展速度，假以时日，必定又是一家市值超百亿的公司。

……

陈生的另一面—— 北大“杀猪佬”。

其实，陈生最亮眼的故事并非天地壹号，而是“杀猪”。

2013年4月，北大杀猪毕业生回校谈创业曾一度名扬全国。

当时，在北大的讲台上，因干上杀猪一行而闻名的北京大学毕业生陆步轩说，我给母校丢了脸、抹了黑，我是反面教材。

当时，陆步轩受北大就业指导中心邀请，来到“北大职业素养大讲堂”的讲台，与面临就业压力的学生分享心得。作为一名“另类”的创业成功者与面临就业压力的学生分享心得。

其实，在当天的讲台上，与陆步轩在一起的另外一个人就是陈生。

当时的陈生讲了这么一句话，演员不仅有漂亮的，还有赵本山、潘长江那种长得不好看的丑角，我们就是北大的丑角。

不过，现在的陈生并非北大的丑角，而是创业者的偶像。因为，他把猪肉卖出了北大水平。

当然了，发财致富了的陈生，也没忘本。

最新的公开报道称，陈生自己出资近2亿元为220户村民每户免费建一套别墅；聘请村民到养猪基地“上班”，按劳动力每户分配 500 至1 000头猪，按标准出栏统一收购，每户年纯收入最高10万元。

（资料来源：编者依据网络资料改写）

第三，利用互联网新模式，带动广大草根创业。“大众创业，万众创新”的实现，归根结底在于行动着的创业者们。每个人都有创造财富、实现个人价值的愿望，互联网的产生和发展，为这一愿望的实现提供了条件，草根创业者们，将会成为创新创业的主力军。以当前较为热门的创业项目餐饮行业为例，餐饮业一直都是传统服务业中非常重要的一个门类，随着 4G 时代的来临，餐饮行业也迎来了与互联网信息技术相结合的新时代。微信点餐、支付，手机摇一摇出菜单，通过互联网平台清楚了解菜品制作工艺和流程，制作过程透明化等新模式的出现，以及“饿了么”等网上订餐APP的大量出现，给当前餐饮业的发展带来了新的活力。据统计，1991年至2014年，餐饮业零售额年均增长20% 以上，比社会消费品零售总额年均增速快7个百分点，占社会消费品零售总额的比重由1991 年的 5.2% 提高到 2014 年的10.3%。互联网不仅给餐饮业的发展带来了新的动力，未来人们享受餐饮服务的模式也因此发生革命性的变化。可以预见的是，私人定制餐饮服务将会成为主流，而未来餐厅也将会演变成为家庭厨房、社会食堂、社交场所和体验美食等类型。

总之，“大众创业、万众创新”的推动和实现，既要有国家政策的充分保障和支持，同时还要调动大学生群体以及社会力量的积极广泛参与，在最大范围内提升人民的生活水平，推动经济健康稳定发展，从而使我国社会经济发展真正迈入一个全新的时代。

## 6.2 中国“互联网+”大学生创新创业大赛

### 6.2.1 中国“互联网+”大学生创新创业大赛简介

自2015年起，中国“互联网+”大学生创新创业大赛已经举办5届，成绩斐然。

#### 1. 大赛组委会

大赛设立组织委员会（简称大赛组委会），由教育部部长陈宝生和浙江省省长袁家军担任主任，有关部门负责人作为成员，负责大赛的组织实施。

#### 2. 专家委员会

大赛设立专家委员会，由大赛组委会邀请行业企业、投资机构、创业孵化机构、大学科技园、公益组织、高校和科研院所专家作为成员，负责参赛项目的评审工作，指导大学生创新创业。

#### 3. 参赛组别

高教主赛道：创意组、初创组、成长组、师生共创组。

青年红色筑梦之旅赛道：公益组、商业组。

职教赛道：创意组、创业组。

国际赛道：商业企业组、社会企业组、命题组。

#### 4. 参赛类别

“互联网+”现代农业、“互联网+”制造业、“互联网+”信息技术服务、“互联网+”文化创意服务、“互联网+”社会服务。

#### 5. 奖项设置

高教主赛道：设金奖50个、银奖100个、铜奖450个。另设港澳台项目金奖5个、银奖15个、铜奖另定；设最佳创意奖、最具商业价值奖、最具人气奖各1个。设高校集体奖20个、省市优秀组织奖10个（与职教赛道合并计算）和优秀创新创业导师若干名。

青年红色筑梦之旅赛道：设金奖15个、银奖45个、铜奖140个。设“乡村振兴奖”“精准扶贫奖”“网络影响力奖”等单项奖若干。设“青年红色筑梦之旅”高校集体奖20个、省市优秀组织奖8个和优秀创新创业导师若干名。

职教赛道：设金奖15个、银奖45个、铜奖140个。设院校集体奖20个、省市优秀组织奖10个（与高教主赛道合并计算），优秀创新创业导师若干名。

萌芽版块：设20个创新潜力奖和单项奖若干个。设萌芽板块集体奖20个，优秀创新创业导师若干名。

国际赛道：设金奖15个、银奖45个。设置组织、宣传奖，鼓励对参赛项目组织或宣传做出突出贡献的机构或个人。

### 6.2.2 中国“互联网+”大学生创新创业大赛5年综述

中国“互联网+”大学生创新创业大赛是全国最具权威、最具影响力的国家级创新创业类比赛。该赛事首次举办于2014年，以“‘互联网+’成就梦想，创新创业开辟未来”为主题，由教育部与有关部委和吉林省人民政府共同主办。大赛旨在深化高等教育综合改革，激发大学生的创造力，培养造就“大众创业、万众创新”的生力军；推动赛事成果转化，促进“互联网+”新业态形成，服务经济提质增效升级；以创新引领创业、创业带动就业，推动高校毕业生更高质量创业就业。2019年为第五届“互联网+”大学生创新创业大赛，本届大赛以“敢为人先放飞青春梦 勇立潮头建功新时代”为主题，构建了“高教、职教、国际、萌芽”四大板块，在多个方面取得了新突破。据教育部统计，中国“互联网+”大学生创新创业大赛自2015年创办以来，累计有947万名大学生、230万个大学生团队参赛，培养了一大批有理想、有本领、有担当的源源不断的青春力量。

教育部高等教育司司长吴岩介绍：“‘百国千校万人’参赛，本届大赛确立的‘更全面、更国际、更中国、更教育、更创新’的办赛目标已经基本实现，大赛已经成为一个全球双创教育交流大平台。”

吴岩表示，创新是引领发展的第一动力，“互联网+”大赛成为“创新驱动发展战略”重要支撑。在大赛中，看到越来越多院士、长江学者、杰青的身影，看到越来越多国家重点实验室与工程中心的研究成果，看到越来越多青年学子，走出实验室、走向产业，实现科研成果价值最大化。

#### 1. 以赛促学，培养双创新锐力量

2017年8月，习近平总书记给第三届大赛“青年红色筑梦之旅”大学生回信，勉励青年学子扎根中国大地了解国情民情，在创新创业中增长智慧才干，在艰苦奋斗中锤炼意志品质。

三年来，教育部组织31个省份的170万名大学生、38万个团队参加“青年红色筑梦之旅”活动，走进革命老区、农村地区、城乡社区，传承红色基因、了解国情民情、接受思想洗礼，助力乡村振兴和精准扶贫。对接农户近100万户、企业3万余家，签订合作协议21 000余项，产生直接经济效益百亿元，设立公益基金480余项、基金规模达3.6亿元。

大赛在高教、职教、国际板块的基础上，拓展面向高中生的萌芽板块，积极引导大学生、中学生树立创新意识，拓展创新思维，广泛开展创新活动，助推科研成果转化和应用，主动服

务国家创新发展，实现了从基础教育、职业教育、高等教育的全链条、全覆盖。

在大赛的带动下，青年学子的实践锻炼能力显著增强。2019年，118所部属高校、932所地方高校的3.84万个项目入选“国家级大学生创新创业训练计划”，参与学生人数共计16.1万，项目经费达5.9亿元，以学生为主体的创新性实践在各高校全面铺开。

### 2. 以赛促教，推动双创教育改革再深化

大赛的举办，既充分展示了深化高校创新创业教育改革的阶段性成果，又倒逼创新创业教育改革全面深化。

各高校普遍开展教学和学籍管理制度改革，实施了弹性学制，支持学生创新创业，建立了创新创业学分积累与转化制度、在线开放课程学习认证和学分认定制度等，大大激发了大学生的学习兴趣和创新创业活力。

在大赛的带动下，全国高校着力打造创新创业教育线上线下“金课”，目前全国累计开课2.8万余门，其中200所创新创业教育改革示范高校开设2 800余门线上线下课程、选课人数近630万人次。52门创新创业教育精品慕课推出，创新创业教育课程体系不断健全。

目前，全国共有高校创新创业教育专职教师近2.8万人、兼职导师9.3万余人。教育部还专门组建了全国万名优秀创新创业导师人才库，首批入库4 492位导师。

据教育部高教司司长吴岩介绍，第五届大赛实现了“五个更”的办赛目标：更全面，纵向上实现了基础教育、职业教育、高等教育的全链条参赛，横向上实现了国内到国外五大洲高校全覆盖。更国际，120个国家和地区的1 153所高校大学生参赛，堪称一场“百国千校”参与的世界大学生双创奥运会。更中国，以赛促教、以赛促学、以赛促创，开始形成了创新创业教育中国模式。更教育，一百万大学生踏上“青年红色筑梦之旅”，一堂最有温度的思政课、一堂最有深度的国情课开讲。更创新，实现了形式和内容创新，推动人才培养从就业从业模式向创新创业模式转变，服务国家创新发展。

### 3. 以赛促创，为双创高质量发展注入新动能

白云峰是浙江大学的在读博士生。2017年，他所带领的“杭州光珀智能科技”团队获得了第三届大赛的全国总冠军。如今光珀科技已经成长为一家准独角兽企业。

白云峰的故事，并非绝无仅有的个案。

Unicorn无人直升机系统、翱翔系列微小卫星、Insta360全景相机……大赛举办五年来，涌现出了一大批优秀的创新创业项目。这些项目体现了以科技创新为基础的大学生创业特点，催生了一大批新产业、新模式、新业态。

引领科研成果转化，大赛打造了产学研用紧密结合的“新一极”，推动高校的智力、技术和项目资源与经济社会发展需求紧密对接，推动并引领新一轮产业变革，有力深化了高校与科技界、产业界、投资界合作。

2019年，获冠军的团队项目提出并研制交叉双旋翼复合推力尾桨无人直升机，试图改变无人直升机世界格局。该团队负责人李京阳在接受采访时说：“创新的成果源于创新的精神。创新最关键的就是要保持乐观，并且需要能耐得住寂寞、能吃得了苦。”

根据前四届获得金银奖的528个项目调研数据显示，创意类项目赛后成立公司的，有一半左

右完成融资，19%的项目完成5 000万元以上的融资；实践类项目2018年的年收入在5 000万元以上的占比为13%，最高的项目年收入突破2亿元。

吴岩表示，中国的创新创业教育培养了大学生敢闯会创的可贵素质，一定程度上实现了新时期大学生素质教育的新突破，为当代大学生绽放自我、展现风采、服务国家提供了新平台，为世界创新创业教育提供了中国经验、中国方案。

## 小　　结

本章共分两节，包括“互联网+”时代的创新思考、中国“互联网+”大学生创新创业大赛。

本章重点让大学生们了解“互联网+”时代的机遇与挑战，了解中国“互联网+”大学生创新创业大赛。

## 思 考 题

参加中国“互联网+”大学生创新创业大赛。

# 第 7 章　国外大学生创新创业实践教育分析

## 本章导读

创新创业教育是一个全新的教育领域，它发源于美国，正在随着知识经济的发展而成为世界高等教育发展和改革的趋势，而且已延伸到职业教育和基础教育领域。创业实践活动是一种最能体现创业教育特点和性质，最能激发学生潜能的教学活动方式。本章着重介绍美国、日本、韩国、英国、德国、新加坡等大学生创新创业实践教育。

## 学习目标

◆ 了解创新创业实践的各种形式及其优势。

◆ 掌握各国在创新创业实践教育上的差距与不足。

◆ 探索我国的创新创业实践教育体系。

## 7.1　美国的创新创业实践教育分析

美国从高校到全社会都非常重视大学生创业实践活动的开展，丰富多彩的大学生创业实践活动不仅成为美国经济的直接驱动力量之一，同时也引导着高等教育的发展方向。在美国，大学生的创业实践活动不仅在高校备受重视，整个社会也给予了广泛的支持与认同，其形式是丰富多彩的，影响广泛而深远。

### 7.1.1　美国大学生创新创业实践活动的形式

#### 1. 意义重大的“创业计划”竞赛

创业计划竞赛又称商业计划竞赛。创业计划是指一无所有的创业者或创业团体就一项具有市场前景的新产品或新服务制作的具有可行性的计划报告，意在向风险投资家游说，从而取得投资创办公司。1983年，美国德克萨斯州大学奥斯汀分校的两位MBA大学生举办了世界上第一届大学生创业计划竞赛。接着，包括麻省理工学院、斯坦福大学等世界一流大学在内的许多大学，每年都举办这一类的竞赛，也由此掀起了美国大学生的创业热潮，并很快波及世界各国的大学。而这其中，麻省理工学院的大学生创业竞赛活动影响最大，从1990年开始，每年都有几家新企业从大赛中诞生，并有相当数量的企业计划以高价转让给一些高新技术企业。由创新计划直接孵化出来的企业中，有的短短几年即成为营业额为数十亿美元的大公司。

2. 影响广泛的“合作计划”项目

“合作计划”又称“卡迪拉克计划”，是指高校与公司、非营利机构、政府机关合作，让在校大学生定期到他们的机构中参加一定阶段的工作实践。这一计划已经在美国700多所院校展开，约有25万大学生参加。参加学生的专业种类很多，从市场营销到心理学都有。在他们的学习计划中都包含了几学期付有报酬的工作实践。

“合作计划”最大的优点在于，学生在课堂上所学到的理论知识可以在工作实践中得到检验和应用。在罗切斯特理工学院，通常会让参加的学生在校内完成一到两学年的课程，然后工作3~6个月，再返回学校上3~6个月的课，这样轮换下去，一直到毕业。在辛辛那提大学，所有专业的学生都必须参加“合作计划”。

3. 形成惯例的暑期打工活动

学生利用暑期时间实习打工一直是美国社会的传统。在美国学生看来，暑期打工是人生的一个关键点，是向社会和家庭表示自己已成人的宣言，假期里能在社会上找到一份有薪工作，说明一个人不但能对自己负责，也能体现出对雇主和整个社会的价值。暑期打工是塑造人生观和性格的重要经历，也是个人和社会融合的一个过程，更是大学生创业实践活动的一种有效形式。暑期打工的经验给许多大学生的创业之路积淀了宝贵的财富。并且《最低工资法》《劳动保护法》《减免所得税法》《儿童保护法和社会保险法》等许多法案的立法实施，也都反映了暑期打工在一代人身上留下的印记。同时，暑期打工更能激励许多大学生发奋读书的决心。

### 7.1.2　美国大学生创新创业实践活动的影响分析

1. 促成了许多新企业的诞生，拉动了美国经济的增长

美国大学生的创业实践活动，是随着知识经济的到来而萌发的，它是知识经济发展的必然要求。从创业竞赛中孵化出的一批企业，是大学生创业实践活动的一个直接成果。在20世纪五六十年代，当时美国每年只有5万~6万家公司成立。而1993年美国成立了88万家公司，整个20世纪90年代，每年都有近100万家新公司成立。据麻省理工学院的一项统计显示，1990年以来，麻省理工学院的毕业生和教师平均每年创建150家新公司，截至1999年，共创办4 000多家公司，这对麻省甚至是整个美国的经济发展做出了重大贡献。仅1994年，这些公司就雇佣超过110万人，创造了2 320亿美元的销售额。时至今日，美国表现最优秀的50家高新技术公司里有46%都出自麻省理工学院的创业计划大赛。除麻省理工学院以为，其他学校也屡传佳绩。声名遐迩的雅虎公司就是一例，其创业者杨致远和他的同伴都是斯坦福大学在读学生，他们以自己对网络搜索引擎的构想，获得400万美元的投资，几年后这个公司创造了近70亿美元的市场价值，投资回报率高达几百倍。

2. 实现了课堂教学与实践的结合，是对学生进行创业教育的一种有效形式

美国大学生的创业实践活动非常有利于学生毕业后进行自主创业。在美国，学校是非常鼓励学生把课堂上的理论知识与实际工作结合起来的。密歇根州凯特林大学要求所有学生都要参加“合作计划”。曾有一位该校机械工程系的毕业生深有体会地说：“工作与学习交替进行，能让你懂得你来学校的理由。”而事实上，整个社会也非常认同大学生的创业实践活动，许多大公

司把参加创业实践活动的大学生当作人才库，录用参加创业实践活动的大学生的过程就成为一次人才筛选过程。根据美国大学生和雇主协会1998年的一份调查，在雇主对毕业生最注重的素质中，与专业有关的工作经历排在第二位，仅次于与人沟通技巧，而学业成绩则列第六位。

**3．掀起了全社会重视创新的氛围，引导了世界高等教育的发展方向**

美国大学生创业实践活动引起了全社会对创新创业的重视，其影响也波及基础教育领域。《基督教科学箴言报》1999年7月26日曾以“身处校园，他们已经是首席执行官”为题，报道了美国中小学生的创业活动，报道说：“成年人掀起的经商热潮正逐渐在高中生和初中生中出现，甚至一些小学生也在开商店和自封为首席执行官。”其原因是计算机和因特网使中小学学生发现开办企业跟学自行车一样容易，能迅速获得经营企业的信息，经商被看作一种合乎情理的职业，又有着众多的行为榜样，高中甚至初中现在都开设企业课程。当然，“高技术热潮是推动青少年向企业界发展的最重要因素”，但是我们不能不承认是美国大学生先走了一步，并把这种影响波及全世界。

联合国教科文组织1989年在北京召开的“面向21世纪教育国际研讨会”上首次提出了创业教育。1998年10月，联合国教科文组织在巴黎召开了世界高等教育会议，发表了《21世纪的高等教育：展望与行动宣言》，明确提出为方便毕业生就业，培养创业技能与主动精神，应成为高等教育主要关心的问题，毕业生将不仅仅只是求职者，而首先将成为工作岗位的创造者。世界高等教育会议发出这样严肃的号召，既反映了当代经济社会发展对人才素质的新要求，也是总结近一二十年来世界一些国家尤其是美国高等教育培养人才方面的经验。

## 7.2 日本的创新创业实践教育分析与启示

自20世纪90年代日本泡沫经济瓦解之后，日本的经济一直处于萎靡不振的状态。企业家精神的缺失和创新能力的不足导致日本在过去30年中一直未出现新的经济增长点。一方面，企业长期雇用的用人习惯使劳动力市场缺少了流动性，有能力的人员不会“跳槽”或者“下海”，导致企业由于缺少具有不同知识、能力思维的新血液的注入而使内部知识同质性的情况愈发严重，企业难以开展破坏性的创新。另一方面，在缺乏对失败宽容的社会环境中，许多年轻人不愿意冒险，更愿意像父辈一样追求安稳的生活。因此，根据GEM多年的调查，日本的创业活动一直处于同等国家中最低水准。

日本政府深刻认识到要想重建日本的国家创新系统，必须要发挥年轻人的企业家精神并大力促进创新创业活动。因此，自20世纪90年代中后期以来，日本政府针对产业、政府、大学协同合作创新及鼓励大学生创业等方面出台了各种鼓励政策，促进象牙塔式的大学、闭门造车的大企业研究所与政府研究所等向市场开放，促进大企业与中小微企业的战略合作，共同构建开放式的创新生态系统。

在日本政府的支持鼓励下，日本高校的创新创业教育独具特色，为日本的经济发展和人才培养起到推动作用。日本高校尤为重视学生的创业能力，在实现创业教育目标的过程中，开展了丰富多彩的活动，确保理论教学和创业实践相结合。

### 1. 基于实践和创业过程的创新创业课程体系

日本大学生创新创业实践教育开展较为典型的两所高校是日本东京大学和九州大学。

东京大学的课程内容具有很强的实践性，让学生在实践中学习，在学习中实践。例如，在春季开设的基础课程中，学生并不是从创业学的基础教程中学习，而是跟从创业者、风险投资家等创业导师学习创业经验和最新的创业动向。在中级课程中，学生需要以团队的形式参与“创意马拉松”“黑客马拉松”等课程，开发创造性思维以及创客的动手能力。在高级课程的商业计划书比赛中，“创业者道场”会为入选的每一支队伍委派创业导师，指导学生团队完善商业计划书。大部分高校课程随着商业计划书比赛结束而结束。但是，东京大学继续帮助优胜项目的孵化。例如，与北京大学开展了比赛优胜队伍的相互交流项目。每年，胜出的队伍与北京大学的优胜队伍进行为期五天的商业项目交流集训。学生通过优秀项目团队之间的深入交流，加深对项目、对创业的理解。同时，在“黑客马拉松”课程、商业计划书比赛的两次审核中，产品成熟度较高、具有创新性和商业价值的队伍将会被派遣到美国德克萨斯参展“Trade Show of South By Southwest”，与世界各地的投资者、企业家、技术人员交流，进一步推动产品的孵化。

九州大学是日本七大旧国立大学之一，位于日本南部的福冈。虽然从地理位置来看，商业环境、人才聚集和最新资讯等方面稍逊色于东京、大阪等城市。但九州大学的QREC组织（2010年九州大学在创业成功校友Robert T. Huang的捐助下，把原来由日本政府拨款资助于1995年成立的Venture Business Laboratory 更名为Robert T. Huang Entrepreneurship Center，QREC）明确自身的优劣势，充分利用国内外资源，探寻更好的创新创业教育模式，通过开设与创业课程体系相匹配的系统性实践项目，例如，QREC重视学生的创意开发和创业教育的系统性，在实践项目上设立了“Idea Battle”→“Challenge & Creation Program”、“Academic Challenge”→“Jump out Challenge”、“Global Challenge & Creation”等一体化的实训项目，将简单粗糙的创意想法，经过调查研究可行的商机或者技术产品、孕育具有可行性的商业计划的演化过程，QREC在每一阶段都鼓励学生参与实践，通过比赛选出优秀团队，并资助10万至100万日元不等的扶助金。同时，结合研讨班等应用实践类课程指导学生，帮助学生参加Startup Weekend 等国内外创业大赛，逐步地孵化有商业价值的项目。需要强调的是这些项目主要培养学生“发现问题、解决问题”的能力，因此并不是仅仅停留在商业计划书制作上，创业团队还会在导师的指导下，按照“计划书制作→公司设立→计划报告→融资→采购→开店→贩卖→结算→监查→向股东报告”等过程，亲身体验创业与项目运营过程。例如“Challenge & Creation Program”的其中一个“九大校园节创业体验项目”的创业团队，在得到QREC的资金支助后，已在九州大学校园节真正地开设并运营了实体店铺。

### 2. 校企合作，共同促进地域经济的发展

日本高校在实施创业教育的过程中，十分注重与学校所在地区的产业相结合，依托本地区的特色产业优势开展创业教育，并将促进地方经济的发展作为创业教育的重要目标。在创业实践中，高校积极调研本地区企业的情况，查找企业的优势和不足，再结合大学自身的优势，开展项目咨询工作，帮助企业特别是中小企业解决具体的实际问题，帮助企业不断升级改造、转

变企业管理理念，开发具有高附加值的服务和产品。

日本高校在进行创业实践的同时，也与各地方金融机构、联合团体、经营团体、非营利性机构联合成立创业推进协会，并设立创业中心，为创业者、企业代表、风险投资者搭建一个相互交流沟通的平台，共同支持创业教育，为当地经济的发展做出贡献。

3. 日本的创业实践教育层层深入

日本高校对于低年级学生，一般开展创业启蒙教育，比如到企事业单位、工厂参观学习，同时会不定期地举办创业方面的讲座等；对于较高年级的学生，则加强创业实践方面的教育，比如进行创业技能培训、参与创业项目的研发、参加各类创业大赛等等；而对于研究生阶段的学生，则主要是让其亲身投入到创业实践之中，前往创业园、高校创业孵化基地等，体验创业实践的全过程。

## 7.3 韩国的创新创业实践教育

韩国的创新创业实践教育真正始于1997年亚洲金融危机期间，当时韩国众多企业破产，就业形势十分严峻，许多韩国学生在沉重的就业压力下产生负面情绪，对工作失去希望。为了缓解低迷的就业形势，韩国政府采取了积极的应对政策，提出“创新创业”政策，鼓励大学生积极参与到创业就业的大潮中来。近年来，韩国大学生的创业就业形势非常良好，很多学生都在国家给予的创新创业政策中受益匪浅，并依靠国家政策的扶持以及自身努力在各自的领域赢得了一席之地，同时也使更多大学生增强了创业的信心。

### 7.3.1 韩国的创新创业实践教育发展的状况

1. 实践基地众多

韩国几乎每所大学均设立专门的创业实践基地，旨在为在校大学生提供一个大规模的创业实训场地。这些基地主要由企业实践基地和校内实践基地两部分组成，企业实践基地——就像我国提出的“校企合作”，韩国高校与企业签订相关合同，学校有义务向企业提供一定的技术支撑及人才输送，企业也有责任为学校培养具有实践经验的优秀学生。企业就是学生实现经验积累的“训练场”，不需要学校花大笔资金为学生构建模拟的实践地点，而是真正融入企业工作中去接受真正意义的训练。而校内实践基地是在校园内部，由学校建立与创新创业相关的实验室、工作室。韩国的校内实践基地相对灵活，并不是传统意义上的教师在教室或实验室为学生讲授某种仪器设备的应用，韩国大学则更看重学生本身的动手能力。例如，艺术类摄影专业的学生可以外出为某杂志拍摄封面，可在校内实践基地内开设艺术摄影棚，为其他学生或校外的人员提供摄影服务；美术专业的学生可以在校内实践基地开设个人画展，也可以将美术作品做线上或线下的拍卖，并根据顾客的要求做各种修改，同时还与基地内其他行业的产品实行套餐化、捆绑式销售，根据客户的要求做出相应的处理；建筑类专业的学生在基地内做模拟建筑的设计和建造，模型与实际建筑有着严格的比例设定，在构建的过程中亲身感受建筑的实用性和美观性。

2. 教学形式灵活

韩国高校创新教育教学形式较为弹性化、个性化。除了通过正式课程即第一课堂，培养学生的创业精神和创新技能外，非正式课程即第二课堂也发挥了很大作用，对大学生的影响广泛而深远。第二课堂主要通过商业计划大赛（Business Plan Competition，我国一般称为创业计划大赛）、个案研讨、报告讲座、市场调查、企业参访、实际体验等形式来实现，这些形式的教育更多注重学生的感性体验，使创业教育教学更具针对性、实效性，有利于学生对创新创业产生更直观的认识。授课过程中，指导教师带领学生接触韩国知名企业，进行参观，并与企业管理人员座谈，了解企业文化与运营模式。学生则通过实践活动将书本中企业的经营和管理模式与现实接轨，同时将创业意识和企业家精神与现实碰撞，促使创业意识与创业精神深深根植于学生心中。

### 7.3.2 韩国的创新创业实践教育经验启示

1. 注重实践基地的建设

韩国建设有十分完备的创新创业基地，基本覆盖了所有的学科和领域，只要有相应的课程设置就有与之相对应的实训基地对口实践。这样可以令学生能够较为迅速地将书本上所学知识在实训基地得以施展。一方面能够帮助学生很好地理解理论知识；另一方面也可以激发其进行自主创新创业的兴趣。使理论知识从纸上“跃然”于实践之上，并能得出其所期待的“真知”。

2. 推行校企合作体制

韩国正在积极推行由政府牵头，以学校为主体、企业为依托的校企合作体制，相比之下我国仅仅是高校本身在积极寻求与企业的合作，而政府干预的力度并不十分明显。

3. 有效利用社会资源

在韩国，各高校的创业教育更注重于实践，能有效地开发和利用全社会的资源。其创业教育体系不局限于开设创业课程，还包括学校与社会建立广泛的外部联系网络，并形成了学校、企业良性交互式发展的创业教育生态系统。

4. 多层次教学，课堂外教学以实践为主

韩国的课堂外教学主要以实践课程为主，旨在帮助学生掌握创业技能，提高其创业能力。目前，韩国的创业实践课程助推大学生创业不仅深入到尖端科技领域，还活跃在传统制造业和农业等多个领域。例如，韩国有部分学生前往庆尚北道务农，并成立大学生农业创业小组，成为创业农业经营人，韩国政府对这部分创业大学生也给予了一定的政策和经费支持。而我国创业教育教学多以讲授式、讲座式和案例式为主，多数高校以创业理论课程居多，实践课程较少。部分高校甚至没有开设创业实践课程，而是以“创业竞赛”“现场参观”等活动代替实践。

## 7.4 英国的创新创业实践教育启示

迫于20世纪70年代的经济危机与就业压力，英国政府从20世纪80年代开始便将创业教育视为能够提升“国家经济发展驱动力”的重要手段。从全球范围来看，它是创业教育开展最早，积累经验最为丰富成熟的国家之一。经过几十年的探索与实践，英国已形成了由政府、学校、企业和民间社团协力合作、共同推动创业教育发展的特色体系。

英国高校通常以求真务实的态度，再结合学校学科专业，针对性推出具体的创业教育措施，注重整合校内教学、科研及校外社会化资源，共同推进创业实践教育。

**1. 举办创业竞赛，推动创业实践教育**

为鼓励学生积极参与创业实践活动，许多大学定期举办创业竞赛，并以数目可观的奖金资助获胜学生进行创业，同时会在其创业过程中给予相应的专业指导和技术支持。如牛津大学为促进创造同时具有财务回报和社会与环境收益的可持续发展的新企业，举办了“21世纪挑战”国际创业竞赛。曼彻斯特大学针对创业主意设立“初级创业”（Venture Out）竞赛，针对创立新企业设置“深度创业”（Venture Further）项目。在拉夫堡大学，“学生创新和创业奖学金”的获得者将会享受到一揽子的创业指导，包括知识产权法规、公共关系和营销建议、商业计划和资金申请、风险基金的介绍等。

**2. 建设科技园区，支持大学生创业**

绝大多数英国高校均在校内设立了大学生科技园区，发挥创业孵化器的作用，为立志创业的学生搭建创业实践平台，满足其对场地和政策咨询等方面的需求。与此同时，园区严格执行企业准入标准，主要接纳与本校科研关联度高的高科技或知识密集型企业，以确保创业企业的存活率。譬如拉夫堡大学的创新中心是创新知识或技术型新企业与成长企业的商业孵化器，向创业者开放图书馆等学校的主要资源，为其提供办公场所、实验室、各类办公服务以及各类咨询服务。在杜伦大学的蒙特桥科技园区内，创业者除获得各类办公服务外，还可在学校的帮助下向当地政府申请相关资助。

**3. 设立创业机构，指导学生创业**

在英国，设有半政府性质的大学生创业促进委员会和民间学团性质的创业教育者联盟，旨在促进英国大学加强对大学生企业家素质的培养，尤其鼓励毕业生自主创业。并且实施创业教育的大学都设有专门的创业教育机构，由专门的学校领导及教师负责。这些大学创业教育中心不仅为学生的创业活动提供支持，还组织教师和学生进行创业研究，对社会及学生的创业案例进行分析，指导其进行创业。同时创业教育中心还负责与社会建立广泛的外部联系网络，包括创办各种孵化器和科技园、风险投资机构、创业培训机构、创业资质评定机构、小企业开发中心、创业者校友联合会、创业者协会等组织，形成一个高校、社区、企业良性互动的创业教育生态系统。

**4. 搭建网络平台，共享创业资源**

英国高校积极搭建创新创业网络平台，利用互联网整合各类创业资源，促进创业者、高校和企业的知识共享和信息交流，为大学生创业实践提供支持。如英国大学生创业网，提供包括英国创业计划、创业大事列表等资源来支持大学生创业。牛津大学赛德商学院则建立“创业赛德”，作为学生、校友及学校周边1 500余个高科技企业的门户，将实践教学、研讨会和网络资源整合在一起，既宣传创业文化，又为创业者和企业提供专业学术支持和人际关系支持。此外，每两个月就由学生创业协会主办一次全国范围内的会议，帮助创业群体共享知识和思想，增强对创业的认同感。

5. 以大学—企业的深度合作促进创业实践

虽然英国的大学—企业关系在近年来已经得到了加强，但是二者之间的合作还远远不够，特别是在促进企业家与大学研究人员在知识转移过程中的理解、沟通与合作方面。此外，在大学知识产权的商业利用、大学与中小型企业（SMEs）的合作、大学—企业信息共享、成立专门机构引导企业与大学研发合作等方面亟待加强。为此，英国政府通过建立地区发展机构，设立高等教育创新基金（Higher Education Innovation Funds，HEIF），采取合同研究、合作研究、咨询服务等措施不断加强创新大学—企业关系。

同时，英国政府在地方一级建立了地区发展机构（Regional Development Agencies，RDA）。该机构的成立有助于政府以引导者和协调者的身份促进大学—企业关系的发展。各地方的中小型企业，更加需要来自大学强有力的智力支持，而RDA的建立对促进中小型企业的发展、提升其技术创新能力、建立与大学的合作机制起着关键作用。所有的RDA均建立了科技与产业委员会，作为知识转移的平台为地区层面的大学—企业合作提供新的模式与机遇。此外，RDA还发挥了连接国家创新政策与地方创新项目实施之间"桥梁"的作用，在地方投资中应确保优先考虑国家创新战略中所划定的领域。

2002年，为推动大学的知识转移并与一系列投资方案合并，英国政府设立了大学—企业知识转移的统一基金——高等教育创新基金。第一轮HEIF达到了1.87亿英镑，2004年开始的HEIF 2更是超过了3亿英镑。该基金要求申请的大学必须有与地方企业进行良好合作的经历，或有长期的合作规划。目前得到该基金支持的大学已有116所，其中绝大多数都与企业保持着持续性的合作关系，并在具有研发潜力的领域中进行合作。同时，HEIF还通过成立专门机构促进大学的知识转移，如非营利性公司——伦敦技术网络。

合同研究、合作研究、咨询服务是大学—企业合作中的三种主要形式。在合同研究中，企业会资助大学的研究机构或个人进行与企业技术创新有关的研发活动。这些合作形式不仅提升了中小型企业的创新能力，也拓展了大学为社会经济发展服务的功能。

## 7.5　德国的创新创业实践教育启示

德国的创业教育注重针对性和实践性。德国大力发展创业教育促进众多微小企业的创办，为社会提供更多的就业岗位，大力促进技术创新和公益创业，产生了良好的社会效应。

1. 德国的创业教育针对性强

在创业教育方面，学生会根据自己的爱好和知识基础选择不同的学校学习，如职业培训学校、职业高等学校或综合性大学。职业培训学校和职业高等学校注重培养学生的一技之长，更多地进行生存性创业教育，而在综合性大学创业教育更注重结合所学专业进行创新理念和商业模式运作方面的教育，对创业精英和高质量的创业项目进行重点扶持。柏林工大的大学校园孵化器便是促进这种知识转化的一个很好的实证。一些大学毕业生富有创意的高科技设计或作品，或者市场定位准确的商业运作模式，都可以得到进驻孵化器的机会。进驻的创业团队从商业计划书策划到创办企业过程中碰到的问题（如商业运作或技术支持等），都可以得到大学校园孵化器导师的指导和支持。这样有针对性扶持成立的公司技术含量比较高，创新性强，走出孵化器时，有些创办的企业在激烈的竞争中生存下来，有些通过并购或重组转化到大公司，还有一些把知识产权出售给有意愿的公司。

**2. 德国教授非常重视创业教育和实践相结合，对创业教育的目的及创业教育应担负的社会责任有深刻的理解**

以柏林自由大学为例，Faltin教授从20世纪80年代开始面向学校和社会定期开办创业培训和年度创业峰会。他从自己的创业经历中分析影响创业的因素，剖析在创业过程中各种创新理念形成的原因和模式，认为创业教育要强调创新思想的产生，充分挖掘创业者的创新潜能，形成创新理念并运用到商业模式中。这种强调创新理念，同时培养人们在实践中发掘创业机会和创新思想的教学方式，深受大学生和社会创业人士的欢迎和肯定。

**3. 注重宏观和微观创业环境建设**

宏观的创业环境包括经济环境、政治环境和社会人文环境。在优化经济创业环境后，初创企业享有平等的优惠政策，如减免税收、信息透明、银行低息或免息等；在政治环境方面私有财产权和专利权得到充分尊重和保护；在创业文化氛围方面也有很多尝试和努力，例如强调环保节能的生活方式，培养个性发展和创新意识、冒险精神；表彰长期致力于创业教育和创新能力培养，并产生积极社会影响的学术精英，如柏林自由大学的Faltin教授曾获得德国总统表彰。

另外，银行和大型公司积极成立投资基金，支持高校创业教育的发展。“一个能够融合经济、艺术和社会活动为一体的创新企业家精神文化，最终成为人类创造文明史上的核心价值之一”。这也是大学创业教育对人类文明发展应完成的使命之一。学生所处的文化环境主要包括校园文化和社会文化两种类型，在注重构建宏观社会创业环境的同时，德国的校园创业环境也得到优化和保护，从而对创业教育和学生创业素质的提升起到了整体引导、塑造和培养的作用。

德国大学的创业孵化器会定期组织创业知识讲座和创业培训，随时对有创业想法的大学生进行技术和法律等多方面的咨询，大学生在创业阶段可以享受政府补贴，如入驻柏林工业孵化器的大学生每月有2 600欧元的生活费（是柏林地区最低生活保障金的3倍多），这对创业和微小企业的发展起到制度支持和法律保障。

**4. 政府对高校创业教育及创业实践大力支持**

为推动创业教育和大学生创业实践，德国政府采取了多项政策。首先，从资金上对大学生创业给予大力支持。从1998年起德国政府对新成立的公司可直接提供最高为5 000欧元的财政补贴；而对于刚毕业创业的大学生，提供最高7 500欧元的免费培训课程。其次，政府对大学生创立企业给予全方位的支持，包括开展创业培训、创业咨询、创业指导和帮助；免征商税、为新创立企业提供10~20年期限的创业援助贷款、减免新创立企业的部分所得税等，这些政策极大地激起了大学生的创业热情，对大学生将创业理想付诸实践有很大促进作用。

### 5. 创业实践教学实际高效

德国创业实践教学实际高效的原因，一是举办不同层次的创业比赛。德国政府和高校会定期举办不同层次的创业计划比赛促进大学生创业，以慕尼黑创业计划大赛为例，该赛事由慕尼黑劳动力与经济发展部、慕尼黑部分高校、当地商业机构、公共储备银行等共同组织筹备，在开展这一赛事的12年中，成功走出了530多家企业，创造了4 200多个新工作岗位。二是充分利用创业教育研究中心开展实践教育。德国高校在创业教学过程中，普遍采用教师协助指导下学生自主实践的方式展开教学。如慕尼黑大学的商业设计课程的教学中，要求学生根据慕尼黑企业发展理念设计出相应的企业发展规划，并由专家为企业提供咨询和培训，最终付诸企业实践。三是积极创建大学生创业教育实践平台。各高校大力与当地政府、企业等机构建立合作关系，整合资源，搭建创业教育实践平台。同时充分利用互联网这一高科技手段，将高校与政府、企业、创业中心等机构联系起来，建立大学生与社会各界的创业交流与咨询的平台，为大学生创业及新创企业提供有力支持。

## 7.6 新加坡的创新创业实践教育启示

在亚太地区，新加坡是早期进行创业和创业教育的国家，并在创业与创业教育方面取得了突破性进展和实质性成功。城市岛国新加坡，国土面积狭小，自然资源匮乏，最重要也是仅有的就是人才资源。因此，培养创新人才和发展先进科学技术对于有效提升国家经济实力和促进国家经济发展具有重大的现实意义。创业、创业教育与新加坡经济发展有着密切的联系，1963年新加坡脱离英国殖民统治，1965 年独立之初，为解决突出的就业问题，新加坡政府成立了经济发展局，针对所处经济状况推行了一系列经济发展战略。

新加坡政府从国家利益角度出发，以竞争性国际市场为舞台，坚持走开放型经济道路。面对国际市场的巨大压力，新加坡政府加强了技术的改进与提高效率的动力，促使国家经济向更高层次发展。然而，1997 年亚洲金融风暴席卷东南亚，以外向型经济发展的新加坡也遭重创，经过这次金融危机，让新加坡政府意识到单单靠与跨国企业合作、扶持和促进本地企业发展只是权宜之计，对促进国家经济长远发展并非根本之策。促进国家经济发展并保持活力，必须深化改革，鼓励创业。新加坡还积极开展高校创业教育，使创业教育得到了迅速发展。有了政府的大力支持，新加坡高校与国外知名学府合作先后建立了海外分校。例如新加坡—麻省理工联合体于1998 年成立，并获得了新加坡政府的巨额赞助。这是一个相对固定的研究联盟体，旨在更好地实现大学的社会服务功能。新加坡高校从研究型大学向创业型大学转型，不仅满足国家需要，为国家和企业重大决策提供咨询，还需进行科技成果的转化、孵化，兴办知识企业，带动国家经济发展。随着新加坡政府的大力改革，新加坡高校创业教育逐渐形成一套完备的体系并取得了丰硕成果。

### 1. 基于项目的体验式创业教育

新加坡在创业、创新领域多年不懈的投入开始结果，尤其是新加坡国立大学的企业机构（NUSEnterprise），创业教育与创新孵化持续多年，近几年陆续有一些小公司成功推出，正在迎来收获期。企业机构2002年设立，到目前已经与8个海外创新中心城市的最著名大学建立合作项目，包括硅谷、费城、上海、斯德哥尔摩、印度、北京、以色列、纽约等地。国立大学每年选取有明确创业计划的学生，向每个地方输送20位左右，在当地大学学习，并且必须到当地的初创公司申请到带薪的实习生职位，为期一年。

该项目被称为“体验式创业教育”，这些学生回到新加坡，就像一批创业与创新种子，经过优化之后，重新植入新加坡的创新土壤，他们把各地最新的创业文化、技术、商业模式，以及梦想带回新加坡，形成了一个非常活跃的创新部落，不断有新的思想碰撞、相互激发，有一部分人很快就进入大学的孵化器。新加坡国立大学的体验式创业教育坚持了十余年，已经渐成气候。负责国大企业机构项目的CEO曾莉莉女士，曾经是一位成果丰硕的医疗科学家和精力充沛的投资人，多年从事生物医药领域风险投资。她说，企业机构总共培养了1 500名学生，从中产生了180家初创公司，其中有约100家目前还在成长。由此可见，国立大学的企业机构培养出了众多的创新创业人才。

2. 跨国界协同创新模式培养

在经济全球化的背景下，对学生国际视野和国际意识的要求与日俱增，而培养创新创业人才更要定位于国际范围内，切忌闭门造车。新加坡国立大学通过创建海外学院使学生有机会参与国际学术合作项目，进入高科技企业实习，体验企业成长过程，并且学习美国等发达国家创新创业体系较为成熟的创业课程，以此来培养学生的创业技能，激发学生的创新精神，此举取得显著积极效果，赢得学生称颂。“在创新驱动发展战略背景下，国家所需要的创新型人才，需要依靠高等教育来培养，但我国现有的高等教育体制还不足以满足创新型人才培养的需要”，因此，充分利用国外优质学术资源，参与前沿研究工作，通过合作项目为学生进入国外高科技企业实习，认识和体会发达国家大学衍生企业的运作原理和实践体验，有助于突破我国长期以来以知识传授为主的创新创业培养方式，而且进一步突显创新创业教育的特色是实践育人、案例教学和体验教学，进而提高大学创新创业教育的针对性和实效性。

3. 注重“产学研”一体化

新加坡的创业教育注重“产学研”一体化，高等教育、科技、经济紧密结合，搭建创新创业实践平台，为学生提供创新创业教育和创业实践的机会。如南洋理工大学和新加坡经济发展局于2001年联合创办了“南洋科技创业中心”，致力于建设一体化的创业生态圈，通过引进风险投资、提供场地等为有市场潜力的公司提供支持和帮助。新加坡国立大学成立了“企业中心”和“国大开创网”，为全校师生开展创业教育、创业风险评估、创业实践、创新创业研究、创业发展等提供支持和帮助；同时，学校高度重视创新创业成果的产品化和市场化，鼓励师生依托创新创业成果设立公司，进行创业实践。20世纪90年代，国立大学每年新创科技企业10家左右；自2003年以来，每年新创科技企业达到了20家，新创企业发展迅速。这些科技企业招聘国立大学的学生到这里实习工作，让学生学习创业技巧和感受创业氛围。

# 小　　结

本章主要对美国、日本、韩国、英国、德国、新加坡几个国家的创新创业实践教育的做法和经验进行了系统的阐述和总结，可以使我国高校在创新创业实践教育的设计和实施中进行借鉴，找出差距，弥补不足，创建适合自身的创新创业实践教育体系。

# 思　考　题

1. 美国、日本、韩国、英国、德国、新加坡在创新创业教育实践中各有何特色？
2. 简述我国的创新创业教育实践体系。

# 参 考 文 献


[1] 陈慧女. 中美大学生创业教育比较分析[J]. 学校党建与思想教育，2013（24）：86–89.

[2] 王占仁. 中国创业教育的演进历程与发展趋势研究[J]. 华东师范大学学报：教育科学版，2016，34（02）：30–38，113.

[3] 胡晓风，姚文忠，金成林. 创业教育简论[J]. 四川师范大学学报，1989（4）：1–8.

[4] 王占仁. 创新创业教育的历史由来与释义[J]. 创新与创业教育，2015，6（4）：1–6.

[5] 焦新. 高校创业教育教学如何规范：教育部有关负责人答记者问[J]. 中同大学生就业，2012（19）：12–13.

[6] 牛金成，陆静. “能力”与“精神”并重促进高校创业教育科学发展[J]. 华北科技学院学报，2012，9（04）：79–82.

[7] 劳泰伟，蒋漓生. 就业与创业指导[M]. 北京：中国农业出版社，2009.

[8] 郭传杰. 论科学技术与精神文明：二[M]. 北京：科学出版社，2002.

[9] 查克阿拉基斯，史宾纳利，蒂蒙斯. 我是这样拿到风投的：和创业大师学写商业计划书[M]. 梁超群，杨欣，王立伟，等译. 北京：机械工业出版社，2015.

[10] 王炗，别说你懂商业计划书[M]. 北京：机械工业出版社，2011.

[11] 奥斯特扬，丹斯洛，商业计划书写作指向[M]. 吕晓娣，潘景华，译. 北京：清华大学出版社，2003.

[12] 刘文杰，张彦通. 中国高校创业教育的应然选择：基于历史分析的视角[J]. 北京航空航天大学学报：社会科学版，2017（5）.

[13] 吴立保，吴政，邱章强. 我国大学生创新创业政策的变迁逻辑与政策建议：基于历史制度主义的分析[J]. 阅江学刊，2017（3）.

[14] 李伟铭，黎春燕，杜晓华. 我国高校创业教育十年：演进、问题与体系建设[J]. 教育研究，2013（3）.

[15] 陈耀，傅方正. 构建高校创新创业教育可持续发展模式的思考[J]. 高教与经济，2009（3）.

[16] 黄兆信,赵国靖，唐文捷. 众创时代高校创业教育的转型发展[J]. 教育研究，2015（7）.

[17] 王占仁. 中国高校创新创业教育的学科化特性与发展取向研究[J]. 教育研究，2016（3）.

[18] 黄兆信，王志强. 高校创业教育生态系统构建路径研究[J]. 教育研究，2017（4）.

[19] 鲍曼. 被围困的社会[M]. 郇建立，译. 南京：江苏人民出版社，2005.

[20] 亚里士多德. 尼各马可伦理学[M]. 苗力田，译. 北京：中国社会科学出版社，1990.

[21] 康德. 道德形而上学原理[M]. 苗力田，译. 上海：上海人民出版社，1986.

[22] 高恒天. 道德与人的幸福[M]. 北京：中国社会科学出版社，2004.